E. 몬탈레의 삶과 문학

이상엽

"시는 나에게 희망으로의 초대이다."

- E. M.

머리말

몬탈레는 내 삶 곳곳에 때로는 대동맥처럼 때로는 실핏줄처럼 퍼져있다.

1992년 파비아 대학에서 시작한 나의 유학생활은 지적 호기심과 욕구가 가장 높다는 30대를 다보내고서야 한 단원의 막을 내릴 수 있었다. 그곳에서 내가 공부하게 된 이탈리아의 수많은 작가들 중에서 몬탈레와의 인연은 독특하다. 당시 이탈리아 문학연구가의 길을 시작한 나에게 이름조차 생소했던 그가 이탈리아에서는 최고의 시인으로 인정받고 있었을 뿐만이 아니라 고등교육을 받은 사람이라면 누구나 그를 반드시 알아야 한다는 분위기였으며 지금도 이러한 사실에는 변함이 없다.

나는 오랜 시간 그를 읽고 또 읽으며 그의 문학을 이해하려고 애쓰다 지치고 쓰러진 적이 한 두 번이 아니었다. 작심하고 도전해보아도 완벽하게 감싸고 있는 호두 껍질을 맨손으로 깨고 그 안의 고소한 맛을 느끼기에는 좀처럼 쉽지가 않았던 것이다. 이런 과정을 겪어오면서 몬탈레의 시에 수없이 골똘해지기도 하고 그러다 가끔씩 감탄을 맛보기도 하였다. 그와 늘 함께 하다 보니 어느 순간부터는 내안에 그가 나를 조종하는 듯한 묘한 느낌을 경험한 것도 한 두 번이 아니었다. 언제부터인가 세상 보기를 그가 했던 것처럼 나도 따라 하려는 나를 가끔씩 느끼게 된 것이다. 내가 그에게 흠뻑 빠지게 된 것은 두 가지로 요약 할 수 있다. 첫째, 인간의 현실적 문제를 독특한 방법으로 고민하고 매우 정교하게 문제의 핵심을 찾아내 이해시키는 것이다. 둘째로는 그 문제에 대한 대안이나 명쾌한 해법을 제시하지 못해 무기력하다는 평가를 받을 때도 변명하거나 두려워하지 않고 평생토록 솔직하게 그 문제를 고민한 점에 있다. 하지만 필자에게 이 두 가지 사실은 몬탈레만의 문제가 아니라 지성인이라면 간과할 수 없는 것으로 아직까지 그 누구도 풀지 못한 인간 존재의 한계를 성찰하는 것으로 보인다.

이러한 몬탈레를 이해하기 위해서는 그의 삶에 대한 이해가 필요하다.

이는 비단 몬탈레에게만 적용되는 것은 아니지만 그의 문학을 이해하려는 사람에게는 빠트릴 수 없는 부분이다. 몬탈레는 매우 이성적이고 논리적이며 예견이 가능한 삶을 살았다. 몬탈레는 기회 있을 때마다 자신의 문학적 소재는 늘 사실적인 것에서 시작하였고 자세히 들여다보면 이러한 일관성은 그의 시문학의 커다란 힘이자 특징임을 할 수 있다. 그는 추상적인 것을 이야기 하거나 신화를 만들려고 하지 않았던 것이다. 따라서 그의 개인적 삶을 잘 이해하는 것은 그의 문학 전체를 이해하는데 매우 중요한 자료가 되는 것이다. 몬탈레는 항상 일정한 리듬으로 삶을 살아갔다. 그의 행동에서 파격이란 찾아보기 힘든 것이었다. 그는 자신의 문학적 소양으로 세상을 깊이 관찰하고 이해하고자 했다. 이처럼 그는 삶에 있어서 급작스런 변화나 격동적인 삶을 살지 않았다. 그에게 '사실들, 실재하는 것들'은 모두 문학적 소재였으며 실제로 그는 그러한 대상을 표현하면서 그것을 통해 자신의 생각과 메시지를 전달하는 시를 썼다. 이러한 점을 고려하여 필자는 본 저서에서 그의 삶에 대해 단순한 연대기적 기술보다는 청년, 중년, 장년을 보낸 제노바, 피렌체, 밀라노 시절로 구분하고 그 시절마다의 특징적 사실들을 보다 상세히 설명하려고 노력했다. 이 부분의 작업을 위해 참고한 문헌은 다수로 뒤에 실린 연구논문들의 참고문헌에 언급되어있지만 특히 Giulio Nascimbeni의 *Montale Biografia di un poeta* (Milano, Longanesi, 1986)의 도움이 컸음을 밝힌다.

몬탈레는 평생을 한결같이 인간의 삶에 대해 진지하게 고찰하고 그 삶의 진실을 발견하고자 노력했다. 그가 발견한 진실 속에는 인간의 고통스런 현실이 있었으나 좌절하거나 포기하지 않고 그 고통으로부터의 '인류의 구원'을 나아가 '우주의 구원'을 끝없이 열망하였다. 몬탈레가 알게 된 인간의 삶은 절대적인 능력을 가진 누군가로부터의 구원이 절실히 필요하였다. 몬탈레는 처음 세 편의 시집에서 이러한 부분을 강력하게 또 집중적으로 매우 탄탄한 구조를 가지고 표현해냈다. 후기 시로 분류되는 네 번째 시집부터는 20세기 후반의 변화된 사회현실에 조응하는 주제와 형식 그리고 양식을 통해 인간의 삶에 대해 진지하게 표현했다. 그러나 전기 시와는 달리 후기 시는 일상생활 속에서 접할 수 있는 보편적이고 매우 다양한 주제를 선택하여 친근한 언어로 표현함으로써 훨씬 더 편안하고 다정한 느낌을 준다.

인류의 구원을 끝없이 열망하던 몬탈레는 "시는 나에게 희망으로의 초대이다"라고 말한 적이 있는데 그의 이 말은 그의 시학을 한 마디로 아우르는 표현으로 이해할 수 있다.

본 저서의 후반부에는 지금까지 발표한 몇 편의 논문을 주제별로 골라 실었다. 몬탈레가 가장 중요하게 살펴본 핵심 주제에 대한 글을 통해 그의 문학의 특징을 조금이나마 더 잘 이해할 수 있으리라는 기대에 따른 것이다. 그리고 책의 마지막 부분에서 몬탈레가 노벨문학상을 수상할 당시 노벨상 위원회의 몬탈레 문학에 대한 평가와 추천을 위한 연설문과 수상자의 수락연설문 그리고 문학관을 이해할 수 있는 시인의 강연문을 실었다.

이 책을 읽으시는 분들께 한 가지 조심스럽게 양해를 부탁드린다. 다름이 아니라 이 책에 실은 논문들을 읽다보면 필자가 논문 발표 후 시간이 지나면서 새로운 사실들을 알게 되어 지금 보면 논문의 이곳저곳에 수정이 필요한 부분들도 적지 않다. 하지만 감히 이러한 부분들도 시간 속에서 진화하는 연구 결과의 모습으로 이해해주시기를 빌며 첨삭하지 않았음을 밝힌다. 이러한 부분들은 전체적으로 좀 더 연구하고 브완하여 추후에 보다 완성도 높은 책으로 보답하리라 다짐한다.

끝으로 제가 학문의 길로 들어설 수 있도록 지금까지 가르침을 주신 여러 은사님들께 진심으로 감사드리며, 학문의 길을 정진할 수 있도록 역경 속에서도 심신을 다해 믿음, 사랑 그리고 희생을 주신 가족에게 감사드리고 이 책이 세상에 태어날 수 있도록 온정을 기우려주신 한국외국어대학교 출판부 여러분께 감사드린다.

시인의 서거 30주년을 기념하며

2011년 1월 25일

이 상 엽

차 례

부록

제1장 삶과 세계

1. 제노바 시절(1896-1926)
2. 피렌체 시절(1927-1947)
3. 밀라노 시절(1948-1981)

제1장
삶과 세계

1967년 9월 밀라노의 빌리街 15번지의 4층 아파트에서 살아온 몬탈레는 오래전부터 밤새 한 숨도 잠을 이루지 못하는 불면증에 시달렸다. 따라서 그는 매일 오후 한 시부터 네 시까지는 어김없이 79.40.48번의 전화코드를 빼놓고 오수를 즐겼다.

> Noi non sappiamo quale sortiremo
> domani, oscuro o lieto;
> forse il nostro cammino
> a non t'ocche radure ci addurra'
> dove mormori eterna l'acqua di giovinezza;
> o sara' forse un discendere
> fino al vallo estremo,
> nel buio, perso il ricordo del mattino.
> Ancora terre straniere
> forse ci accoglieranno: smarriremo
> la memoria del sole, dalla mente
> ci cadra' il tintinnare delle rime.
> Oh la favola onde s'esprime
> la nostra vita, repente
> si cangera' nella cupa storia che non si racconta!
> Pur di una cosa ci affidi,
> padre, e questa e': che un poco del tuo dono
> sia passato per sempre nelle sillabe
> che rechiamo con noi, api ronzanti.

> Lontani andremo e serberemo un'eco
> della tua voce, come si ricorda
> del sole l'erba grigia
> nelle corti scurite, tra le case.
> E un giorno queste parole senza rumore
> che teco educammo nutrite
> di stanchezze e di silenzi,
> parranno a un fraterno cuore
> sapide di sale greco.
>
> (da *Mediterrano* in *Ossi di seppia*)

1. 제노바 시절*(1896-1926)*

에우제니오 몬탈레Eugenio Montale는 1896년 10월 12일 제노바에서 태어났다. 역사적으로 그날은 404년 전 제노바 출신의 콜럼버스가 아메리카를 발견한 날(1492년 10월 12일)이기도 했다. 그 후 에우제니오는 산 톰마소 아뽀스톨로 성당에서 1896년 11월 25일 세례를 받았다. 그의 집은 당시로서는 사람들의 왕래가 그리 많지 않은 곳으로 교외라고 할 수 있는 도갈리Dogali 거리의 약간 오르막이 있는 지점인 5번지에 위치해 있었다. 에우제니오는 부친 도메니코 몬탈레Domenico Montale (1855-1931)와 모친 주셉삐나 릿치Giuseppina Ricci (1862-1942) 사이에서 5남 1여 중 막내로 태어났다. 형제들로는 살바토레Salvatore (1885-1972), 우고Ugo (1887-1963), 에르네스토Ernesto (1889-탄생직후 사망), 알베르토Alberto (1890-1978), 바로 손위의 누나인 마리안나Marianna (1894-1938)가 있었다.

몬탈레에 의하면 자신의 성은 원래 몬탈리Montali 였는데, 카를로 알베르토 군대의 장군이었던 증조부께서 당대의 유행에 따라 성의 마지막 모음 'i'를 'e'로 바꾸어 프랑스풍으로 조정하였다고 한다.

몬탈레의 가족들은 상업에 종사하고 있었는데 부친과 부친의 사촌들이 1885년에 세운 회사를 운영하였다. 회사 이름은 "G.G. Montale e C."였으며 처음엔 염색과 관련된 사업을 하였고 1912년부터는 화학물품을 다루었다. 제노바의 뻴리체리아 광장(piazza Pelliceria 5/10)에 있던 이 회사는 고객은 물론이고 은행과도 좋은 신용관계를 가지고 있었다.

부친은 말수가 적고 엄하였으며, 가정에서의 일상생활은 부친이 정한 시간들을 엄수해야 했다. 저녁식사는 언제나 6시에 시작되었고 식사 후에는 막내아들이었던 에우제니오는 담배 가게에 가서 시가 3개를 사오는 심부름을 해야 했다. 이 시절 에우제니오는 담배 가게에서 일종의 첫사랑이라고도 할 수 있는 소녀, 알리체Alice를 만났으나 그녀에 대해서는 한 번도 언급한 바가 없었고 그녀의 성도 알려지지 않았다.

어머니는 네르비Nervi(제노바 남쪽 11km 떨어진 곳에 위치한 바닷가 마을)의 한 공증인의 딸이었다. 그 시절 부르주아 가문의 결혼 풍속도는 두 집안이 혼인에 합의하고, 약혼자들은 결혼하기 전까지는 아주 가끔 만나게 되었는데 그것도 항상 누군가의 감시성 보호 하에서 이뤄졌다. 어머니는 어린 시절 당대의 유명한 소프라노 아델리나 빠띠Adelina Patti(Madrid 1843-Galles, 1919)와 같은 사람이 되기를 꿈꿨다고 한다. 성악가인 이탈리아인 부모가 스페인에서 활동하던 시기에 태어난 그녀는 빼어난 미모와 탁월한 서정성으로 19세기를 대표하는 소프라노 중 한 명이었다. 어머니의 이러한 바람은 어쩌면 에우제니오에게 음악적 재능을 갖게 해주었는지 모르겠다.

에우제니오는 두 곳의 초등학교를 다녔다. 처음 4년간은 암브로지오 스삐놀라(Ambrogio Spinola)에 다녔는데 3학년 때 시험 결과는 1급으로 10점 만점에 평균 9점을 받았다. 1906년 10월 지노 그릴로 초등학교에 등록하였고 이듬해인 1907년 6월 초등학교를 졸업했다. 졸업시험에서는 80점 만점에 65점을 받았는데 받아쓰기 8점, 이탈리아어 작문 9점, 읽기 10점 등의 높은 점수를 받았으나 산수, 기하학, 회계 등에서는 6점 밖에 받지 못했다.

초등학교를 마친 에우제니오는 바르나바 수도회에서 세운 가톨릭계인 빗토리노 다 펠트레(Vittorino da Feltre) 중학교에 입학하였다. 1911년까지 이 학교에 다닌 에우제니오는 이 시기에 견진성사를 받고 첫 영성체를 받았다. 에우제니오의 건강은 허약한 상태였다. 계속되는 기관지 폐렴으로 오랫동안 결석을 하기도 했다. 1911년 7월 이제 열 다섯이 다 된 에우제니오는 중학교 졸업장을 받고 그해 빗토리오 에마누엘레 기술학교(Regio Istituto Tecnico Vittorio Emanuele)에 입학했다. 이미 초등학교 성적표에서도 엿보았듯 고등학교 시절 에우제니오에게 가장 어려운 과목은 부기였다. 반면에 이탈리아어 쓰기는 10점 만점에 8점을 맞았는데 급우들 중 그 누구도 6점을 넘는 사람이 없었다. 1915년 에우제니오는 고등학교를 졸업하며(Il diploma di ragioniere) 회계사 자격증을 갖게 된다. 성적은 전체적으로 7, 8점을 받았는데 프랑스어와 영어가 7점이고 이탈리아문학에서는 8점을 받았다.

클레오 드 메로드 Cleo de Merode (1875-1966) by Giovanni Boldini (1901)(http://www.artistsandart.org/2010/06/ cleo-de-merode-la-belle-epoques-beauty.html)

한편 1913년 2월 몬탈레 가족은 도갈리 거리에 있던 집으로부터 삐앗죠 8번지(via privata Piaggio 8/8)로 이사한다. 형들과 같은 방에서 잠을 자던 에우제니오는 새 집으로 이사 와서는 작지만 혼자만 쓸 수 있는 방을 갖게 된다. 이 작은 방에서 어느 날 아버지가 보여준 그림속의 매혹적인 여인 클레오 드 메로드 Cleo de Merode의 아름다움을 보게 된다. 당대 최고의 발레리나로서 벨기에의 왕 레오폴도 2세의 마음까지도 앗아가 버린 미모였으니 소년 에우제니오의 감성엔 어떤 영향을 주었을까 궁금해지는 부분이기도 하다.

유년기를 마친 청년 에우제니오는 처음으로 시련의 시간을 마주하게 된다. 형제들은 이미 각자의 길을 선택했던 것이다. 살바토레와 우고는 부친의 회사에서, 그리고 알베르토는 은행에서 일하기 시작했다. 그의 가족들 중에서 에우제니오가 다른 형제들에 비해 남다른 재능을 가지고 있다는 것을 알아차린 첫 번째 사람은 누나 마리안나였다. 고독을 즐기는 취향, 책과 함께 하며 시간이 갈수록 세상에 대한 호기심은 커져갔고 이러한 것은 에우제니오로 하여금 학교에서 다루던 단조로운 수준을 벗어난 문장들을 만들어내게 했다. 에우제니오는 이 글들을 통해 직관적으로 느낄 수 있는 범상치 않은 상상력들을 보여주고 있었다. 에우제니오를 화나게 하려면 회계원이라고 부르기만 해도 될 정도로 그는 자신이 상업고등학교를 졸업한 것에 불만이었다.

한편 누나 마리안나는 대학에서 인문학에 대한 공부를 계속해 철학을 전공했지만 결혼을 하게 되고 시험 몇 과목을 남겨둔 채 학업을 마무리하지 못하고 만다. 이 시절 마리안나와 에우제니오는 함께 하는 시간을 많이 가졌다. 저녁 무렵 마리안나는 공부를 마친 뒤 동생 방으로 가서 현대적인 바르나비타 신부였던 주셉뻬 뜨린께로의 지도로 알아가고 있던 철학자들에 대해 에우제니오에게 이야기 해주곤 했다. 그녀는 동생에게 성 아고스티노, 파스칼, 쇼펜아우어, 니체를 읽게 했다. 갑작스럽게 인생을 바꾸게 할 책이나 결정적인 작가를 만난 것은 아니지만 동생과 누나는 함께 할수록 더 공통의 관심과 새로움을 알게 되는 기회를 만들어 갔던 시절을 보냈다. 이들의 대화

친꿰떼레의 바다

는 깊어갔고 저녁 식사 시간을 알리는 아버지의 목소리만이 그들의 대화를 멈추게 할 수 있었다. 이처럼 마리안나의 애정이 가득한 도움은 에우제니오의 성장에 아주 중요한 역할을 하게 된다. 분명히 에우제니오 자신이 타고난 소양도 있었겠지만 일상적인 모습 저편에 있는 신비롭고 매력적인 언어와 생각들로 이루어진 세계에 대한 최초의 직관은 누나 덕분에 접하게 된 책들을 통해 이루어 질 수 있었다는 것도 사실이었다.

몬탈레의 시집 속에는 다양한 식물과 동물들이 등장하는데 이들은 모두 매우 정확한 이름으로 구분되고 있다. 특별히 식물이나 동물에 대해 공부를 하지 않은 그가 그토록 많은 것들의 정확한 이름을 알고 작품 속에서 기억해내고 있는 것은 그의 어린 시절 가족과 함께 여름 별장에서 보냈던 몬테롯쏘Monterosso에서의 시간이 없었더라면 아마도 불가능한 일이었을 것이다.

첫 시집 『오징어 뼈들*Ossi di seppia*』의 중심에는 도랑들과 거친 덤불 더미들이 있었고, 갈대들, 채석장, 마른 채소밭, 자갈밭, 척박하고 마른 경사지, 남서풍이나 시로코, 서북풍이나 북풍에 의해 제 각기 변해가는 하늘에 대한 기억이 있다. 바다가 있고, 대부분의 것은 바다와 연관되어있다. 하지만 몬탈레의 시 속에서의 바다는 뒤틀리거나 피폐한 대지와 지속적인 대비를 하고 있지는 않으며 다소 추상적이며 불완전한 실체로 그려진다.

몬탈레는 가장 감수성이 예민했을 시절부터 수많은 독서를 통해 지적 호기심을 채워나갔을 때인 열 살 때부터 서른 살까지 매년 여름을 작고 아름다운 시골 마을인 몬테롯쏘에서 보냈는데 이때의 경험은 그의 인생은 물론이고 시 세계에도 커다란 영향을 끼치게 되는 평생토록 잊을 수 없는 심상을 갖게 된 것이다. 이렇듯 몬테롯쏘에서 보낸 시절의 체험은 에우제니오가 신체적으로 성장하던 시기였으나 또한 내성적인 성격을 갖게 한 시기이기도 했으며 그로 하여금 인간 세상을 넘어 우주의 울타리를 생각하게 한 시기이기도 했다.

제노바에서 몬테롯쏘까지는 약 70km 정도 밖에 되지 않지만 당시의 열

차는 해안의 절벽위로 놓인 철로를 따라 달리고 연속되는 터널들을 지나며 동네마다 멈추던 시절이라 5시간이나 걸렸다고 한다. 페지나Fegina 지역에 자리 잡은 몬탈레 가문의 별장에는 건축연도가 1905년이라고 새겨있다.

에우제니오는 마리아를 오랫동안 기억한다. 그녀는 다름 아닌 65년간이나 몬탈레 집안의 일을 돕던 마리아 보르디고니Maria Bordigoni이다. 그녀는 에우제니오의 초등학교 시절 등하교를 도와주고 도시락과 책가방을 들어주었으며 온가족이 사랑하는 음식의 맛과 향기를 만들어낸 가족 이상이었다. 이러한 그녀는 에우제니오에게 조금은 누나 같고, 조금은 엄마 같았다. 뿐만 아니라 때로는 에우제니오 편에서 공범이 되어주고 때로는 폭군처럼 무섭게 자신을 혼내던 그녀의 존재와 그녀에 대한 추억을 에우제니오는 평생 잊지 못한다.

음악과의 인연

성악에 대한 몬탈레의 열정을 공개적으로 이야기 한 첫 번째 사람은 갓다Carlo Emilio Gadda이다. 갓다는 1943년 2월 주간지 템포*Tempo*에서 음악가 몬탈레를 소개하였다. 어린 시절 에우제니오는 몬테롯쏘의 별장에서 형 살바토레, 알베르토와 함께 베르디의 "라 트라비아타"나 롯시니의 "세비아의 이발사"와 같은 오페라의 아리아를 자주 부르곤 했다. 특히 몬탈레가 오페라에 매력을 느끼게 된 것은 어린 시절 아버지 도메니코가 제노바의 가장 멋진 오페라 극장인 까를로 펠리체Carlo Felice에서 공연되고 있던 빈첸조 벨리니Vincenzo Bellini의 '몽유병의 여인 *La sonnambula*' 낮 공연에 데리고 간 것이 계기가 되었다. 이후 몬탈레는 계속해서 음악에 관심을 갖게 되었고 상당한 수준의 음악적 재능과 지식을 갖게 된 젊은 시절에 제노바의 한 음악동호회로부터도 가입 요청을 받게 되었다. 이러한 인연으로 몬탈레는 그 지역에서는 꽤 유명한 베이스의 만수에또Gaudio Mansueto를 알게 된다. 그의 목소리는 몬탈레가 이탈리아에서는 경험하지 못한 가장 낮은 음을 표현할 수 있었던 것으로 기억하게 된다. 이후 몬탈레는 만수에또와 뻬끼

올리 앞에서 피아노 반주에 맞춰 테스트를 받았는데 이때 그가 부른 곡은 베르디의 "시몬 복까네그라Simon Boccanegra"의 야코포 피에스코의 아리아를 부른다. 피에스코는 여주인공 아멜리아의 할아버지역으로 베이스가 맡는다. 테스트 결과 만수에또는 몬탈레에게 좋은 목소리를 가지고 있지만 공부를 많이 해야 한다고 평가한다. 이때가 1915년 이었는데 몬탈레는 자신이 성악가로서의 목소리를 갖고 있다는 만수에또의 평가에 고무되었고 성악가가 되고자 결심했다. 이렇게 하여 그는 한때 대단한 명성을 날렸던 노인이 된 바리톤 시보리Ernesto Sivori의 사사를 받게 된다. 몇 차례의 지도를 받은 몬탈레에게 스승 시보리는 몬탈레의 목소리가 베이스보다는 바리톤에 훨씬 더 어울린다고 말한다. 하지만 몬탈레는 그 동안 여러 작품들 속에서 자신이 꿈꿔오던 매력적인 베이스의 배역들이 있었기에 스승의 충고에도 선뜻 바리톤으로 바꾸고 싶지 않았으나 결국엔 스승의 말을 따른다. 스승은 몬탈레가 좋은 목소리를 가지고 있을 뿐만이 아니라 훌륭한 성악가가 될 수 있는 자질을 가지고 있는 것으로 평가하였다. 이후 군 입대로 인해 성악공부를 중단할 수밖에 없었던 몬탈레는 재대 후 1921년 시보리 선생의 도움으로 음악공부를 재개한다. 하지만 1923년 몬탈레는 음악공부를 중단하였다. 그 까닭에 대해서는 일반적으로 스승인 시보리의 갑작스런 죽음으로 알려져 있다. 그러나 몬탈레가 남긴 자료들을 잘 살펴보면 흥미로운 사실 하나를 발견할 수 있다. 그것은 몬탈레가 음악 공부를 중단하고 입대한 것으로 알려져 있는 사실에 있다. 몬탈레는 1917년 8월 13일 세 번째 신체검사를 받고 노바라의 육군 제23연대에 입대한다. 그 뒤 10월 말에서 11월 초에 파르마Parma의 육군학교에 보내져 단기간에 걸쳐 장교 교육을 받는다. 반면에 시보리는 1923년 7월 23일에 사망한다. 다른 이유로는 몬탈레는 성악가가 되기 위해서는 음악공부에 완전히 전념해야 했는데 자신은 다른 것들에 관심을 갖고 있었다고 말한다. 좋은 음악가가 되기 위해서는 천재성과 그것에만 몰입할 수 있는 무분별함을 동시에 가지고 있어야 한다는 것이다. 그리고 몬탈레는 오페라를 보러가게 되면 항상 신체적 고통을 느낀다고 했다. 그것은 무대를 보고 있으면 자신이 바리톤이 되기도 하고 베이스가 된 것도 같은 느낌이었다. 매우 극적이거나 어려운 순간들이 진행되어 갈 때 몬탈레는 심장이 급하게 뛰는 것을 느꼈다는 것이다. 훗날 몬탈레는 편안한 분위기에서 노래 부르거나 자유롭게 선택할 수 있는 경우에는 자신의 마음은 늘 베이스를 선택했다.

제1차 세계대전과 몬탈레

몬탈레는 1917년 가을 파르마에 머물러 있었다. 허약한 체질의 몬탈레는 두 차례나 소집연기 판정을 받은 뒤에 전쟁에 뛰어든 조국의 필요에 의해 현역으로 군에 가게 되었다. 따라서 몬탈레는 신병교육대에서 본인보다 몇 살 어린 젊은이들과 보병 훈련소에서 3개월 기간의 장교 교육과정을 받게 된다. 이 교육생들은 3천명이었고 몬탈레는 1500등으로 과정을 마친다. 그는 체력도 약하였을 뿐만 아니라 운동에는 정말로 소질이 없었던 것 같다. 그럼에도 그가 교육과정을 마칠 수 있었던 것은 그의 뛰어난 문장력 때문이었다. 사병과는 달리 장교로서 교육을 마치고 과정을 통과하기 위해서는 필기시험도 있었는데 이 부분에서 그는 탁월한 능력을 발휘했다. 솔미Sergio Solmi는 특히 전략과 관련된 주제들에 대한 몬탈레의 필기 능력을 극찬했다. 덕분에 몬탈레는 과정을 무사히 마칠 수 있었다.

몬탈레와 솔미는 같은 시기에 파르마의 병영(Pilotta)에 있었으나 그들의 첫 만남은 병영 밖에서 우연히 이루어졌다. 이들은 저녁 외출 시간에 파르마 시의 한 작은 골목에 위치해있던 한 상점에서 알게 되었는데 당시 솔미는 젊은 시인 메리아노Francesco Meriano(1896-1934 o 1943)와 함께 있었다. 메리아노는 볼로냐에서 아방가르드 성향의 문예지 라 브리가타 *La Brigata* (1916년 6월)를 창간하여 많은 젊은 문인들과의 관계를 만들어 왔다.

한편 몬탈레는 리구리아 여단, 보병 제158연대에 배속되었다. 이 후 베네토 주의 베로나 북쪽의 발뽈리첼라Valpolicella에 잠시 머문 뒤 비첸자 북쪽의 스끼오Schio에 있던 전투지원 부대에 배속되었다. 하지만 몬탈레는 후방의 병영생활에 지루함을 느끼고 뜨렌띠노Trentino주의 발라르사Vallarsa전선에 자원하여 전방으로 옮긴다. 이 지역은 제1차 세계대전사에 있어서 중요한 위치를 점하고 있는 곳으로 꼬르노Corno 산과 같은 많은 고봉들이 치솟아 있는 곳이다. 산의 남 북 사면에는 이탈리아 군대와 오스트리아 군대가 대치하고 있던 곳이다. 몬탈레는 발모르비아Valmorbia라고 하는 마을 부근에 전진 배치된 작은 무리의 지휘관이었다. 이 시절에 대한 시인의 기억들 중에 그의 가슴에 깊이 남아있는 한 이야기를 정리해본다. 어느 날 밤 몬탈레는 자신의 몇 안 되는 병사들을 이끌고 계곡 아래로 전진하라는 명령을 받는다. 그날 밤은 몇 시간째 장대비가 퍼붓고 있었다. 알프스 가까이에 위치한 그곳엔 커다란 우박과 비가 함께 섞여 쏟아지고 있었다. 몬탈레의 부하 중에는 빈첸쪼 빠스또렐리Vincenzo Pastorelli라는 뻬루지아 출신 병사가 있었다. 그는 글을 읽을 줄 몰랐고 말도 더듬었으나 체격이 건장하고 인정이 많은 젊은이였다. 이 병사는 자신의 젊은 상관이 목표지로 향하는 경사지가 온통 진흙탕이 되어 미끄럽게 변해버린 길을 따라 내려가는 것에 힘들어 하는 것을 보고 상관을 등에 업고 레노Leno강기슭까지 데려다 준다. 멀리 격전의 총성이 들렸다. 때는 새벽 네 시였다. 여명이 계곡을 서서히 밝혔을 때 몬탈레와 그의 병사들은 갑자기 세 명의 오스트리아군을 정면에서 마주치게 되었다. 하지만 공격하거나 위협할 필요가 없었다. 그들이 즉시 항복했기 때문이다. 몬탈레는 그 포로들 중 한 명이 주머니에 릴케의 시집을 가지고 있었다고 회고 한다.

몬탈레의 부대는 발라르사로부터 깔다로Caldaro 마을에 도착한다. 이곳에서 몬탈레의 부대원이 아닌 한 병사가 시계를 훔친 것이 발각된다. 그 병사는 발각 된지 몇 시간 만에 총살형에 처해지는 것을 목도한다. 이러한 것은 전시의 엄격한 군법에 의한 것이었다. 두 눈이 가려진 채 살려달라고 외치던 그 병사가 총살형에 처해져 머리통의 일부가 허공으로 떨어져 나가던 모습이 몬탈레의 기억 속에는 너무도 생생하게 남게 된다.

전쟁이 끝나고 몬탈레는 발 뿌스떼리아Val Pusteria 지역에 있는 키엔스

Kiens(볼짜노 북쪽 50km 지점에 위치한 작은 도시, 현재의 이탈리아어 표기로는 끼에네스Chienes)로 전입 명령을 받는다. 전쟁이 끝났음에도 몬탈레에게 전역은 금방 찾아오지 않고 그는 알토 아디제 지역에서 다시 피에몬테 지역의 란쪼 토리네제Lanzo Torinese에 있는 한 포로 수용소를 지휘하도록 파견된다. 이후 제노바의 병참부대로 전입되어 그곳에서 중위로 진급하고 1920년 5월 26일 전역을 맞는다.

그러나 이탈리아가 세계 제2차 대전에 참전하기 8개월 전인 1939년 10월 몬탈레에게는 징병통지서가 도착한다. 당시 43세의 몬탈레는 피렌체에 살고 있었는데 그 통지서를 받고 다시 제노바에서 군복무를 하게 된다. 그는 매일 아침 다른 병사가 운전하는 모터사이클 뒷자리에 앉아 도매상, 정육점 등 일반 용품 공급업자들의 상점에 들러 군수용품을 구입했다. 얼마 뒤 몬탈레는 건강상의 이유로 군 병원에 입원하게 되고 연이어 두 차례에 걸쳐 총 1년 6개월의 병가를 얻어 집으로 돌아온다. 그 뒤 1941년 그는 최종 검진을 피렌체의 병원에서 받게 되는데 이곳에서 군의관, 소령 굿치오네 Guccione를 만난다. 소령은 몬탈레의 개인 신상 자료를 확인하고는 깜짝 놀라 "당신이 『오징어 뼈들』의 저자인 바로 그 에우제니오 몬탈레 입니까?" 라고 묻는다. 몬탈레의 그렇다는 답을 들은 그 군의관은 자리에서 벌떡 일어나 반갑게 인사하며 병원 자료와 기타 서류를 살펴보고는 잠시 생각을 다듬더니 '군복무 부자격자'라는 진단을 내려줌으로써 몬탈레는 완전히 병역의무를 마치게 된다.

문학적 성숙기: 카페와 도서관

몬탈레에게 1920년에서 1927년까지의 시간은 긴 기다림의 시간이었다. 그가 약 3년 동안의 병역생활을 마치고 1920년 5월에 제대 했을 때 성악가가 되고자 하는 꿈은 그에게서 이미 멀어져갔다. 그렇다고 아버지의 회사를 이어갈 마음이나 은행에 취직을 하고 싶은 생각도 없었다. 그의 가슴속에는 이미 다른 꿈의 씨앗이 움트고 있었던 것이다. 1917년 가을 군복무를 시작한 몬탈레는 1916년에 이미 한 편의 시를 썼다. 그가 남긴 공식적인 시들 중 저작 시기가 가장 빠른 작품으로 훗날 『오징어 뼈들』에 실리게 되는 「파리한 모습으로 한 낮을 보내며*Meriggiare pallido e assorto*」가 바로 그것이다.

제대를 하고 고향에 돌아온 몬탈레는 리구리아의 문화계에 관심을 갖게 되는데 이때는 시대적으로 과도기였다. 1919년엔 쳇까르디Ceccardo Roccatagliata Ceccardi가 세상을 떠났고 1917년엔 보이네Giovanni Boine가 운명을 달리했다. 몬탈레는 그 지역 문예지 『리구리아 해안*Riviera Ligure*』에서 그들의 작품을 접하게 되었다.

한편 몬탈레가 문인들의 카페에 드나들기 시작했을 때 그는 선택 해야 했다. 카페 로마Roma에는 마르티니Mario Maria Martini가 이끄는 단눈치오 문학 추종자들이 모이는 곳이었다. 갈레리아 맛치니안에 있던 카페 디아나 Diana에는 다른 성향의 문인들이 모여들곤 했다. 이들은 '영웅적이며 우아한 신화'적인 성향에 반대하며 이에 대한 위험과 부정적인 면들을 의식적으로 고발하고자 한 젊은이들이었다. 몬탈레는 바로 카페 디아나를 선택했다. 그는 그곳에서 바릴레Angelo Barile, 그란데Adriano Grande, 바라또노Pierangelo Baratono를 만난다. 바라또노는 몬탈레에게 즈바르바로Camillo Sbarbaro를 알게 해준다. 이 지인들은 각자가 생활을 위한 직업들이 있었고 작품 활동을 나름대로 열심히 했다.

몬탈레와 즈바르바로사이의 우정은 세월이 가면서 매우 깊어갔다. 그들은 계속해서 카페 디아나와 아렌짜노Arenzano에 있는 로도까나끼Lucia Rodocanachi의 집에서 만났다. 몬탈레가 피렌체에 머물던 시절에는 솔라이아Solaia에 살던 비반떼Elena Vivante의 집에 초대되어 함께 시간을 보내기도 했다. 이러한 두 사람의 우정의 깊이는 몬탈레로 하여금 첫 시집에 두 편의 헌정시를 남기게 했던 것으로 이해할 수 있다. 뿐만 아니라 즈바르바로는 1884년에 위이스망스Huysmans가 출판한 소설 『역류』를 번역하였는데 몬탈레는 1967년에 세상을 떠난 친구를 추억하는 글을 '꼬리에레 델라 쎄라'

에 기고하고 이후 출판사는 그 추억의 글을 서문으로 배치하고 그 번역본을 다시 출판한다. "즈바르바로의 예술은 찰나의 섬광으로 만들어 졌으며 그 행복한 순간으로 그를 이끌어가는 마약은 바로 삶이었다. 삶이란 불가해한 어떤 것으로 느껴졌으나 이 때문에 받아들일 가치가 적어지는 것은 아니다. 그에게 글을 쓴다는 것은 뭔지 모를 것으로부터 구술이 무르익는 순간을 기다리는 것 이었다".

몬탈레의 제노바 친구들은 그들의 뮤즈와 다양하게 호응하는 모임들에 도움이 되며 구체적인 직업을 가진 젊은 문인들이었다. 직업을 구하지 못한 유일한 사람이 바로 몬탈레였다. 경제적으로 시급한 어려움에 처해있는 것은 아니었지만 몬탈레는 다른 문우들처럼 일정한 수입을 보장해주는 일자리를 찾아야 한다는 생각을 늘 가지고 있었다. 1927년에서야 몬탈레는 제노바에서 피렌체로 옮겨가면서 자신의 이 바람을 실현하게 된다. 피렌체 이전에 그는 여러 잡지와 일간지들에 참여하는 경험을 가지고 있었다. 하지만 이때의 체험은 임시로 필요할 때만 참여 하게 되는 것에 부정적이었던 그에게는 쓰디쓴 느낌을 갖게 했다.

몬탈레가 제노바 시절 주로 시간을 보낸 것은 도서관에서 끝없는 독서를 하면서 였다. 그는 베리오 시립도서관La Biblioteca Civica Berio와 렛뚜레 시엔띠피께 도서관La Societa' di Letture e Conversazioni Scientifiche 그리고 제노바 대학 도서관Biblioteca Universitaria을 이용했다. 또한 이 시절에 그는 프랑스어를 마스터하고 영어와 스페인어를 공부했다. 당시의 수준 있는 부르주아 가정이라면 누구나 프랑스어를 상당한 수준으로 말할 수 있었는데 몬탈레 또한 프랑스어를 사용함에 있어서는 어떠한 어려움도 느끼지 않았다. 그는 영어와 스페인어를 독학으로 공부했다. 그가 당시 읽었던 수많은 책들 중에서 오래도록 생각나게 한 저자들의 이름은 보들레르, 말라르메, 장 펠러린, 모리스 드 게랭Maurice de Guerin, 프랑시스 잠Francis Jammes, 레메트르Lemaitre, 발레리와 여러 학파의 몇 몇 영국시인들과 이탈리아의 깜파나와 오노프리 등이었다. 문인들뿐만이 아니라 몬탈레는 철학자들에 대한 독서도 오랫동안 지속해왔는데 처음엔 크로체를 나중엔 부트루Boutroux와 베르그송Bergson을 공부했다. 세르반테Cervantes와 만초니를 다시 읽었으며 라 론다*La Ronda*를 중심으로 한 여러 문예지들을 읽었다. 몬탈레는 매일 낮에는 여섯 일곱 시간씩 책들과 시간을 보내고 저녁시간에는 카페 디아나에 가곤 했다. 이 자리에서 몬탈레는 가끔 자신이 쓴 작은 종잇조각을 주머니에서 꺼내 친구들에게 보여주며 그들의 평을 들어보곤 했다. 그는 젊은 시절부터 생각이 무르익은 시점에서 글쓰기를 하고 때로는 산문으로 그 내용을 서술한 다음 시로 다시 쓰기도 했다.

하지만 몬탈레의 책에 대한 구상은 훨씬 일찍 시작되었다. 그는 유작으로 1983년에서야 출판된 『제노바 노트*Quaderno genovese*』가 이를 증명하고 있다. 이 작품은 몬탈레의 조카인 비앙까 몬탈레가 발견한 것으로 학생들이 쓰는 줄쳐진 공책이었다. 이곳에 몬탈레는 1917년 2월 11일에 시작하여 8월 군입대 직전에 끝낸 기록들이다. 그 시절 몬탈레는 베리오 시립도서관만을 다니고 있었다. 공책의 첫 줄부터 그는 하나의 계획을 준비했던 것 같다. 몬탈레는 간결하고 솔직한 것이 돋보이는 이탈리아 문학사를 쓰고 싶었던 것이다. 젊은 몬탈레가 책에 대해 관심을 갖고 많은 대화를 나누며 또 도서를 추천받는 등 일정한 수준에서 크게 도움을 받은 사람은 제노바 대학 문학부에 재학 중이던 누나 마리안나Marianna였다.

『오징어 뼈들』의 시절

몬탈레가 시인으로서 데뷔한 것은 1922년 6월 15일 토리노에서 발행되던 월간지 『프리모 템포*Primo Tempo*』를 통해서 이루어졌다. 이 월간지는 데베네뎃티Giacomo Debenedetti, 그로모Mario Gromo 그리고 솔미Sergio Solmi가 창간한 문예지로서 제2호에 「화음*Accordi*」라는 제목하에 *Sensi e fantasmi d'una adolescente* 라는 부재를 달고 몬탈레의 시 7편(*Violini, Violoncelli, Contrabbasso, Flauti-fagotti, Oboe, Corno inglese* 그리고 *Ottoni*)와 이 그룹에 속하지 않는 시 *Riviere*가 소개되었다. 훗날 이 7편의 시들 중에서 단 한편 「잉글리쉬 호른*Corno inglese*」만이 첫 시집에 포함되고 「해안*Riviere*」는 이 첫 시집의 에필로그가 되어 남는다.

진정한 의미에서의 『오징어 뼈들』의 시들은 주로 1921년에서 1924년 사이에 쓰여 졌다고 할 수 있다. 이 시기는 사회적으로 매우 어둡고 동요가 심한 시대였다. 카페 '로마'의 단눈치오 추종자들은 거의 항상 말 장화차림에 승마용 채찍과 이탈리아 국기를 의미하는 3색 배지를 재킷에 달고 다녔다. 한편 카페 '디아나'를 드나드는 평화주의자들은 '비전론자', '불평가'로 분류되었다. 당시는 극단적이고 어마 어마한 파업들이 이어졌던 시기이다. 『오징어 뼈들』의 탄생은 친꿰 떼레Cinque Terre, 유년시절, 놀이, 바다, 자연에 대한 투명한 느낌 등등을 바탕으로 깔고 있으며 작품은 끝없이 펴져가는 생활 풍토를 점진적으로 거부해 가는 속에서도 무르익어갔다. 초기에는 바로 이러한 것에서 일종의 깊은 불확실한 느낌간이 기인했다. 이러한 면을 대변해주는 시구가 바로 "우리가 그대에게 오늘 말해줄 수 있는 것은 오직 / 우리는 존재하지 않는다는 것이며, 우리는 원하지 않는다는 것 Codesto solo oggi possiamo dirti: / cio' che *non* siamo, cio' che *non* vogliamo"인 것이다.

첫 시집 『오징어 뼈들』은 삐에로 고벳띠Piero Gobetti에 의해 자신의 이름을 딴 출판에서 처음으로 출판되었다. 고벳띠는 1901년 토리노에서 태어나 토리노 대학에서 문학을 공부하였으며 가끔씩 제노바를 찾곤 했다. 그는 대부분이 연상이었음에도 불구하고 제노바의 카페 '디아나'를 출입하던 문인들에게 스승과 같은 역할을 해주었다. 고벳띠의 눈에는 파시스트들에 의해 점거 당해버린 미래주의와 단눈치오주의를 제외하고는 문화 활동에 활발히 참여하고 있다는 느낌을 줄 만큼 인상적인 사람들이 없었다. 그래서 고벳띠는 여러 문예지를 만들어 젊은 지성인들과 함께 반민주적인 현실과 싸워나갔다. 이러한 이유로 뭇솔리니를 비롯한 그의 하수인들은 고벳띠를 늘 감시하고 그의 출판사에서 만들어지는 저널들을 검열하고 압수, 체포, 구금했다. 이러한 가운데에서도 고벳띠는 1924년 12월 23일 토리노에서 문학지 바렛띠*Baretti*의 창간호를 출판했다. 이 문학지에 함께 했던 많은 사람들 중 20세기의 이탈리아를 대표하는 지성인들인 사페뇨Natalino Sapegno, 크로체Benedetto Croce, 프랑끼Raffaello Franchi, 솔미Sergio Solmi, 데베네뎃띠Giacomo Debenedetti, 푸비니Mario Fubini, 몬띠Augusto Monti, 샤보Federico Chabod 그리고 몬탈레 등이 있었다. 고벳띠는 솔미와 같은 날카로운 평론가의 강력한 추천과 작품이 가진 주제와 시어들의 특징이 당시의 유행이나 점점 커가는 파시스트들의 강압적인 자세에 순응하지 않는 시들이 자신의 문학지가 지향하는 바와 일맥상통한다고 생각하여 『오징어 뼈들』을 1925년 1월 15일자 바렛띠에 공지하고 6월에 출판한다. 이 시집은 100페이지였고 가격은 6리라lira였으며 모두 일천 부가 발행되었다. 출판 경비는 몬탈레가 지불했고, 친구들과 지인들을 위해 240부를 예약해두었다. 첫 시집의 제목은 시집의 마지막 작품이자 그가 가장 일찍 쓴 시들 중 하나인 「해안*Riviere*」에 등장한다. 몬탈레가 이 시에 시집의 에필로그 역할을 부여했다는 것만으로도 그 중요성을 이해할 수 있는데 시집의 제목과 동일한 시구를 처음이자 유일하게 이 시의 제3연의 둘 째 행(제27행)에서 표현하고 있는 것으로 더더욱 시집에서의 이 시의 위상을 짐작할 수 있다.

첫 시집에 담길 작품들이 한 편 한 편 태어나던 시절 젊은 몬탈레의 마음속에는 변화를 갈망하는 마음이 생겼는데 그것은 고향 제노바의 폐쇄적이고 다소 외진 환경에 대해 불만이 점점 고조 되어갔다. 이미 성인이 되었으나 제노바의 가톨릭 신문인 "일 칫따디노*Il Cittadino*"에 게재하는 원고의 보수 50리라는 용돈으로 부족했기에 여전히 가족의 도움을 받아야 했다. 몬탈레는 30세경에 흡연을 시작했고, 영화관이나 극장엔 별로 다니지 못했다. 이것은 단지 경제적인 이유만은 아니고 이상하게도 지방에 남아있다는 사실이 종종 그를 울적하게 만들었으며 심리적으로 불안함을 느끼게 했다. 그에게는 보다 넓고 활기찬 도시로 옮기고 싶은 마음이 컸다. 그래서 밀라노와 토리노의 문예지들 외에도 다른 동인들과의 만남과 교류를 갈망했다. 몬탈레는 이런 마음으로 밀라노와 피렌체를 중심으로 일자리를 찾아 나섰다. 이런 과정에서 몬탈레는 보다 많은 사람들을 알게 되었고 그들 중에는 리나띠Carlo Linati도 있었다. 20여년 연상의 리나띠는 꼬모 출신으로서 주요 일간지과 문예지에서도 폭넓은 활동을 하던 작가였다. 기자이기도 했기에 많은 곳을 여행하였고 특히 번역에 있어서 조이스, 디킨스, 로렌스 등과 같은 중요한 영국 작가들에 대한 번역 소개는 이탈리아에 기여한 부분이기도 했다. 이러한 리나띠가 1926년 여름에 몬탈레에게 파운드Ezra Pound를 소개해준다. 파운드는 오래전 미국을 떠나 영국과 프랑스 파리에서 활동한 거장으로서 20세기 모더니즘에 있어서 지대한 영향을 끼쳤다. 북유럽의 춥고 열악한 날씨에 심신이 지쳐버린 파운드는 1924년부터 라빨로Rapallo에 머물며 인근의 문인, 음악인들과 교류하고 있었으며 문예지 린디체*L'indice*에도 글을 실었다. 몬탈레는 몇 차례 파운드를 식사에 초대하기도 했고 그들의 만남은 다른 친구들과 함께 계속되었으나 파운드와 몬탈레의 현실에 대한 이해에 있어서는 함께하지 못했던 것 같다. 대표적인 예로 몬탈레와는 달리 파운드는 크로체의 미학에 대해 부정적인 견해를 가지고 있었다. 뿐만이 아니라 파운드는 파시즘에 지속적이며 적극적으로 동조했고 뭇솔리니를 직접 만나 파시스트당을 위해 개인적인 의견을 개진하기도 했다. 반면에 몬탈레는 1925년에 크로체가 주창한 '반파시즘 선언'에 서명하며 동참했다.

즈베보의 발견

1923년 7월 23일 몬탈레의 음악 스승인 시보리가 70세의 나이로 세상을 떠난다. 이후 쳇끼Emilio Cecchi와 서신 교환을 시작하는데 몬탈레에게는 평생 함께한 몇 명의 문인 중 한 명이 된다. 1923년 겨울에는 바즐렌Roberto Bazlen(일명 보비Bobi)를 알게 되는데, 트리에스테 출신인 바즐렌이 제노바에 회사(Atlantic Refining Company) 업무차 왔다가 몬탈레를 방문하고 트리에스테 문학, 유럽 문학에 대해 의견을 나눈다. 사바, 데베네뎃띠, 칼비노 등의 친구이기도 한 바즐렌은 몬탈레와도 오랜 우정을 나누는데 몬탈레에게 프로이트, 카프카, 무질을 알게 해주었고 특히 즈베보Italo Svevo의 소설 세 권(『인생*Una vita*』, 『노년*Senilita'*』, 『제노의 의식*La coscienza di Zeno*』)를 읽어 보도록 강력히 추천했다. 23세의 젊은 문학 평론가가 29세의 시인에게 보낸 권고는 결국 즈베보를 발견하고 이 세상에 그의 문학을 알리는 기회가 된다. 몬탈레는 1925년 문예지 레자메*L'Esame*의 11월-12월호에 "이탈로 즈베보에게 바침*Omaggio a Italo Svevo*"이라는 제목으로 10페이지에 걸쳐 즈베보 문학을 소개하고 이탈리아는 위대한 소설가를 가지고 있으나 그의 가치를 모르고 있다며 찬사를 아끼지 않았다. 몬탈레는 평생토록 즈베보의 문학에 대한 자신의 평가에 대해 자부심을 느꼈다. 이후 조이스와 라르보Valery Larbaud가 문우로서 압력을 가해 크레미외Benjamin Cre'mieux가 즈베보 문학에 대한 글을 씀으로써 1926년 2월 프랑스에도 소개 되었다. 이러한 몬탈레의 평론으로 이탈리아는 물론이고 유럽에도 알려지게 된 즈베보는 사업가로서 몬탈레의 글이 문예지에 소개되었을 때 런던에 머물고 있었다. 하지만 즈베보는 그 문예지를 런던에서 받아보고 몬탈레에게 감사의 편지를 보내고 1926년 2월 27일 토요일에 밀라노에서 만나기로 약속한다. 이렇게 해서 두 사람은 처음으로 만나게 되는데 서로의 얼굴을 본적이 없는 그들이었으나 몬탈레가 27일 아침 오페라하우스 라 스칼라La Scala앞에서 토스카니니Arturo Toscanini의 지휘로 공연될 글룩Gluck의 오페라 오르페오Orfeo의 포스터를 열심히 읽고 있던 나이든 신사를 발견한다. 즈베보를 프랑스에 소개한 문예지에서 본 적이 있는 바로 그 모습의 신사임을 확신한 몬탈레는 그에게 말을 걸어 인사를 한다. 그들은 즈베보가 머물고 있던 호텔로 자리를 옮겨 서로에 대한 이야기를 한다. 즈베보는 몬탈레에게 감사의 표현을 하고 이야기를 나누다 즈베보는 우연히도 몬탈레의 부친을 사업상 알고 있는 사람이라는 사실을 알게 된다. 35세 연하의 몬탈레와 즈베보의 관계는 시간이 가면서 더욱 돈돈해지고 편한 친구가 되어갔다.

1905년에서 1915년 사이에 제임스 조이스가 어학원 벌리츠Berlitz의 트리에스테 캠퍼스에서 영어를 가르치고 있었다. 즈베보는 조이스로부터 영어를 배우기도 하고 친구가 되었다. 이때 조이스는 이탈리아의 작가 중에는 단지 비코Vico와 즈베보에게 큰 빚을 졌다고 말하곤 했다. 이러한 즈베보를 발견한 몬탈레는 대부분의 이탈리아 문학 연구가들에 의해 시인으로서 만이 아니라 이탈리아의 대표적인 문학 평론가로 평가 받게 된다. 트리에스테에는 바즐렌, 즈베보 이외에도 사바Umberto Saba, 지웃띠Virgilio Giotti, 뱅꼬Silvio Benco, 스뚜빠리쉬Stuparich, 슬라따뻬르Slataper가 있었다. 1919년 12월 처음으로 트리에스테를 방문한 적이 있었던 몬탈레는 이후 바즐렌을 찾아 1924년 봄 이후 그곳에 다시 간다. 그리고는 1926년 봄 즈베보의 초대로 다시 트리에스테를 방문하여 3일간 그곳에 머물며 사바와 뱅꼬를 알게 된다. 즈베보는 화학 물품을 취급하는 사업가였다. 주로 페인트를 생산했다. 그의 집은 시내에서 조금 떨어져있고 공장에서 비교적 가까운 곳에 있던 멋진 집으로 빌라 베네치아니Villa Veneziani라는 이름을 가지고 있었으며 몬탈레는 그곳에 머물게 되었다. 이후 이들의 관계는 주로 편지로 이뤄졌다.

1927년 6월 20일자로 몬탈레는 피렌체에서 즈베보에게 한 통의 편지를 보낸다. 다름 아닌 일종의 부탁편지로 몬탈레는 즈베보의 작품을 매우 좋아하는 자신의 지인 탄찌 여사에 대해 소개한다. 그녀는 예술 비평가인 마랑고니Matteo Marangoni와 결혼한 사람으로 본인의 이름은 드루실라 탄찌Drusilla Tanzi라고 하였다. 몬탈레는 그녀의 부탁으로 즈베보의 두 번째 작품 『노년』의 첫 판본에 서명을 하여 보내주었으면 하는 부탁의 내용이었다. 탄찌는 몬탈레의 실제 삶에 중요한 인물이며 오랜 친분을 유지해오다 노년에 결혼한다. 즈베보는 1928년 봄 피렌체에 잠시 들렀을 때 카페 쥽베롯쎄Giubbe Rosse에서 그녀를 직접 만나게 된다. 이때 즈베보와 그의 문학에 대한 애정과 평론 연구들로 문예지 솔라리아Solaria의 한 호 전체를 바친 피렌체 친구들은 그의 방문을 맞아 파티를 하고 즐겁고 행복한 시간을 보낸다. 그러나 이 만남을 끝으로 몬탈레는 다시는 즈베보를 만날 수 없게 되는데 같은 해 9월 13일 즈베보가 갑작스럽게 교통사고로 죽음을 맞이했기 때문이다. 몬탈레는 즈베보의 트리에스테를 조이스의 더블린과 같이 보았다.

2. 피렌체 시절(1927-1947)

고향 제노바에서의 30여 년 간의 삶을 마치고 제노바를 떠나 보다 넓은 곳으로 생활 무대를 옮긴다. 몬탈레는 오랫동안 밀라노에서의 일자리를 구하고자 노력했지만 성공하지 못한다. 당시 몬탈레는 이탈리아 사회 전체가 파시스트들에 의해 통제되었기에 더더욱 어려움을 겪는다. 그러다 마침 피렌체에서 일할 수 있는 기회를 얻게 되어 20년간 지속될 피렌체에서의 생활을 시작한다. 제노바 시절이 몬탈레에게는 인성과 문학적 소양을 갖추어 갈 수 있었던 시대라면 당대 이탈리아 최고의 문화 중심지였으며 이탈리아 현대시의 탄생에 결정적인 영향을 끼친 피렌체에서 몬탈레는 많은 문인들과의 만남과 소통의 기회를 얻어 지성인으로서 그리고 시인으로서 더더욱 심오해지는 소중한 시절이었다.

미켈란젤로 광장에서 바라본 피렌체

1927년 2월 초 몬탈레는 카부르Cavour 거리에 있는 벰포라드 《R. Bemporad & Figlio》 출판사에서 일 자리를 구해 피렌체에 도착한다. 그 출판사는 벰포라드Enrico Bemporad가 운영하고 있었는데 몬탈레는 그를 1924년 가을 비아렛죠Viareggio의 뻬아Enrico Pea의 집에서 우연히 알게 되었다. 경제 사정이 여유롭지 않았던 몬탈레는 쁘라뗄리노Pratellino 7번가의 꼴롬비니Colombini 팬션에서 2년간 장기 숙박을 하게 된다. 누나와 매형 등 많은 분들의 도움으로 어렵게 구한 일자리라 소중한 기회로 생각하였던 벰포라드 출판사에서의 생활은 그러나 몬탈레에게는 너무도 실망스러웠다. 그곳에서 일하는 동안 몬탈레는 사장의 정직하지 못한 운영과 일처리, 자신과의 계약에 대한 불성실한 이행 그리고 과중한 업무로 몬탈레의 불만과 스트레스는 나날이 커져만 갔다. 하지만 몬탈레는 대안이 없었기에 하루하루 참아가며 또 시간이 가면서 나아지리라 기대하며 그곳에서의 힘겨운 날들을 보냈다.

몬탈레는 람브로시아노*L'Ambrosiano*, 솔라리아*Solaria*, 라 피에라 렛떼라리아*La Fiera Letteraria*, 일 꼰베뇨*Il Convegno*와 같은 문예지에 이미 글을 투고하고 있었다. 벰포라드의 직원으로서 몬탈레는 쉽지 않은 생활을 하고 있었는데 사장이 경제적 어려움을 이유로 월급을 삭감하고 결국 1928년 6월엔 일자리를 그만두게 한다. 몬탈레는 또다시 무직 생활로 돌아 간 것에 대해 염려하며 시간을 보내는데 불행이 오래가지는 않았다. 이 시절 몬탈레는 솔라리아 동인들 이외에도 빠삐니Papini, 쎈사니Sensani, 바스띠아넬리Bastianelli, 빨미에리Palmieri, 까레나Carena 등의 많은 문인을 만나는데 특히 떽끼Bonaventura Tecchi는 몬탈레에게 호의적이었다.

1929년 3월 26일 몬탈레는 떽끼의 후임으로 오랜 역사와 전통을 가지고 있으며 세계적으로도 지성인들 사이에서는 이미 유명한 가비넷토 뷔쇄Gabinetto Vieusseux 도서관의 관장에 임명된다. 이 자리는 체코슬로바키아의 브르노Brno의 대학 교수로 자리를 옮기게 된 떽끼의 적극적인 추천으로 3등으로 후보에 오르게 된다. 당시 임명권을 가진 사람은 피렌체의 집정관,

백작 주셉뻬 델라 게라르데스까Giuseppe della Gherardesca였는데 그는 몬탈레가 세 명의 후보 중 유일하게 파시스트 당원이 아니라는 점을 알고 그를 뷧쉐 관장직에 임명한다. 몬탈레는 이 직책을 매우 소중하고도 명예롭게 생각하여 열악한 재정적 상황으로 직원들의 월급을 줄 수 없을 때에도 누나의 도움을 비롯한 사비를 써가면서도 즐겁게 일하였다.

한편 1929년 여름 몬탈레는 2년여의 여관생활을 청산하고 베네뎃토 바르끼Benedetto Varchi 거리 6번지에 위치한 탄찌와 마랑고니(Drusilla Tanzi e Matteo Marangoni) 부부의 집 반지하 방으로 이사 한다. 지적 대화자로서의 우정을 나누던 탄찌와의 인연이 계기가 되었다.

1929년 9월 처음으로 몬탈레는 파리를 여행하고 여러 면에서 이탈리아와는 상당히 다르다는 인상을 크게 받는다. 1931년 6월 몬탈레의 부친이 제노바에서 세상을 떠난다. 몬탈레는 1932년 8월에는 런던, 가을엔 비엔나를 여행하고 연말엔 "엘리엇에 바침*Omaggio a T. S. Eliot*"이라는 글을 발표한다.

1933년 어르마 브랜디스rma Brandeis가 뷧쉐로 몬탈레를 방문한다. 브랜디스는 1905년 뉴욕의 한 부유한 집안에서 태어났다. 그녀는 이탈리아, 프랑스, 영국 문학연구가였으며 번역가이자 작가이기도 했을 뿐만 아니라 1932년부터는 뉴욕의 사라 로렌스 칼리지Sarah Lawrence College N.Y.에서 이탈리아어와 이탈리아문학을 강의했다. 또한 맨해튼에 있는 컬럼비아 대학Columbia University에 다니며, 중세와 미래파Futurismo에 대한 지속적인 관심을 가졌다. 그녀는 1931년 페레로Leo Ferrero를 통해 『오징어 뼈들』을 알게 된 뒤, 1933년 피렌체의 뷧쉐로 몬탈레를 직접 찾아왔다. 이렇게 시작된 그들의 관계는 시인과 독자와의 관계를 넘어 아름다운 정신적 관계로 승화되며 1939년까지 서신과 그녀의 이탈리아 방문으로 뜨겁게 지속되었다. 그녀는 끌리찌아Clizia라는 이름으로 몬탈레의 세 번째 시집부터 시적 출현이 두드러지며 몬탈레 시문학의 가장 중요한 시적 영감으로 거듭난다.

1937년 몬탈레는 자신을 향한 파시즘 정권하의 경찰서의 시선이 곱지 않다는 것을 느끼게 되었다. 당시는 만사가 파시스트들에 의해 좌지우지

되던 시대였다. 그러한 시기에 상당한 명예를 누리는 자리에 앉아있는 사람이 당원이 아니라는 것은 이미 파시스트들에게는 용납하기 어려웠다. 또한 첫 시집이후 몬탈레가 여러 지면을 통해 보여주는 작품의 성향 또한 눈에 가시 같았기에 몬탈레는 언제부턴가 경찰서의 감시 대상 목록에 올라 있었던 것이다. 게다가 몬탈레는 시간이 갈수록 피렌체의 많은 젊은 지성인들과 줍베 롯쎄와 카페 스따찌오네Stazione에서 만남을 갖고 파시스트 당과는 거리가 먼 태도를 취했던 것이다. 이러한 젊은 지성인 중에는 빗토리니Elio Vittorini가 있었다. 결국 몬탈레는 피렌체의 새로운 집정관이 된 백작 뻬시올리니Paolo Venerosi Pesciolini가 몬탈레를 소환하여 파시스트 당원이 아닌 사람이 뷔세의 관장을 맡고 있어서 당의 문화 정책과 일치가 되지 않는 다는 이유로 사직할 것을 권고하고 명령한다. 하지만 몬탈레는 당당히 사직은 하지 않겠으니 원하는 대로 하라는 자신의 신념을 명백히 밝힌다. 이렇게 하여 몬탈레는 1938년 12월 1일자로 뷔쉐의 관장직에서 파면된다. 몬탈레는 같은 해 8월 15일에는 가장 우애가 깊었던 누나 마리안나가 밀라노에서 44세의 나이로 세상을 떠나는 슬픔을 겪게 된다.

한편 1938년 봄 피렌체에 히틀러가 방문한다. 이탈리아의 역사와 문화에 있어서 상징적 의미를 갖고 있는 도시를 방문한 히틀러를 형제와 같은 동지애를 표방하며 맞이하는 파시스트들의 광기에 몬탈레는 커다란 충격을 받는다. 도시 전체는 이들을 환영하는 축제의 분위기를 위해 나치의 깃발로 뒤덮이는 등 온갖 행사가 벌어진다. 전쟁의 주도자인 히틀러 내각의 주요인물인 괴링Goring, 헤스Hess, 히믈러Himmler, 리벤트로프Ribbentrop 등이 아르노 강가에서 히틀러를 둘러싸고 있는 광경을 몬탈레는 목도한다. 같은 시기에 알프스 너머에서는 독일군에 의해 강제 집단 포로수용소가 만들어졌고, 유태인들은 도망만이 살 수 있는 희망이었고, 광장들에서는 나치들에 의해 만Mann, 브레히트Brecht의 책들과 베크만Beckmann, 코코슈카Kokoschka의 그림들이 불태워지던 시대였다. 몬탈레는 이러한 실상을 「히틀러의 봄*Primavera hitleriana*」라는 시로 표현했다.

몬탈레에게 1938년은 잊을 수 없는 힘겨운 한 해로 기억된다. 그것은 누나의 죽음과 사랑하는 여인과의 이별 그리고 아끼던 뷔쇠의 관장직을 잃은 것이다. 몬탈레는 1933년에 알게 된 미국인 브랜디스의 곁으로 가고자 하는 마음을 1939년에 최종적으로 포기하고 딴찌와 동거에 들어간다.

새로운 만남: 문예지와 카페

이미 언급했듯이 피렌체에서의 20년은 몬탈레의 문학이 깊어가고 보다 완숙해지는데 결정적인 시기였다. 이러한 것이 가능할 수 있었던 것은 과거의 풍부한 독서와 인생을 바라보는 자신만의 독특한 방법, 치열한 현실 탐구를 바탕으로 이룰 수 있었으리라 생각된다. 이러한 측면에서 몬탈레에게 중요한 영향을 끼친 것은 문예지를 통해서 그리고 카페 줍베 롯쎄에서의 수많은 지성인들과의 만남이라고 할 수 있다. 당시 피렌체는 그야 말로 이탈리아에서 가장 많은 지성인들이 모여들어 활발한 지적 논의와 논쟁을 하던 곳이었다. 따라서 자연스럽게 많은 문예지들이 창간되었던 것이다. 그중에서도 대표적인 것으로는 『솔라리아*Solaria*』를 생각할 수 있다.

까롯치Alberto Carocci는 1926년 1월에 이 문예지를 창간하여 처음엔 페라따Giansiro Ferrata와 후엔 본산띠Alessandro Bonsanti와도 함께 운영하며 약 10년간 계속 월간지로 발행했다. 그러나 이 문예지의 글들은 파시즘 정권으로부터 검열을 당하며 늘 감시를 받았다. 이러한 동인들을 함께 특징 지워 말할 수 있는 것은 반파시스트, 유럽통일주의자, 평등주의자, 반전통주의자라고 정의할 수 있을 것이다. 몬탈레 외에도 이 문예지에 참여한 주요 인물들로는 빗토리니Elio Vittorini, 콰시모도Quasimodo, 자밧띠니 Cesare Zavattini, 피오베네Guido Piovene, 꽈란톳띠 감비니Pier Antonio Quarantotti Gambini 그리고 갓다Carlo Emilio Gadda 등을 들 수 있다. 몬탈레는 이들 외에도 빠삐니 Papini, 치고냐니Cigognani, 줄리옷띠Giuliotti를 알게 되고 베렌손Bernard Berenso과도 교류한다. 『솔라리아*Solaria*』 동인이기도 한 페레로Leo Ferrero와의 우정은 그로 하여금 당대 유명한 작가이자 역사가로 독재정부의 만행을 강력히 반대했던 굴리엘모 페레로가 머물고 있던 끼안띠 지역 들판에 위치한 집, 올리벨로Olivello를 방문할 수 있도록 했다. 당시 그의 집은 사복 차림의 경찰들이 주변을 둘러싸고 항상 감시하고 있었으며 그들은 모든 방문객들의 신상을 기록할 정도로 파시즘 정권에서는 요주의 인물이었다.

몬탈레는 피렌체 시절 초기인 1927년부터 약 12년간 알고 지내오던 15세 연상의 탄찌와의 동거를 결정하고 1939년 4월 두 사람은 두카 디 제노바 거리Viale Duca di Genova로 이사하여 새로운 삶을 시작한다. 아울러 몬탈레는 지인들의 폭을 문인들에서 화가와 조각가들로 넓혀간다. 이 화가와 조각가들은 자신들이 모임을 갖던 음식점의 이름을 따서 1931년 5월에 몬탈레에게 안띠꼬 팟또레Antico Fattore 상을 수상한다. 그들이 준비한 상금은 1천 리라였고 이듬해인 1932년에 그때의 시들을 모아 「세관원들의 집 그리고 몇 편의 시*La casa dei doganieri e altre poesie*」가 출판된다. 이 작은 시집은 몬탈레의 두 번째 시집 『기회들』이 발표되기 7년 전에 출판되는데 시집의 핵심이 된다.

『기회들』이 발표된 직후 몬탈레 문학에 대한 평가는 매우 많은 사람들에 의해 이뤄졌고 대다수가 긍정적인 평가를 했으며 커다란 관심을 불러 모았다. 시집에 대한 찬사를 아끼지 않았던 대표적인 인물들로는 뜨라베르소Leone Traverso, 솔미, 페라따, 쎄로니Adriano Seroni, 안체스끼Anceschi, 데 로베르티스De Robertis, 보Bo 등이었다. 하지만 빤끄라찌Pancrazi, 가르지울로Gargiulo는 첫 번째 시집에 대해 호평을 했던 평론가들이지만 작품이 주는 현실에 대한 나약한 대안, 감동으로 영혼을 담지 못하고 있는 외적 형상화 등을 들어 부정적인 입장을 보였다. 하지만 이 시집에 대해 가장 적절한 해석을 내린 것은 라맛Silvio Ramat이라고 할 수 있다. 라맛은 비록 현대적 사랑의 시집이라는 말로 이 시집을 너무 통속화 해버리는 것을 염려하면서도 『기회들』안의 시들이 매우 복합적이며 유기적인 관계의 망을 이루고 있는점을 고려해볼 때 시들의 상당한 부분이 시인과 여인 사이의 사랑의 대화를 담고 있는 것은 분명하다고 보았다.

『기회들』에는 라맛이 이해하였듯 여인들이 등장한다. 그들은 도라Dora Markus, 제르띠Gerti Tolazzi, 리우바Liuba Blumenthal, 빠올라Paola Nicoli, 안나Anna degli Uberti, 끌리찌아Clizia 이다. 이들 중에서 끌리찌아는 두 번째 시집에만 머물지 않고 몬탈레 시문학 전체의 가장 절대적인 시적 영감으로 승화한다. 이 끌리찌아가 바로 1933년 여름 배를 타고 뉴욕에서 리구리아해를 거쳐 피렌체의 뷧쉐로 몬탈레를 찾아온 어르마 브랜디스이다. 이 여인이 두 번째 시집에서 차지하는 중요성은 몬탈레가 1949년 이 시집의 여섯 번째 판본을 찍어낼 때부터는 시집을 그녀에게 헌사하고 있다는 점을 통해서도 더욱 명백해졌다.

『기회들』이 출판되었던 1939년 10월의 몬탈레의 피렌체 생활은 얼마간 매우 답답한 시절이었다. 파시스트들에 의해 일자리를 잃었고, 문예지 『솔라리아』는 어느덧 옛 추억이 되었으며 히틀러는 자신의 야욕을 들어내며 존재감을 보여주기 위해 피렌체의 아르노 강가에까지 밀고 들어왔던 시기이다. 40대 중반의 몬탈레는 더 이상 뭔가에 열광하여 무조건 빠져들 수만 있는 나이는 아니었는데 제노바 시절의 젊은이처럼 직장도 월급도 없이 살아가야 하는 처지가 되었다. 따라서 몬탈레가 할 수 있는 것은 여러 문예지들에 기고하는 것뿐이었다. 그 당당했던 『솔라리아』는 어느새 파시스트 사상가들 중 가장 중요한 인물 중 한 명인 릿치Roberto Ricci가 창간한 『우니베르살레*Universale*』를 경쟁자로 인정해야만 되었다. 민족주의, 자본주의 그리고 가톨릭주의를 거부하는 이 동인들은 주로 레뿝블리카 광장의 카페 빠스코우스키Paszkowski에 진을 치고 있었는데 맞은편에는 몬탈레를 비롯한 『솔라리아』 동인들이 매일 모임을 갖던 줍베 롯쎄가 있었다. 당시 피렌체에서 발행되던 문예지로는 가톨릭 문인들이 함께하던 『일 프론떼스삐찌오*Il Frontespizio*』, 빠볼리니Alessandro Pavolini가 지휘한 피렌체 파시스트 연맹의 주간지였던 『일 바르젤로*Il Bargello*』 등이 있었다.

몬탈레는 위의 문예지들 중 『솔라리아』를 제외한 다른 것들과는 관계를 갖지 않았다. 다만 『솔라리아』 시절 몬탈레는 페가소Pegaso에 몇 편의 글을

카페 줍베 롯쎄

실었다.

까롯치는 『솔라리아』를 파시즘과 토론도 할 수 있는 이념들을 다루는 저널로 변화할 것을 주장하였다. 반면에 본산띠는 솔라리아, 프론떼스피찌오, 뻬가소와 빤Pan의 동인들을 포함하더라도 이탈리아의 현실이나 파시즘 밖에 남아있으면서 보다 중요한 문학 작품들을 출판하자는 생각을 분명히 했다. 결국 이러한 두 입장은 피렌체의 많은 지성인들을 양진영으로 나누는 결과가 되었고 철학적으로 이념적으로 현실 참여적인 입장을 견지하자는 사람들은 『라 리포르마 렛떼라리아*La riforma letteraria*』(1936-1939)를 창간한다. 여기에 함께한 문인들로는 보, 란돌리Landolfi, 갓또Gatto, 델피니 Delfini, 루찌Luzi, 쁘라똘리니Pratolini, 비곤지아리Bigongiari, 꼰띠니Contini, 마끄리Macrí, 보를렝기Borlenghi, 안체스키Anceschi, 비고렐리Vigorelli, 빈니 Binni, 뜨라베르소Traverso, 밧싸니Bassani, 베르똘룻치Bertolucci 등이었다. 반면에 본산띠가 의도한 열매로는 『렛떼라뚜라*Letteratura*』(1937-1947)가 태어났으며 사바, 갓다, 꽈시모도, 빗토리니, 로리아Loria, 꼬밋쏘Comisso, 잔나 만찌니Gianna Manzini, 솔미 등이 함께 했다.

몬탈레는 이외에도 갓또와 쁘라똘리니가 이끈 『깜뽀 디 마르떼*Campo di Marte*』, 로마에서 발행되던 월간지 『루오따*Ruota*』 그리고 『쁘리마또*Primato*』와도 함께했다. 이중에서 『쁘리마또』는 상당한 역할을 했다고 볼 수 있다. 봇따이Giuseppe Bottai가 창간한 이 문예지는 1940년 3월 1일 첫 호를 시작으로 이탈리아 사회에 커다란 토론의 공간을 제공하며 1943년 7월 25일에 폐간되었다. 봇따이는 이 문예지에서 많은 작가, 교수, 평론가들을 참여하는 토론의 장을 만들고자 했다. 이 참여자들은 자신의 전문분야에 따라 에르메띠즈모, 이탈리아의 대학, 신낭만주의 그리고 실존주의로 대별할 수 있는, 즉 철학, 문학, 문학비평, 정치학, 역사, 소설, 시, 저널이즘, 미술에 대해 집중적인 전문가들의 토론과 조명의 공간이 되었다. 몬탈레는 시문학에 대한 토론자가 되었으며 이 토론에 참여한 사람들은 다음과 같다. 철학에 Nicola Abbagnano, Enzo Paci, Ugo Spirito, 문학과 문학비평에 Carlo Muscetta, Walter Binni, Gianfranco Contini, Enrico Falqui, Francesco Flora, Mario Praz, Pietro Pancrazi, 정치와 역사에 Manlio Lupinacci, Francesco Olgiati, Luigi Salvatorelli, Nicola Valeri, Giorgio Spini, 소설에 Corrado Alvaro, Riccardo Bacchelli, Alessandro Bonsanti, Giovanni Comisso, Vitaliano Brancati, Dino Buzzati, Vincenzo Cardarelli, Emilio Cecchi, Giuseppe Dessì, Carlo Emilio Gadda, Vasco Pratolini, Cesare Pavese, 시문학에 Alfonso Gatto, Mario Luzi, Sandro Penna, Salvatore Quasimodo, Eugenio Montale, Vittorio Sereni, Giuseppe Ungaretti, 저널이즘에 Enzo Biagi, Leo Longanesi, Paolo Monelli, Indro Montanelli 그리고 미술에 Filippo De Pisis, Renato Guttuso, Orfeo Tamburi.

전쟁 말기의 고통스런 현실

1943년 4월 피렌체에 머물고 있던 몬탈레는 두 번째 시집을 발표한 이후에 쓴 15편의 시를 문우인 꼰띠니의 책들 사이에 끼워 스위스 루가노Lugano

로 가지고 간다. 당시 꼰띠니는 그 지역 대학에서 교수로 있었다. 이탈리아 국경 너머의 스위스 띠치노Ticino 지역의 한 변호사 베르나스꼬니Pino Bernasconi의 도움으로 『피니스떼레*Finisterre*』가 출판된다. 이 시집이 파시즘 정권하의 이탈리아에서 출판될 수 없었던 것은 특히 첫 부분에 인용되고 있는 잔인하고 광적인 파시스트를 연상시키는 내용의 헌사 때문이었다.

1940년에서 '42년 『피니스떼레』의 시들이 탄생된 시기에 피렌체는 파시스트들에 의해 완전히 정복되어 있었고 도시 전체는 늘 그들의 감시 속에서 매우 폐쇄적이었으며 시내엔 독일군 장교와 병사들이 활보하고 다녔다. 늘 다니던 대중음식점인 뜨로이아Troia나 라께리Lacheri에 갈 때면 식량관리국의 증서를 제시해야했고 흰 스필라티노를 조금이라도 맛보고 싶은 마음에 항상 혹시라도 가능한지 점원에게 특별한 부탁을 해보기도 했던 시절이었다. 저녁시간에 거리에서는 더 이상 에르메티즈모에 대한 이야기들을 나눌 시간이 없었다. 줍베 롯쎄를 찾는 젊은이들 중에는 쎄레니Vittorio Sereni와 스파뇰렛띠Giacinto Spagnoletti가 있었는데 5, 6개월마다 장교복 차림을 하고 지나던 길에 들리거나 혹은 군사우편으로 엽서를 보내곤 했다.

몬탈레는 고정된 직업을 갖지 못한 채 여러 문예지에 기고하거나 시집들을 발행하고 생기는 얼마 되지 않는 수입으로 살아가야 했기에 번역에 몰두했다. 1929년 12월부터 『솔라리아』에 엘리엇의 시 두 편을 번역했는데 이는 엘리엇이 관장하던 저널 『크라이테리언*Criterion*』에 몬탈레의 시 「아르세니오*Arsenio*」를 실어준 것에 대한 답례로 행한 것이었다. 프라쯔Mario Praz의 번역으로 영국에 소개된 「아르세니오*Arsenio*」는 몬탈레의 유명한 서정시 중 한 편으로 사실 몬탈레의 시가 처음으로 외국에 번역된 것이었기에 몬탈레에게는 각별한 의미가 있었다. 이후 몬탈레는 물론 자신의 취향을 어느 정도는 유지해가지만 다소 덜 관념적인 작품들을 번역해간다. 당시 그가 번역했던 작가들로는 멜빌Melvill, 피츠제랄드Fitzgerald, 도로시 파커Dorothy Parker, 스타인백Steinbeck, 호손Hawthorne, 헤밍웨이Hemingway, 포크너Faulkner 가 있다. 한편 빗토리니는 『아메리카나*Americana*』라는 문학

선집을 만들었는데 이에 몬탈레도 협력하였다. 이후 몬탈레는 말로Marlowe, 코르네유Corneille, 세르반테스, 세익스피어의 극작품들과 길옌Guillen, 홉킨스, 하아디, 디킨슨 등의 시도 번역했다.

파시즘 정권하의 어려운 피렌체 시절에 몬탈레는 글속에 동물들이나 집안을 돌봐주던 사람에 대한 이야기들을 담아낸다. 아마도 글쓰기가 자유롭지 않던 시절 몬탈레에게는 일상의 평범한 것들 속에서 흥미롭고 인생을 이해하는데 작은 불빛 같은 것들을 발견한 것으로 이해된다. 이러한 것은 주로 애완견으로 북크Bukc, 삡포Pippo, 빳쎄뽀일Passepoil 과 같은 이름을 가지고 있었다. 한편 이 시절에는 몬탈레의 집안일을 돌봐주던 여자 티옷씨Gina Tiossi가 들어온다. 그녀는 몬탈레의 어린 시절 부모님 댁에서 온 가족을 도와주던 보르디고니Maria Bordigoni, 비지Alice Bigi, 메릿지Rina Meriggi를 생각하게 하는 사람이었다. 티옷씨 지나Gina의 피렌체에서 시작된 몬탈레 가족과의 생활은 몬탈레가 아내 탄찌를 잃고 밀라노에서 세상을 떠날 때 까지 이어진다.

아마도 피렌체의 정국이 가장 심각했던 시절은 젠띨레Giovanni Gentile가 1944년 4월 15일 피살당했던 때였을 것이다. 이때는 약 7개월 전에 히틀러의 뜻에 따라 뭇솔리니가 창설한 '이탈리아 사회 공화국'이 세워졌고 이의 일원이었던 까리따Mario Carita'의 극악무도한 폭정이 이뤄지던 시기였다. 많은 사람들이 체포 구금되었다는 소문이 도시에 가득하고 몬탈레 또한 뷔쉐 시절부터 그들의 감시자 목록에 있었기에 친구들은 그에게 집안에 머물러 있지 말라고 했다. 까리따는 많은 사람들을 협박하며 공포의 도가니로 몰아넣은 뒤 주로 밤에 쥐도 새도 모르게 잔악한 일들을 저지른다는 것이다. 이후 몬탈레도 밤에는 지인들의 도움을 받아 자신의 집밖에서 보냈다. 몬탈레는 아내와 지나를 데리고 지인인 인류학자 반디넬리Ranuccio Bianchi Bandinelli의 집으로 피신하였다. 1944년 7월부터는 시내 곳곳에서 총성과 다양한 충돌이 만들어 내는 극에 달한 공포의 분위기가 연출되었다. 이는 몰려오는 연합군들에 의해 북쪽으로 도망치면서 내는 파시스트와 나치들의 마지막 발악이었다. 8월 11일 피렌체는 적들로 부터는 자유로웠으나 험하게 파괴된 도시가 옛 모습을 찾기 위해서는 많은 노력과 시간이 필요했다. 1944년 9월 딴찌는 심각한 정도의 추골염으로 병원에 입원하게 되는데 몬탈레와 그녀는 병실에서 멀어져가는 총성을 듣게 된다. 1946년 여름 몬탈레는 여전히 건강을 회복하지 못한 아내를 데리고 고향 바다를 찾아 요양을 떠난다. 포르떼 데이 마르미Forte dei Marmi에서 보내던 그 시절 두 명의 친구가 그에게 그림을 그려보라고 권하며 붓과 화구들을 빌려준다. 이렇게 하여 몬탈레는 그림을 취미로 갖게 되고 오랫동안 몰두한다.

문화적 관점에서의 성숙이 이뤄진 것은 피렌체에서 보낸 20년간이 몬탈레의 인생에 있어서 가장 중요한 시기였다고 할 수 있다. 피렌체에서 몬탈레는 바다만 있는 것이 아니라 육지도 있다는 것을 발견했다. 즉 문화, 이상, 전통 그리고 인문주의의 대륙의 존재를 발견하게 되었다. 몬탈레는 그곳에서 인간의 생각과 일 속에 스며들어있는 다른 본질을 보았다. 문명이란 무엇이었는지, 또 무엇일 수 있는지도 그곳 피렌체에서 이해하게 되었다.

3. 밀라노 시절(1948-1981)

저널리스트 몬탈레

몬탈레가 기자로서 데뷔를 한 것은 사실 1916년 4월 28일 이었다. 제노바 시절 어느 날 밤 몬탈레는 멜로드라마를 좋아하는 사람들과 합창단원들 단역 배우들이 드나들던 카페에 있었다. 모여든 사람들은 서로 관심분야에 대해 이야기하고 나름대로 평가를 했다. 자정이 넘은 시간 젊은 음악평론가 궤리에로Vittorio Guerriero가 몬탈레의 테이블로 와서 뭔가에 집중하려고 애를 쓰고 있었다. 그는 지역 일간지 "일 삐꼴로*Il Piccolo*"에 레온까발로 Leoncavallo의 신작 '곳프레도 마멜리*Gofferedo Mameli*'에 대한 글을 써야했는데 작품이 이해가 안 된다며 고민하고 있었다. 그는 마침내 몬탈레에게 글을 한 번 써볼 것을 제안하고 몬탈레는 조심스럽게 수락한다. 다음날 몬탈레가 쓴 글은 궤리에로의 이름으로 발표되는데 이후 작곡가인 레온까발로는 어떤 평론가도 그 작품을 그렇게 깊이 이해한 사람은 없었다고 말했을 정도로 몬탈레의 데뷔 글은 훌륭했다는 후문이 전해진다. 학창시절부터 글쓰기에는 탁월한 능력을 보였던 그가 그간의 엄청난 독서를 바탕으로 음악공부를 시작한 해에 음악에 대한 글로써 기자의 자질을 보여준 실례가 되었다.

이후 1948년 1월 29일 52세의 나이에 '꼬리에레 델라 쎄라'의 편집부 기자가 되고 특파원과 음악평론가가 되었다. 우선 이탈리아의 가장 유력한 일간지인 밀라노 지역 신문기자가 되었던 과정을 조금만 살펴보면 다음과 같다.

1945년 12월 당시 피렌체에 살고 있던 몬탈레는 좋은 우정을 나누고 있던 레비Alessandro Levi교수가 여행에서 밀라노로 돌아와 그에게 전화를 한다. 그리고는 해방 후 '꼬리에레'의 첫 발행인이 된 보르사Mario Borsa를 만나 이야기를 나누다 몬탈레를 그 신문의 기고자들로 넣자는 생각을 나누게 되었다고 전한다. 이 발행인은 몬탈레가 이미 피렌체의 "몬도*Mondo*"(로마에 본사를 두고 1922. 1. 26일 첫 호를 발간하고 1926년 10. 31일 마지막 호를 냈다. 파시즘 정권에 의해 폐간된 정치적 성격을 띤 석간일보로 1925년 5월 1일자 신문에 "반파시스트 지성인들의 선언문*Manifesto degli intellettuali antifascisti*를 발표하였으며 발행 부수가 11만부에 이르렀음)와 "라 나찌오네 델 뽀뽈로*La Nazione del Popolo*"(1944. 08. 11-1946. 07. 03. 함께한 이들은 Barile, Bilenchi, Branca, Calamandrei, Cancogni, Cassola, Devoto, Garin, Levi, Luzi, Montale, Pieraccini, Ragghianti, Saba, Salvemini, Spini, Sturzo 등)에 일을 하고 있는 점을 고려해 극 평론가로 그를 채용하려고 서둘렀을 정도였다. 몬탈레는 19세기 이탈리아 희곡에 대한 엘레나 크로체Elena Croce의 책에 대한 서평을 논문처럼 써서 보냈고 1946년 1월 2일 발표되었다.

이후 '꼬리에레'의 발행인 보르사의 후임으로 굴리엘모 에마누엘Guglielmo Emanuel이 부임하지만 몬탈레는 하던 일을 계속하게 된다. 1948년 1월 29일 몬탈레는 편집부원으로 채용되고 다음날부터 편집부에서 일을 한다. 첫 출근 날 몬탈레는 발행인이 매우 예민해져있고 뭔가 근심하고 있다는 것을 알게 된다. 다름이 아니라 인도의 마하트마 간디가 살해되었다는 소식을 접하고 그 사건에 대한 기사를 누구에게 맡길까 고민하고 있었던 것이다. 에마누엘은 편집국장 못똘라Michele Mottola와 긴밀히 의논한 뒤 몬탈레에게 그 임무를 맡긴다. 이렇게하여 몬탈레는 에마누엘의 요청대로 간디에 대해 4-5쪽의 기사를 쓰게 되었다. 잠시 후 몬탈레는 홀로 방안의 타자기 앞에서 오른 검지로 열심히 글을 써나가고 두 시간 쯤 지나 기사가 준비된다. 다음날인 1월 31일 '중단된 미션*Missione interrotta*'라는 제목으로 '꼬리에레'의 제1면에 실린다. 이렇게 하여 피렌체에서 뷔세의 관장자리를 잃은 뒤 약 10년이 다 지나는 시점에 마침내 몬탈레는 밀라노에서 확실한 일자리를 갖게 된 것이다.

밀라노에서 기자가 된 몬탈레는 피렌체를 떠나 거처를 밀라노로 옮겼으나 처음 2년간은 암바시아또리Ambasciatori라는 호텔에서 보내다 빌리Bigli가 11번지로 옮겨 1967년 9월까지 그 곳에 산다.

밀라노의 솔페리노Solferino 거리에 위치한 '꼬리에레'의 사무실에서 그는 여러 동료를 만나게 되는데 처음으로 사무실을 나눠쓰게 되는 사람이 몬따넬리Indro Montanelli(1909-2001)라는 사실을 알고 몬탈레는 상당히 당황한다. 1945년 몬탈레는 '몬도'지에 몬따넬리의 책『여기서는 쉬지 않는다*Qui non riposano*』에 대한 서평을 다소 비판적으로 썼던 기억이 있기 때문이다. 하지만 몬따넬리는 한 번도 그것에 대해 언급하지 않았고 한결같이 교양 있는 태도로 친절하게 대해주었다. 몬따넬리가 로마로 떠나고 발닷치Gaetano Baldacci가 그의 자리로 온 뒤 오랜 세월이 지나서야 몬탈레는 혼자서 방을 쓰게 된다.

몬탈레의 계약조건은 한 달에 기사 다섯 편을 쓰고 번역을 하는 것이었다. 이러한 여건 속에서 처칠의 회고록, 세익스피어의 「줄리오 체사레와 *Giulio Cesare*」, 데 마다리아가 De Madariaga와 토마스 만의 글들을 "꼬리에레 델라 쎄라"에서 번역하여 소개했다. 발행인 에마누엘은 당시 신문의 지면 관계상 서평은 원치 않았다. 그것은 몬탈레에게는 행운이었다. 몬탈레는 이 계약을 지키기 위해 오래전의 기억들을 더듬기 시작했다. 그래서 그는 젊은 시절의 친꿰 떼레를 떠올리고 성악을 가르쳐준 시보리 선생님의 수업들, 세상을 떠난 친구들 그리고 소중하고 친근한 것들을 다시 생각해보는 시간을 갖는다. 이러한 동안 몬탈레는 시를 쓸 시간은 갖지 못하고 오히려 한 번도 쓰지 않았던 소설의 페이지들처럼 그리고 인생을 살아가면서 겪었던 많은 사건 조각들을 생각해보게 되었던 것이다. 이러한 환경 속에서 몬탈레의 눈부신 산문 『디나르드의 나비*Farfalla di Dinard*』가 탄생하게 된다. 1956년에 첫 출판되는 이 책은 만일 몬탈레가 기자로서의 새로운 생활의 경험이 없었더라면 생각조차 할 수 없었던 작품이다. 이 작품은 몬탈레가 인생과 세상을 이해하기 위해 진단해보는 가장 유용한 길을 구축하고 있는 책이다.

'꼬리에레' 시절의 동료가운데 몬탈레는 주셉뻬 빠따네Giuseppe Patanè를 잊을 수 없었다. 나이가 몬탈레보다 꽤 많았던 빠따네는 시칠리아 출신으로 말이 없고 묵묵히 일만하는 사람이었다. 하지만 그는 베르가Verga와 까뿌아나Capuana에 대해 이야기를 할 때만은 두 눈에 불꽃처럼 열정과 생기가 넘쳐 행복이 가득해 보였다. 그는 어린 시절 까따니아Catania의 에트나Etnea 거리의 카페들에서 베르가와 까뿌아나를 보곤 했다는 것이다. 그리고는 그들이 카페에서 행하던 모습들을 열심히 마치 축음기가 들려주는 음악처럼 매번 똑같이 묘사하곤 했다. 수도 없이 반복하던 이야기를 매번 처음 듣는 듯 들어주던 몬탈레와 빠따네는 시간이 가면서 친구가 되었다. 빠따네는 솔페리노 거리의 신문사 근처 한 여관에서 기거하고 있었다. 그런데 그가 어느 날 여관방 침대에서 죽은 채로 발견되었다. 죽기 전날 오후 사무실로 돌아오지 않았던 그는 얼굴엔 안경을 쓴 채였고 신문은 침대에서 흘러내려 카펫 위에 흩어져 있었다.

몬탈레는 이 시절 특파원으로서 여러 곳으로의 여행도 할 수 있게 되었다. 1950년 7월 로마-뉴욕 간 항공기 취항 기념으로 처음으로 미국에 가서 2일간 머물 기회가 있었다. 이 짧은 여행으로 그의 미국에 대한 기억은 샤논Shannon, 테라노바Terranova, 브루클린의 야경, 맨해튼, 허드슨 강의 이미지정도를 갖게 되었다. 1950년 8월에는 스트라스부르고Strasburgo에서 있었던 제2차 유럽의회 때문에 18일간의 여행을 경험 했다. 이후 몬탈레는 영국, 파리, 프로방스 지역, 스페인, 포르투갈, 레바논, 시리아, 그리스를 여행하고 1964년엔 교황 빠올로 6세의 성지 여행 때 수행하여 예루살렘도 여행한다.

1948년 3월 몬탈레는 영국문화원의 초청으로 모란테Elsa Morante, 모라비아Alberto Moravia와 함께 영국을 방문한다. 이때 그는 런던의 한 호텔 오찬에서 엘리엇을 만나게 되지만 많은 것을 이야기 하지는 못한다. 두 사람의 잘 나서지 못하는 성격이 서로의 친교에 도움이 되지 못했기 때문이다.

1954년 '꼬리에레 델라 쎄라'에 취업을 한 지 6년이 지났을 때 몬탈레는 '꼬리에레 딘포르마찌오네*Corriere d'Informazione*'의 음악 평론가가 된다. 휴가중인 몬탈레는 베네치아에 머물고 있었다. 그런데 그곳에서 영국의 작곡가 브리튼Benjamin Britten의 오페라 『나사의 회전*The Turn of the Screw*』이 이탈리아에서는 처음으로 페니체Fenice에서 공연된다는 사실을 알게 되었다. 하지만 '꼬리에레 딘포르마찌오네'에서는 아무도 파견하지 않았다는 것을 알고 몬탈레는 새로 부임한 발행인 밋씨롤리Mario Missiroli에게 전화하여 기사를 쓸 수 있도록 요청하였고 승인을 받아낸다. 이후 발행인은 몬탈레에게 음악 평론가의 임무도 계속해달라고 요청한다. 몬탈레가 스칼라에서 평론가로 데뷔 한 것은 첼리비다께Sergiu Celibidache의 연주회를 통해서이다. 새로운 임무는 몬탈레로 하여금 가끔 밤에도 신문사로 출근하게 했다.

몬탈레는 '꼬리에레 딘포르마찌오네'의 음악 평론가직을 1967년 가을에 사직한다. 몬탈레는 재임하는 13년 동안 예외 없이 스칼라의 모든 총연습과 모든 첫 공연을 관람했다. 이때의 활동으로 훗날 태어나는 작품이 『스칼라의 초연들*Prime alla Scala*』이다. 한편 새로운 편집인 룻쏘Alfio Russo 시절인 1961년에는 '코리에레'에 문학지면이 탄생하는데 몬탈레는 특히 이곳에 서평을 기고하기도 하고 문화의 경향과 왜곡된 양상들에 대한 시평을 쓰기도 했다. 갑작스럽게 접한 첵끼Emilio Cecchi의 죽음 소식에 베네치아의 한 호텔에서 아무런 자료도 없이 단 두 시간 만에 그에 대한 글을 써서 신문에 싣기도 했다.

아마도 시력이 매우 좋지 않아서 인지 늘 렌즈가 큰 안경을 쓰고 다니던 모습에서 기인한 '파리'라는 뜻을 가진 모스카Mosca라는 별명으로 친구들과 몬탈레에 의해 불리던 딴찌와 몬탈레는 1963년 4월에서야 결혼을 한다. 그 해 여름에 거리에서 넘어지게 된 그녀는 대퇴부에 심각한 충격을 입게 되어 10월에 세상을 떠나게 된다. 이후 몬탈레는 사랑하는 아내를 그리워하며 네 번째 시집 『사투라*Satura*』의 「쎄니아*Xenia*」편과 함께 시집의 여러 곳에서 그녀를 노래한다.

몬탈레는 20세기 이탈리아 작가가 누릴 수 있는 최고의 영예를 누렸으며 이러한 것은 많은 수상경력을 통해서도 이해할 수 있다. 주요 수상 경력만을 소개하자면 다음과 같다. 1956년 9월 몬탈레는 마르좃토Marzotto 상을, 1959년 11월에는 뢰종 도뇌르*Légion d'honneur*를 수상한다. 1961년 밀라노대학에서 처음으로 명예 문학박사학위를 받게 되고 1967년 6월 8일 몬탈레는 영국 캠브리지 대학으로 부터 명예박사학위를 1974년엔 로마대학으로 부터 수여한다. 1603년 체시Federico Cesi가 로마에 세운 세계에서 가장 오래된 학술기관이자 이탈리아 최고의 학술기관인 린체이 국립 아카데미Accademia Nazionale dei Lincei로부터 1962년 5월엔 국제 펠뜨리넬리Feltrinelli 상을 받는다. 1967년 6월 13일에 이탈리아 대통령 사라갓Giuseppe Saragat은 "문학과 예술 분야에서 탁월한 업적으로 조국을 빛낸"점을 높이 평가하여 몬탈레를 종신 상원의원에 임명하고 대통령궁에서 그에게 직접 축하 전화를 한다. 그리고 1975년 12월 10일엔 전세계 작가들의 최고의 영예라고 할 수 있는 노벨 문학상을 스웨덴 국왕으로부터 수상한다.

1968년 2월에는 스빠돌리니Giovanni Spadolini가 '꼬리에레'의 새로운 발행인으로 취임했다. 이때 '꼬리에레'의 문화면은 문학과 조형예술 사이의 관계에 대한 몬탈레의 글이 실렸다. 몬탈레는 1973년 11월 30일 약 25년간의 기자 생활을 마치고 '꼬리에레'를 퇴직하지만 기고는 계속하게 되고 조각가 마리니Marino Marini와 체플린Charlie Chaplin에 이어 1974년에 몬탈레는 밀라노시의 명예시민이 된다. 1916년에서 1976년까지 60년간 일간지와 기간지에 1831편의 기사를 발표했다.

1975년 10월 몬탈레는 보부아르Simone De Beauvoir, 벨로우Saul Bellow, 그린Graham Green, 세네갈의 대표적인 지성인으로 인정되는 생고르Lèopold Sèdar Senghor, 보르헤스Jorge Luis Borges와 함께 노벨문학상의 최종 후보자 목록에 들어있었다. 10월 22일 저녁시간에 몬탈레는 스톡홀름으로부터 노벨 문학상 수상이 거의 확실시 된다는 통보를 받는다. 다음날인 23일 13시 두 명의 친구 아미데이Gaspare Barbiellini Amidei와 나심베니Giulio Nascimbeni가 빌리Bigli가 15번지 몬탈레의 집을 방문하여 담소를 나누고 있을 때 몬탈레는 스웨덴 대사관으로부터 공식적인 통보를 접하게 된다. 다음날 오전 11시경엔 로마에서 라르손Martha Larsson이라는 스웨덴 여기자가 몬탈레를 취재하기 위하여 방문한다.

1975년 12월 7일 일요일 저녁 몬탈레는 스톡홀름에 지나와 함께 도착한다. 시인은 그랜드 호텔 4층 베르나돗떼Bernadotte 백작이라는 이름을 가진 방 338호와 339호에 머문다. 숙소에서 보이는 전경은 눈부시도록 아름다웠다. 정면에는 왕궁을 비롯해 외무부와 국회가 한 눈에 보였고 아래쪽에는 그지없이 맑은 파란 하늘을 배경으로 배와 갈매기들이 가득한 부두가 평화로운 도시의 풍경을 자아내며 방문자를 매료시켰다. 12월 10일 수요일 수상식은 매우 격식 있게 치러졌다. 처음엔 물리학상, 화학상 그리고 의학상을 수여하였다. 그리고 스톡홀름 필하모니 오케스트라가 레스삐기Respighi의 음악을 연주한 뒤 문학상 수상식이 진행되었다. 몬탈레는 깊은 감동을 느꼈다. 뒤를 이어 스웨덴 최고의 이탈리아 문학 전문가이자 몬탈레를 번역 소개한 오스테링Ander Osterling의 몬탈레 문학에 대한 소개 연설이 있었다. 17시 50분 오스테링이 연설중에 이탈리아어로 몬탈레를 지칭하자 구스타포 스웨덴 국왕은 황금 장식된 안락의자에서 일어나 누군가의 부축 없이는 거동이 불편한 몬탈레를 위해 원래 시상하는 자리에서 몇 걸음 더 수상자를 향해 걸어가 몬탈레가 서서 기다리고 있는 지점에서 알프레드 노벨의 초상이 각인된 황금 메달과 상장을 수여하였다. 그날 저녁 향연에는 1086명의 축하객들이 모여 이탈리아의 노벨 문학상 수상을 축하 했다. 다음날인 12월 11일 목요일에는 9700만 이탈리아 리라에 해당하는 스웨덴 크로나로 표기된 수표가 몬탈레에게 수여되었다. 12일 금요일에는 스웨덴 한림원에서 "여전히 시는 가능한가?"라는 주제로 연설을 하고 일요일인 14일 오전에 밀라노로 돌아온다.

국내외적으로 몬탈레에 대한 찬사는 절정에 달하였고 많은 학자들이 몬탈레가 80세가 되었을 때 기념 논문집*Omaggio a Montale*을 발간하는데 빈니Walter Binni는 몬탈레에게 "당신이 우리 인생에 준 모든 것에 대해 진심으로 감사합니다*Permetti di ringraziarti per tutto quello che hai dato alla nostra vita*"라는 찬사를 한다.

젊은 시절의 몬탈레에게 밀라노는 너무 먼 곳이었고, 현실을 벗어나 가고 싶은 곳이었으며 아직은 도달하지 못한 뭔가 구체적이고 튼튼한 삶이 있을 것 같은 꿈같은 곳이었다. 장년의 몬탈레에게 밀라노는 일상을 체험하는 곳이었고, 확실한 일터, 집, 수없이 많은 추억들이 있는 곳이었으며 명예를 얻게 해준 곳이었다.

몬탈레의 삶에 대해 언급하면서 죽음을 맞기 전에 빼놓을 수 없는 사건 하나가 있다. 이미 오래전부터 그의 문학에 매료되고 그의 문학에서 위대함을 발견한 이탈리아의 많은 지성인들은 그와의 영원한 이별을 두려워하며 큰 선물을 준비한다. 선물을 준비한 중심인물은 줄리오 에이나우디Giulio Einaudi, 꼰띠니Gianfranco Contini, 벳따리니Rosanna Bettarini였다. 이

에우나이디는 1948년 5월 제2대 이탈리아 공화국 대통령에 당선된 루이지 에이나우디Luigi Einaudi의 아들로 1933년 11월 15일 '에이나우디' 출판사를 설립하여 이탈리아를 대표하는 출판사로 만들었다. 꼰띠니는 20세기 이탈리아 최고의 문헌학자로 몬탈레와는 오랫동안 친구로 지냈으며 꼰띠니의 제자인 벳따리니는 피렌체 대학 문학부의 교수로서 이미 학계에 알려진 실력파였다. 이 세 사람은 이탈리아에서는 처음으로 당대 한 작가의 모든 시작품을 만 3년간의 작업을 통하여 완성한 1225쪽짜리 교정본(edizione critica) 『시집*L'opera in versi*』을 1980년 12월 6일 출판한 것이다.

1981년 여름 몬탈레는 지나와 함께 어느 여름처럼 포르떼 데이 마르미로 떠났다. 지난 수십 년 간 매년 여름휴가를 그곳에서 보냈던 것이다. 하지만 몬탈레는 지난 봄 부터 계속된 기관지염으로 고생하고 있었으며 오른 팔에서는 약간의 마비증상이 느껴졌지만 상태는 좋아지지 않았다. 결국 8월 3일 밀라노로 돌아와 싼 삐오 10세San Pio X 병원에 입원하기에 이른다. 담당 의사 뽈리Enrico Poli에 의하면 몬탈레는 노화로 인한 뇌혈관 통증을 앓고 있었는데 이에 따라 사지가 떨리는 증상을 함께 느끼게 되었다고 한다. 1981년 9월 12일 토요일 21시 17분 그의 심장은 85년간의 운동을 멈추고 말았다. 14일 월요일 오후 밀라노 두오모에서 거행된 장례식에는 추모객들로 인산인해를 이루었고 이들과 함께 뻬르띠니Sandro Pertini 이탈리아 대통령과 스빠돌리니 총리도 참석했다. 장례식 중에 음악을 관장하는 신부 밀리아박까Luciano Migliavacca는 몬탈레의 젊은 날의 시 한 구절 "우리는 내일의 운명이 어떨지 모른다네 슬플지 기쁠지..."를 낭송하며 음악을 실어 성가대의 합창 속에서 슬픔만이 아닌 거룩하고 감동적인 느낌으로 영원한 작별인사를 하였다. 17시경 대통령과 총리가 일어나 성당의 중앙 문을 향해 걸음을 떼니 몬탈레의 관은 아내가 묻혀있는 피렌체 근교의 에마Ema에 있는 싼 펠리체San Felice 공동묘지로 향하였다.

제2장 시문학 작품

1. 『오징어 뼈*Ossi di seppia*』
2. 『기회들*Le occasioni*』
3. 『폭풍우와 기타*La bufera e altro*』
4. 『사투라*Satura*』
5. 『1971, 1972년 일기 *Diario del '71 e del '72*』, 『4년간의 노트 *Quaderno di quattro anni*』, 『기타 시들*Altri versi*』
6. 작품 읽기

제2장
시문학 작품

몬탈레에게 "시는 희망으로의 초대이다 Per me la poesia è un invito alla speranza".

몬탈레는 다양한 분야에 걸쳐 수많은 글을 남겼다. 그의 이러한 글들은 다음과 같이 작품으로 출판되었다. 『오징어 뼈들*Ossi di seppia*』(1925); 『기회들*Le occasioni*』(1939); 『피니스떼레*Finisterre*』(1943); 『번역노트*Quaderno di traduzioni*』(1948); 『폭풍우와 기타*La bufera e altro*』(1956); 『디나르드의 나비 *Farfalla di Dinard*』(1956); 『쎄니아*Xenia*』(1966); 『화형*Auto da fè*』(1966); 『외출*Fuori di casa*』(1969); 『사투라*Satura*』(1971); 『1971년 '72년 일기*Diario del '71 e del '72*』(1973); 『시론*Sulla poesia*』(1976); 『4년간의 노트*Quaderno di quattro anni*』(1977); 『기타 시들*Altri versi*』(1980); 꼰띠니와 벳따리니가 함께 출판한 몬탈레의 모든 시들을 모은 『시집*L'opere in versi*』(1980)이 생전에 출판된 작품들이다. 사후에 발표된 작품으로 『유작 일기*Diario Postumo*』(1996) (이 마지막 작품에 대해서는 이셀라Dante Isella를 중심으로 한 몇 몇 전문가들에 의해 몬탈레의 진짜 작품인지의 여부에 대한 의문이 뜨겁게 제기되었다.); 이셀라가 엮은 서간집 『에우제비오와 뜨라북꼬*Eusebio e Trabucco*』(1997); 라벳지 Gianfranca Lavezzi의 『에우제니오 몬탈레, 스칼라좌의 초연들 *Eugenio Montale, Prime alla Scala*』(1995); 줍펫띠Zaira Zuffetti의 『몬탈레 가족의 서간문*Lettere da casa Montale(1908-1938)*』(2006); 벳따리니의 『끌리찌아에게 보낸 편지 *Lettere a Clizia*』(2006)가 있다.

1. 『오징어 뼈들』

몬탈레의 첫 시집은 1916년 작품 한 편(*Meriggiare pallido e assorto ...*)을 제외하고는 1920년에서 '25년 사이에 쓴 시들 55편을 모아 1925년 6월에 처음으로 고벳띠Piero Gobetti를 통해 출판되었고 이후 몇 편의 시가 더해져 총 61수가 출판되었다. 시집은 다음과 같이 구성되어있다. 즉 서시인 *In limine*에 이어 *Movimenti*, *Poesie per Camillo Sbarbaro*, *Sarcofaghi, Altri versi, Ossi di seppia, Mediterraneo, Meriggi ed ombre* 다음에 에필로그로 *Riviere*가 자리한다.

몬탈레는 첫 시집에서 인간 실존에 대한 회답을 줄 수 없음을 설파한다. 「오징어 뼈들*Ossi di Seppia*」 세션의 서시(*Non chiederci la parola*)에서 시인은 "우리는 존재하지 않는 다는 것, 우리는 원하지 않는다는 것*ciò che non siamo, ciò che non vogliamo*"만을 말할 수 있다고 이야기 하며 실존의 조건에 대한 부정성을 강조한다. 시집의 제목자체는 자연에 닳아 헤어져 지금은 생명이 없는 물체로 추락한 인간의 실존을 표현하고 있다. 이러한 식으로 몬탈레는 시에 대한 기본적인 태도를 뒤엎으니 시인은 실존의 이유나 확신들을 발견할 수도 확답을 줄 수도 없는 것이다. 인간의 운명에 대해 시인은 한 편의 시(*Spesso il male di vivere ho incontrato*)에서 "신의 무관심*Divina Indifferenza*"을 말한다. 즉 신은 인간사에 있어서 어떠한 감정적인 태도나 연민도 보여주지 않는다는 것이다.

문학 전반에 걸쳐서도 매우 중요한 작품이라고 할 수 있다. 몬탈레가 1940년에서 1942년 사이에 쓴 15편의 시를 모아 꼰띠니의 도움으로 1943년 6월 26일 스위스 루가노에서 『피니스떼레*Finisterre*』라는 시집을 150부 출판한다. 이 작은 시집은 훗날 몬탈레의 세 번째 시집의 첫 세션이자 가장 중요한 세션 중 하나가 된다. 시집의 제목 또한 첫 세션의 첫 시에서 따올 만큼 이 세션의 의미는 크다고 할 수 있다. 시간이 가면서 이 세션에 다른 작품들이 한 편 두 편 추가되게 되었다. 이러한 작품들 중에는 1953년 5월 12일에 쓰여진 「작은 약속*Piccolo testamento*」과 1954년 10월에 쓰여진 「포로의 꿈*Il sogno del prigioniero*」가 있는데 이들은 「잠정적 결론*Conclusioni provvisorie*」라는 제목으로 시집의 에필로그 역할을 한다.

몬탈레가 시집을 통해 보여준 새로운 면모는 파시즘 시기의 대부분의 이탈리아의 문학적 풍토에서와 마찬가지로 완전히 거리를 두고 있었던 시세계에 정치성을 불러들였다는 것이다.

세계 제2차 대전에 연관되어 심각한 정도로 사회적으로 만신창이가 된 가운데 역사를 믿지 않고, 극도의 페시미스트가 된 몬탈레가 쓴 이 작품속의 시들은 여성의 모습을 청신체 시학이며 단테적 아남네시스인 천사와 같은 여인으로 위대한 주인공으로 새롭게 본다.

많은 경우들에 있어서 몬탈레는 부재와의 드라마틱한 대화를 통해 브랜디스를 향한다. 시적 이름으로 끌리찌아라 불리는 그녀는 오비디우스가 자신의 대표작 『변신』에서 노래하는 요정과 같다. 이러한 끌리찌아는 많은 시 속에서 천사와 같은 구원의 모습으로 형상화 되어 나타난다.

『오징어 뼈들』의 시 「레몬」에서 볼 수 있는 "내말 들어 보오*ascoltami*"처럼 초기 시집들에서는 대화하는 듯, 서술하는 듯한 어조들이 쓰였는데 세 번째 시집에서는 사물들 사이의 관계들이 점점 더 촘촘한 망을 이루며 복잡해지고 시간이 가면서 매우 복합적인 구문형식을 구사해갔다.

당대의 역사적 논거는 그의 형이상학적인 모습으로 담겨져 표현된다. 전쟁과 이데올로기들은 인간이 접하게 되는 "생의 불행*male di vivere*"에 대한 구체적이고 명백한 표현 일뿐이며 이 "생의 불행"은 인간으로 하여금 완전히 부정적인 자연의 고통스런 법칙을 따르게 하는 것이다.

4. 『사투라』

1948년 '꼬리에레'의 기자가 되면서 몬탈레는 이전 보다는 무척 바쁜 생활을 하게 된다. 기자로서 준비해야하는 기사들 때문 이라기보다는 나이, 식견, 사회적 위치, 그리고 무엇보다도 밀라노 생활의 풍요로움 속에서 그는 제노바나 피렌체에서 보냈던 시절과는 무척 다른 양상의 삶을 살아가게 된다. 따라서 예전처럼 차분히 앉아 글을 쓸 시간도 별로 갖지 못한다. 그럼에도 1956년 그는 세 번째 시집 『폭풍우와 기타』를 출판한다. 사실 많은 학자들은 이 세 번째 시집이 나왔을 때 이전 작품들과의 연장선에서 평가해 보고 그 작품의 주제는 물론이고 형식, 시어 등을 모두 고려해 몬탈레 시학이 절정에 이르렀다고 평가했다. 따라서 절정에 달한 시적 담론이 더 이상 새로운 것으로 이어질 수 없을 것이라 믿었던 평론가들은 더욱이 새로운 밀라노 생활과 파시즘 정권의 붕괴, 전후 급격한 변화를 맞이한 현실 그리고 나이가 70을 넘긴 점을 고려해서 몬탈레의 시 쓰기는 끝이 난 것으로 예견하고 있었다. 하지만 몬탈레는 모두의 상상을 초월한 놀라운 작품을 발표하는데 그것이 바로 『사투라』이다. 『사투라』는 1961년에서 1970년까지 몬탈레가 쓴 시 96수를 모아 1971년 1월에 출판된 것이다. 이 시집은 2편의 서시 뒤에 네 개의 세션이 이어진다. 「쎄니아1 *Xenia I*」, 「쎄니아2 *Xenia II*」, 「사투라1 *Satura I*」, 「사투라2 *Satura II*」로 구성되어 있는데 균형 잡힌 구조를 띠고 있을 뿐만이 아니라 서시라고 할 수 있는 시도 두 수이며 모두가 둘 씩 짝을 이룬다. 어쩌면 떠나버린 한 쪽을 위해 많은 것을 채우려는 듯한, 어쩌면 언제나 둘이 완전한 하나임을 표현한 시도로도 생각이 든다.

말년에 몬탈레는 마치 죽음이 다가오는 느낌을 예견한 것 같다. 모든 것을 말하기에는 시간이 충분하지 않다고 걱정한 듯이 자신의 철학을 보다 더 심화하기를 서두른다. 「*Xenia*」는 1966년에 발표한 작품으로 사별한 아내 드루실라 딴찌에게 바치는 시들을 모은 것이다. 아내는 시력이 많이 나빠 늘 유리알이 크고 두꺼운 안경을 쓰고 생활했는데 파리를 연상 하게하는 이 모습에서 그녀를 "모스카*Mosca*"라 불렀다. 네 번째 시집의 세션 명칭인 「쎄니아」는 고대 그리스에서 자기 집을 찾아와 머물다 떠나는 소중한 손님에게 작별의 순간에 주는 선물이었다. 몬탈레는 약 35년을 함께 한 소중한 아내가 자기 곁을 떠난 뒤 그리울 때마다 그리고 순간순간 아내와 함께 했던 시절이 떠올라 시상이 잡힐 때마다 그녀에게 바치는 선물로 이 시들을 준비했음을 알 수 있다.

같은 시기에 몬탈레는 일종의 비평적 글들을 모은 『화형*Auto da fé*』를 출판했는데 이는 진행 중이던 문화적 변형에 대한 자신의 날카로운 성찰을 표현한 것이다.

어쨌든 몬탈레는 이 네 번째 시집 속에서는 그 동안 보여주지 않았던 모든 면에서 매우 다양한 면모를 보여준다. 특히 처음 세 시집에서 느껴지던 긴장감과 엄격함을 벗어나 훨씬 더 자유롭고 풍요로운 새로운 시학을 독자들에게 선사하며 그의 문학의 진화된 모습을 파격적으로 보여주는 것이다. 몬탈레의 이러한 시 쓰기는 이탈리아의 20세기 후기 시의 전형으로 평가받게 된다.

5. 『1971, 1972년 일기』, 『4년의 노트』, 『기타 시들』

다섯 번째 시집 『1971, 1972년 일기』는 90편의 시를 담아 밀라노의 몬다도리 출판사에서 1973년 3월에 출판되었다. 이 시집은 두 개의 세션 즉, 44편의 시를 담고 있는 *Diario del '71*과 46편을 수록하고 있는 *Diario del '72*로 되어있으며 시들은 『사투라』에서 이미 알려진 형식을 취하고 있다. 제목이 밝히듯 시들은 1971년과 '72년에 쓰인 것들임을 알 수 있는데 서시의 전반부(1970년 12월 25일)와 네 번째 시 「작께오 처럼Come Zaccheo」(1970년 12월 28일)만이 예외적이지만 이 작품들도 엄격히 말하면 1971년까지는 1주일도 남지 않은 시점이었다. 하지만 이 시집의 형식적인 면은 이전의 시집들에서 보여준 수준의 치밀하고 절묘한 것은 되지 못한다.

주제 또한 이미 『사투라』에서 알려진 것들이지만 조금은 다른 감으로 되풀이되고 또 심화되어 표현되었다.

친구 레오네 뜨라베르소 Leone Traverso에게 헌사 한 첫 시는 몬탈레가 첫 시집에서부터 일관되게 견지해온 비관주의가 전혀 약해지지 않고 오히려 더 강화된 느낌을 전달하고 있다. 서시는 시인의 이러한 세계관을 알 수 있는 표현으로 마지막을 장식한다. "... 나의 지식은 결코 밝지 않았고 / 사려 깊지도, 천상적이지도 못했다 Mai fu gaio / né savio né celeste il mio sapere". 현상학적 언어로 표현된 네 번째 시에서는 주인공은 하나님을 노심초사 기다리고 있으나 한 번도 본적이 없다며 "그 분이 행여라도 지나가실까 보려고 per vedere il Signore se mai passi / ... stando in punta di piedi non l'ho mai visto." 애를 쓰지만 신의 부재, 신에 대한 몬탈레의 완전한 회의만을 재확인 할 뿐이다.

『4년의 노트』가 처음 세상에 알려진 것은 1977년 9월 몬다도리 출판사를 통해서 였다. 여기에 실린 작품들은 1973년에서 1977년 사이에 지어진 것이나 유일하게 두 번째 시인 「라구나레 Lagunare」만이 1960년에 지어져

1974년 5월 12일자 "꼬리에레"에 존 프리맨John Freeman이라는 가명으로 처음 발표되었다.

『기타 시들』이 처음으로 등장한 것은 몬탈레에 의해서 이뤄진 것이 아니라 꼰띠니와 벳따리니의 치밀한 연구와 정교한 문헌학적 작업의 산물인 몬탈레의 모든 시들을 모은 교정집 『시집 *L'opera in versi*』가 처음 출판될 때 다른 작품들과 합류하게 되었다. 물론 이 작업에 대해서는 몬탈레의 동의가 있었다. 하지만 『기타 시들』이라는 제목은 두 연구가가 작품들의 특징을 비롯한 여러 사실들을 종합하여 결정하고 시인의 승인을 받은 것이다. 이 시집에 담겨진 73편의 시들의 창작 시기는 대부분이 『4년의 노트』이후에 이뤄진 것이나 그 이전의 작품들도 있다. 이들 중 가장 먼저 창작된 것은 1972년의 것이며 시들 중에는 이전의 시집들에서 제외된 것들도 담겨있다. 꼰띠니는 버려지고 감춰진 것들을 포함해 구할 수 있는 몬탈레의 모든 시들을 살려 후세에 전하고 싶어 했던 의지가 매우 강했던 것으로 여겨진다.

노년의 시인은 인생의 아쉬움을 다음과 같이 표현한다.

> " ..... 어떤 이는 인생을 방울방울 마시길 좋아하고
> 어떤 이는 벌컥 벌컥 마시기를 좋아하지,
> 하지만 그 병은 한 번 비워지면
> 다시는 채울 수 없는 것이라네

> ....C'è chi ama
> bere la vita a gocce o a garganella;
> ma la bottiglia è quella, non si può
> riempirla quando è vuota."
> (*Presto e Tardi* del *Diario del '71 e del '72*)

6. 작품 읽기

IN LIMINE

Godi se il vento ch'entra nel pomario
vi rimena l'ondata della vita:
qui dove affonda un morto
viluppo di memorie,
orto non era, ma reliquiario.

Il frullo che tu senti non è un volo,
ma il commuoversi dell'eterno grembo;
vedi che si trasforma questo lembo
di terra solitario in un crogiuolo.

Un rovello è di qua dall'erto muro.
Se procedi t'imbatti
tu forse nel fantasma che ti salva:
si compongono qui le storie, gli atti
scancellati pel giuoco del futuro.

Cerca una maglia rotta nella rete
che ci stringe, tu balza fuori, fuggi!
Va, per te l'ho pregato, - ora la sete
mi sarà lieve, meno acre la ruggine …

서시

즐거워하라 뜰 안 과수밭에 들어오는 바람이
생명의 물결을 다시 몰아오면,
한 송장이
기억들의 타래를 묻는 이곳은
밭이 아니라, 성골 상자라오.

그대가 듣고 있는 날개 치는 소리는 비행이 아니라,
영원한 자궁의 운동이라고,
보게나 외로운 이 대지의 끝이
도가니로 변하는 것을.
자그마한 가시덤불은 가파른 담장 이편에 있네.
그대 만일 계속한다면 그대를 구해줄 수 있을
환상 속을 아마도 마주치리:
미래의 게임을 위해 지워지지 않은
행위들과 역사들이 이곳에서 이루어진다.

우리를 옥조이고 있는 그물 속에서 끊어진 코를
찾아, 밖으로 뛰어나가, 도망쳐라!
가거라, 그댈 위해 기도했노라, - 이제 내 갈증은
한결 가벼워 질것이니, 원한도 가벼워지리…

I LIMONI

Ascoltami, i poeti laureati
si muovono soltanto fra le piante
dai nomi poco usati: bossi ligustri o acanti.
Io, per me, amo le strade che riescono agli erbosi
fossi dove in pozzanghere
mezzo seccate agguantano i ragazzi
qualche sparuta anguilla:
le viuzze che seguono i ciglioni,
discendono tra i ciuffi delle canne
e mettono negli orti, tra gli alberi dei limoni.

Meglio se le gazzarre degli uccelli
si spengono inghiottite dall'azzurro:
più chiaro si ascolta il susurro
dei rami amici nell'aria che quasi non si muove,

e i sensi di quest'odore
che non sa staccarsi da terra
e piove in petto una dolcezza inquieta.
Qui delle divertite passioni
per miracolo tace la guerra,
qui tocca anche a noi poveri la nostra parte di ricchezza
ed è l'odore dei limoni.

Vedi, in questi silenzi in cui le cose
s'abbandonano e sembrano vicine
a tradire il loro ultimo segreto,
talora ci si aspetta
di scoprire uno sbaglio di Natura,
il punto morto del mondo, l'anello che non tiene,
il filo da disbrogliare che finalmente ci metta
nel mezzo di una verità.
Lo sguardo fruga d'intorno,
la mente indaga accorda disunisce
nel profumo che dilaga
quando il giorno più languisce.
Sono i silenzi in cui si vede
in ogni ombra umana che si allontana
qualche disturbata Divinità.

Ma l'illusione manca e ci riporta il tempo
nelle città rumorose dove l'azzurro si mostra
soltanto a pezzi, in alto, tra le cimase.
La pioggia stanca la terra, di poi; s'affolta
il tedio dell'inverno sulle case,
la luce si fa avara - amara l'anima.
Quando un giorno da un malchiuso portone
tra gli alberi di una corte
ci si mostrano i gialli dei limoni;

e il gelo del cuore si sfa,
e in petto ci scrosciano
le loro canzoni
le trombe d'oro della solarità.

레몬

1. 내 말 들어보게, 계관 시인들은
2. 회양목, 쥐똥나무 또는 엉거시 나무 같은 희귀한 이름의
3. 나무들 사이에서만 움직인다네.
4. 나는, 수풀 무성한 개울로 이어지는 내 고향 길들을 사랑하네
5. 그곳 반쯤 마른
6. 웅덩이들에서는 아이들이
7. 삐쩍 마른 장어들을 잡는다오.
8. 둑을 따라 난 오솔길들이,
9. 갈대꽃들 사이로 내려가
10. 밭들로 이어진다네, 레몬 나무들 사이로.

11. 새들의 지저귐 소리
12. 푸른 하늘이 삼켜 사그라들면 더 좋다네,
13. 거의 움직임 없는 대기 중에 다정한 나뭇가지들의
14. 속삭임을 훨씬 맑게 들을 것이며,
15. 땅에서 떨어질 줄 모르고
16. 또 까닭모를 불안한 달콤함을 가슴에 퍼붓는
17. 이 내음의 느낌을 더 잘 들을 것이네.
18. 여기서는 타락한 욕망들의
19. 전쟁이 기적적으로 입을 다물고,
20. 여기서는 가엾은 우리에게도 풍요롭게 닿는 것이 있으니
21. 그것은 레몬 향기라오.

22. 보게나, 버림 받은 사물들이 그들의 최후의
23. 비밀을 거의 드러내 보일것같은
24. 이 침묵들 속에서,

25. 가끔씩 우리가 발견할 수 있다고 기대하는 건,
26. 대자연의 실수,
27. 세상의 죽은 점, 잠기지 않은 반지,
28. 진리의 한 가운데로
29. 마침내는 우리를 안내해 줄 실마리라네.
30. 시선은 주위를 탐색하고,
31. 머리는 조사하고 맞춰보고 풀어도 보네
32. 날이 질 무렵
33. 널리 퍼지는 향기 속에서.
34. 바로 그 침묵들 속에
35. 멀어져 가는 방해 받은 신성들이
36. 모든 인간의 그림자 속에 보인다네.

37. 하지만 그런 환상은 끝이나고, 없고, 시간은 흘러 우리를
38. 시끄러운 도시들로 다시 이끄니 그곳엔 파란 하늘이
39. 처마들 사이로, 높이, 조각들로 만 보이네.
40. 비가 대지를 지치게 하고 나면, 집집마다
41. 겨울의 고통이 깊어만 가고,
42. 빛이 인색해지니 – 영혼은 고통스럽다.
43. 어느 날 잘못 닫힌 대문을 통해
44. 한 정원의 나무들 사이의
45. 노란 레몬 빛들이 보인 다음에
46. 얼어붙은 심장이 녹고,
47. 또 태양처럼 빛나는 황금 빛 나팔들이
48. 그들의 노래를
49. 우리 가슴속에 울려 퍼지게 한다.

Corno inglese

Il vento che stasera suona attento
- ricorda un forte scotere di lame -
gli strumenti dei fitti alberi e spazza

l'orizzonte di rame
dove strisce di luce si protengono
come aquiloni al cielo che rimbomba
(Nuvole in viaggio, chiari
reami di lassù! D'alti Eldoradi
malchiuse porte!)
e il mare che scaglia a scaglia,
livido, muta colore
lancia a terra una tromba
di schiume intorte;
il vento che nasce e muore
nell'ora che lenta s'annera
suonasse te pure stasera
scordato strumento,
cuore.

잉글리시 호른

바람은 오늘 저녁 수많은 목관 악기들을
- 얇은 철판들의 세찬 흔들림을 상기 시킨다 -
조심스레 연주하고, 색색의 빛살들이
음악이 울려 퍼지는 하늘에서
휘날리는 연들처럼 뽐내고 있는
붉게 물든 수평선을 말끔히 하며
(떠도는 구름들 사이로, 저위
왕국들이 밝게 보이네! 높은 엘도라도의
문들이 잘못 닫혔네!)
그리고 물 비늘 반짝이는 바다를 쓸어내
납빛으로 변하게 하고
뒤틀려 솟구치는 포말로
대지에 우렁찬 나팔소리 터트리네,
서서히 어둠이 내리는 시간
일었다 사그라지는 바람이

오늘 저녁도 그대 위해 연주해 주었으면
음을 잃은 악기,
마음을.

OSSI DI SEPPIA
오징어 뼈들

I

1. Non chiederci la parola che squadri da ogni lato
2. l'animo nostro informe, e a lettere di fuoco
3. lo dichiari e risplenda come un croco
4. perduto in mezzo a un polveroso prato.

5. Ah l'uomo che se ne va sicuro,
6. agli altri ed a se stesso amico,
7. e l'ombra sua non cura che la canicola
8. stampa sopra uno scalcinato muro!

9. Non domandarci la formula che mondi possa aprirti,
10. sì qualche storta sillaba e secca come un ramo.
11. Codesto solo oggi possiamo dirti,
12. ciò che *non* siamo, ciò che *non* vogliamo.

1

우리에게 묻지마오 무형의 우리 영혼을 모든 면에서
바로잡아주고, 또 불 도장으로 그 영혼을 천명하고
먼지 자욱한 초원 한 가운데에 버려진
한 송이 사프란처럼 빛나게 해 줄 말을.

아, 확신에 차 가버리는 그 사람은,
다른 사람들과 자신에게 친구라 느끼네,

그리고 그의 그림자는 이글거리는 태양이
껍질 벗겨진 담벼락위로 내리 찍는 것에 게으치도 않는구나!

그대에게 세상들을 열어 보여 줄 수 있는 공식을 우리에게 묻지 마오,
한줄기 나무 가지처럼 그렇게 뒤틀리고 말라빠진 몇 마디뿐이라오
오늘 우리가 그대에게 말할 수 있는 것은 오로지,
우리는 존재하지 않는 다는 것이며, 우리는 원하지 않는 다는 것입니다.

II

1. Meriggiare pallido e assorto
2. presso un rovente muro d'orto,
3. ascoltare tra i pruni e gli sterpi
4. schiocchi di merli, frusci di serpi.

5. Nelle crepe del suolo o su la veccia
6. spiar le file di rosse formiche
7. ch'ora si rompono ed ora s'intrecciano
8. a sommo di minuscole biche.

9. Osservare tra frondi il palpitare
10. lontano di scaglie di mare
11. mentre si levano tremuli scricchi
12. di cicale dai calvi picchi.

13. E andando nel sole che abbaglia
14. sentire con triste meraviglia
15. com'è tutta la vita e il suo travaglio
16. in questo seguitare una muraglia
17. che ha in cima cozzi aguzzi di bottiglia.

2

뜨겁게 달아오른 밭의 담벼락 밑에서
파리한 모습으로 한 낮을 보내며,
가시덤불 숲 사이에서 나오는
검은 새들의 지저귐, 뱀들의 스치는 소리 듣기에 빠져있네.

갈라진 땅 틈새나 혹은 풀잎 위의
붉은 거미들의 행렬을 몰래 본다
때로는 끊기고 또 때로는 교차된다
작은 흙무더기들 꼭대기에서.

나무 가지들 사이로 바다 물비늘들이
멀리서 현란하게 반짝이는 것을 바라보고,
그 사이 헐벗은 산꼭대기에서는 매미들의
찢어질 듯한 울음소리가 떨려 퍼지네.

그리고 눈부신 햇빛 속을 걸어가면서
마치 전 인생과 그 고통이
꼭대기에 깨진 병 조각 들을 꽂아놓은
끝없는 장성을 이렇게 계속 따라 가는 것과 같다는 것을
고통스럽고도 놀라움으로 느낀다.

III

Non rifugiarti nell'ombra
di quel fòlto di verzura
come il falchetto che strapiomba
fulmineo nella caldura.

É ora di lasciare il canneto
stento che pare s'addorma
e di guardare le forme
della vita che si sgretola.

Ci muoviamo in un pulviscolo
madreperlaceo che vibra,
in un barbaglio che invischia
gli occhi e un poco ci sfibra.

Pure, lo senti, nel gioco d'aride onde
che impigra in quest'ora di disagio
non buttiamo già in un gorgo senza fondo
le nostre vite randage.

Come quella chiostra di rupi
che sembra sfilaccicarsi
in ragnatele di nubi;
tali i nostri animi arsi

in cui l'illusione brucia
un fuoco pieno di cenere
si perdono nel sereno
di una certezza: la luce.

3

저 우거진 숲이 드리우는
그늘 속으로, 마치 번개같이
무더위에 수직으로 떨어지는
어린 매처럼 그대여, 피하지 마오.

이제는 잠들기 힘들어하는
갈대밭을 떠날 때이며
잘게 조각난 인생의
많은 모습들을 응시할 때입니다.

우리는 떨리는 진주조개 빛
작은 입자 속으로,
두 눈을 사로잡고 우리를 다소
무기력하게 하는 섬광 속으로 움직입니다.

그러나 이 힘겨운 시간에 게을러지는
매마른 파도들의 장난 속에서도,
우리는 방황하는 우리네 인생들을 아직 끝없는
심연 속에 던져버리지 않았음을 그대는 아시오.

구름 거미집 속에
올이 풀린 듯
빵 둘러싼 벼랑들처럼,
바로 이것들은 불타버린 우리의 영혼들

그 속에서 재로 가득한
붉은 환영을 태워버리고
그 영혼들은 확신에 찬
평정, 빛속으로 빠져드네.

V

Mia vita, a te non chiedo lineamenti
fissi, volti plausibili o possessi.
Nel tuo giro inquieto ormai lo stesso
sapore han miele e assenzio.

Il cuore che ogni moto tiene a vile
raro è squassato da trasalimenti.
Così suona talvolta nel silenzio
della campagna un colpo di fucile.

5

나의 삶이여, 나 그대에게 부동의 선들이나
그럴 듯한 얼굴들 혹은 재산을 바라지 않는다오.
그대의 불안한 여정 속에는 이제
꿀과 쑥이 갖고 있는 것과 똑 같은 맛이 있소.

감정의 모든 움직임을 하찮게 여기는 심장은
드물게 짜릿함에 놀란다.
그렇게 들녘의 정적 속에
총성이 울려 퍼진다.

VI

Portami il girasole ch'io lo trapianti
nel mio terreno bruciato dal salino,
e mostri tutto il giorno agli azzuri specchianti
del cielo l'ansietà del suo volto giallino.

Tendono alla chiarità le cose oscure,
si esauriscono i corpi in un fluire
di tinte: queste in musiche. Svanire
è dunque la ventura delle venture.

Portami tu la pianta che conduce
dove sorgono bionde trasparenze
e vapora la vita quale essenza;
portami il girasole impazzito di luce.

6

내게 해바라기 가져다 주오 염기에 그을린
내 땅에 내가 그 꽃을 옮겨 심을 수 있도록,
그리고 온종일 거울처럼 빛나는 창공에
근심어린 노란 얼굴을 보여 줄 수 있도록.

어두운 사물들은 밝음을 쫓고,
그 몸들은 쉼 없는 색의 흐름 속에
소멸되고, 이색들은 음악이 되네. 소멸된다는 것은
따라서 행운들 중의 행운이라.

그 꽃을 그대 나에게 가져다 주오

황금 빛 투명함이 솟아나는 곳
그리고 정수 같은 삶이 뿜어 나는 곳으로 이끌어 주는.
빛에 미친 해바라기 내게 가져다 주오.

VII

Spesso il male di vivere ho incontrato:
era il rivo strozzato che gorgoglia,
era l'incartocciarsi della foglia
riarsa, era il cavallo stramazzato.

Bene non seppi, fuori del prodigio
che schiude la divina Indifferenza:
era la statua nella sonnolenza
del meriggio, e la nuvola, e il falco alto levato.

7

종종 나는 삶의 불행을 만났다,
그것은 개천이 숨막혀 골골거리는 것이었고,
바싹 마른 나뭇잎이 쪼그라드는 것이었으며,
말이 푹석 쓰러지는 것이었다.

신성한 무관심이 살며시 열어놓은
그 기적밖에는 난 잘 알지 못했으니,
그것은 여름 한 낮 쏟아지는 졸음 속
조각상이었고, 구름이었으며, 또 하늘 높이 솟아오른 매였다.

VIII

Ciò che di me sapeste
non fu che la scialbatura,
la tonaca che riveste

la nostra umana ventura.

Ed era forse oltre il telo
l'azzurro tranquillo;
vietava il limpido cielo
solo un sigillo.

O vero c'era il falòtico
mutarsi della mia vita,
lo schiudersi d'un'ignita
zolla che mai vedrò.

Restò così questa scorza
la vera mia sostanza;
il fuoco che non si smorza
per me si chiamò: l'ignoranza.

Se un'ombra scorgete, non è
un'ombra - ma quella io sono.
Potessi spiccarla da me,
offrirvela in dono.

8

그대들이 나에 대해 알고 있던 것은
겉모습뿐이었오,
그것은 우리네 인간의 운명이
입고 있는 수도복이라오.

그리고 그 천조각 넘어엔 아마도
고요한 파란 빛이 있었을 것인데,
단하나의 봉인이
그 맑은 하늘을 막고 있었네.

오, 정말로 내 인생의
해괴한 변화가 있었으니,
다시는 못 볼 불타는
땅이 열리는 것이었네.

이렇게 이 껍질은
나의 진실한 본질로 남았으니,
꺼지지 않는 불꽃은
내게는 무지라 불리는 것이었네.

만일 그대들이 그림자를 보고 있다면,
그것은 그림자가 아니라 - 나라오.
그것을 내게서 떼어낼 수 있다면,
그대들에게 선물 하리오.

XI

1. Gloria del disteso mezzogiorno
2. quand'ombra non rendono gli alberi,
3. e più e più si mostrano d'attorno
4. per troppa luce, le parvenze, falbe.

5. Il sole, in alto, - e un secco greto.
6. Il mio giorno non è dunque passato:
7. l'ora più bella è di là dal muretto
8. che rinchiude in un occaso scialbato.

9. L'arsura, in giro; un martin pescatore
10. volteggia s'una reliquia di vita
11. La buona pioggia è di là dallo squallore,
12. ma in attendere è gioia più compita.

11

한 낮의 활짝 핀 빛이여
이때는 나무들이 그림자를 내지 않고,
또 너무 많은 빛 때문에 주변에 수많은 모습들이
진한 황금빛에 물들어 보인다.

태양은, 하늘 높이 떠있고 - 메마른 강바닥
내 하루는 끝나지 않았으니,
가장 아름다운 순간은 파리한 일몰 속에 갇힌
돌담 저 편에 있네.

무더위 가득하고 물총새 한 마리가
살아있는 유물 위를 맴돈다.
단비는 분명코 이 메마름 저편에 있다.
하지만 기다림 속에서 행복은 더 이루어지네.

XII

Felicità raggiunta, si cammina
per te su fil di lama.
Agli occhi sei barlume che vacilla,
al piede, teso ghiaccio che s'incrina;
e dunque non ti tocchi chi più t'ama.

Se giungi sulle anime invase
di tristezza e le schari, il tuo mattino
è dolce e turbatore come i nidi delle cimase.
Ma nulla paga il pianto del bambino
a cui fugge il pallone tra le case.

12

찾아낸 행복이여, 우리, 그대를 향해
칼날 위를 걷고 있다.
두 눈에 비친 그대는 떨고 있는 불빛이요,
발에 금이 가는 얇은 얼음이라,
자, 그러니 그대를 더 많이 사랑하는 이는 그댈 만지지 않아야지.

만일 그대 슬픔에 짓눌린 영혼들에 이르러
그들을 밝게 해주면, 그대의 아침은
달콤하고 또 처마 밑 둥지들에서처럼 설레인다.
그러나 집들 사이로 도망치는 풍선 때문에
울부짖는 아이를 아무것도 달래지 못하네.

XIV

Forse un mattino andando in un'aria di vetro,
arida, rivolgendomi, vedrò compirsi il miracolo:
il nulla alle mie spalle, il vuoto dietro
di me, con un terrore di ubriaco.

Poi come s'uno schermo, s'accamperanno di gitto
alberi case colli per l'inganno consueto.
Ma sarà troppo tardi; ed io me n'andrò zitto
tra gli uomini che non si voltano, col mio segreto.

14

아마도 어느 아침 차갑고, 유리 같은 공기 속을 가면서,
뒤 돌아 보다, 나는 기적이 일어나는 것을 보리니,
술 취한이의 두려움으로, 그것은 내 양어깨 위의
허무요, 내 등 뒤의 공허라네.

이후에 마치 화면 위에서처럼, 한결 같은 속임수로

나무 집 산 들이 갑자기 나타나리라.
그러나 때는 너무 늦으리, 나는 비밀을 간직한 채
뒤 돌아 보지 않는 사람들 사이로 말없이 사라지리라.

XIX

Cigola la carrucola del pozzo,
l'acqua sale alla luce e vi si fonde.
Trema un ricordo nel ricolmo secchio,
nel puro cerchio un'immagine ride.
Accosto il volto a evanescenti labbri:
si deforma il passato, si fa vecchio,
appartiene ad un altro…
                              Ah che già stride
la ruota, ti ridona all'atro fondo,
visione, una distanza ci divide.

19

우물의 도르래가 삐꺽이고,
물이 햇빛으로 올라와 하나가 되네.
넘실대는 두레박 속에 추억이 떨고,
맑은 원안에 웃고 있는 모습하나.
얼굴을 가까이 가져가니
두 입술은 사라져버리고,
다른 어떤 이의 것이로다...
                              아, 어느덧 삐걱이는
바퀴는, 그대와 함께, 환영을, 어두운 바닥으로 돌려보내니,
간격이 우리를 갈라놓네.

MEDITERRANEO
지중해

2

Antico, sono ubriacato dalla voce
ch'esce dalle tue bocche quando si schiudono
come verdi campane e si ributtano
indietro e si disciolgono.
La casa delle mie estati lontane,
t'era accanto, lo sai,
là nel paese dove il sole cuoce
e annuvolano l'aria le zanzare.
Come allora oggi in tua presenza impietro,
mare, ma non più degno
mi credo del solenne ammonimento
del tuo respiro. Tu m'hai detto primo
che il piccino fermento
del mio cuore non era che un momento
del tuo; che mi era in fondo
la tua legge rischiosa: esser vasto e diverso
e insieme fisso:
e svuotarmi così d'ogni lordura
come tu fai che sbatti sulle sponde
tra sugheri alghe asterie
le inutili macerie del tuo abisso.

2

옛 친구여, 초록 빛 종처럼 열렸다
뒤로 온 몸을 젖히며 사그라들 때
그대의 입들에서 터져 나오는

목소리에 나 취해 있다오.
그 옛날 나의 여름을 보내던 그 집은
그대 알 듯, 그대 가까이 있었지,
그곳 그 마을엔 태양이 이글거리고
모기들이 하늘에 구름을 이루었지.
그때처럼 오늘도 그대의 존재 앞에 내 이 몸 돌처럼 굳는 다오,
바다여, 하지만 더 이상은 그럴 가치가 없으니
나 그대의 심호흡이 주는
엄중한 경고를 믿기 때문이라오. 예전에 그대 내게 말하길
내 가슴의 작은 동요는
그대 가슴의 한 순간이었을 뿐이고;
내 마음 깊은 곳에 그대의 위험한 법률이 - 그것은 광활하라 그리고
달라야 하며 또 모두 함께 고정되라는 - 있었다고:
또 그대가 해변 위에
코르크 조각 해초 불가사리들 사이로
그대 심연의 쓸모없는 쓰레기들을 내던지듯이
그렇게 모든 오물들을 내게서 비워내라고 하였네.

Maestrale

S'è rifatta la calma
nell'aria: tra gli scogli parlotta la maretta.
Sulla costa quietata, nei broli, qualche palma
a pena svetta.

Una carezza disfiora
la linea del mare e la scompiglia
un attimo, soffio lieve che vi s'infrange e ancora
il cammino ripiglia.

Lameggia nella chiaria
la vasta distesa, s'increspa, indi si spiana beata

e specchia nel suo cuore vasto codesta povera mia
vita turbata.

O mio tronco che additi,
in questa ebrietudine tarda,
ogni rinato aspetto coi germogli fioriti
sulle tue mani, guarda:

sotto l'azzurro fitto
del cielo qualche uccello di mare se ne va;
né sosta mai: perché tutte le immagini portano scritto:
《più in là》!

미스트랄

하늘에 평온이
되돌아 왔으니, 잔잔한 파도는 바닷가 바위틈에서 속삭이네.
고요해진 해안가 공원에서는, 야자수 나무 꼭대기
산들 산들 춤추네.

바다 수면을
쓰다듬어 곱게 폈다가 또 잠시
일렁이게 하고, 가벼운 바람이 잘게 부수어도 그래도
그 발걸음은 다시 시작되네.

광활한 바다는 푸른 하늘에 빛나고,
물결을 일으켰다, 또 고요히 잠드니
그의 드넓은 가슴 속에 이 가엾은 나의
고통스런 인생을 비추네.

오, 그대에게 바친 내 몸아,
이 늦은 산들 바람 속에,

양손에 핀 새싹들과 함께
다시 태어난 모습을 모두 보아라,

새 파란 하늘 아래
바닷 새 몇 마리 날아가고,
결코 멈추지 않으니, 까닭인즉 모든 형상들은 가지고 있음이네,
"더 저쪽으로!"

Casa sul mare

Il viaggio finisce qui:
nelle cure meschine che dividono
l'anima che non sa più dare un grido.
Ora i minuti sono eguali e fissi
come i giri di ruota della pompa.
Un giro: un salir d'acqua che rimbomba.
Un altro, altr'acqua, a tratti un cigolio.

Il viaggio finisce a questa spiaggia
che tentano gli assidui e lenti flussi.
Nulla disvela se non pigri fumi
la marina che tramano di conche
i soffi leni: ed è raro che appaia
nella bonaccia muta
tra l'isole dell'aria migrabonde
la Corsica dorsuta o la Capraia.

Tu chiedi se così tutto vanisce
in questa poca nebbia di memorie;
se nell'ora che torpe o nel sospiro
del frangente si compie ogni destino.

Vorrei dirti che no, che ti s'appressa
l'ora che passerai di là dal tempo;
forse solo chi vuole s'infinita,
e questo tu potrai, chissà, non io.
Penso che per i più non sia salvezza,
ma taluno sovverta ogni disegno,
passi il varco, qual volle si ritrovi.
Vorrei prima di cedere segnarti
codesta via di fuga
labile come nei sommossi campi
del mare spuma o ruga.
Ti dono anche l'avara mia speranza.
A' nuovi giorni, stanco, non so crescerla:
l'offro in pegno al tuo fato, che ti scampi.

Il cammino finisce a queste prode
che rode la marea col moto alterno.
Il tuo cuore vicino che non m'ode
salpa già forse per l'eterno.

바닷가 집

여행은 여기서 끝이다:
더 이상 한 마디 외침도 지를 수 없는
영혼과 함께 나누는 볼품없는 보살핌 속에
이제 분침은 펌프의 바퀴 회전처럼
일정하고 고정되어있다.
한 바퀴: 소리 내며 물이 올라간다.
또 한 바퀴: 또 물이 올라간다 가끔씩 삐걱거리며.

여행은 이 해변에서 끝이다
규칙적이고 천천히 물이 밀려드는 이 곳에서.

가벼운 바람이 부는 수문들의 해안엔 아무것도
보이지 않는다. 다만 느린 안개뿐:
떠도는 대기에 걸쳐있는 코르시카나
카프라이아 섬들 사이로 바다가
이토록 고요함 속에
모습을 보이기는 드문 일이다 .

너는 묻는다 그 모든 것이 몇 가닥 추억의
안개 속으로 사라져 가는지;
무기력에 빠진 때 혹은 잠에 빠져있을 때
부서지는 파도의 숨결 속에서 모든 운명이 결정 되는지.
네게 답하노라 그렇지 않다고,
오래 전부터 그곳에서 보낸 시간이 네게
다가온 것이라고, 아마도 소망하는 자만이 영원하리니,
누가 알리요 이자가 나 아닌 너일 수도.
모두를 위한 구원은 아니련만
어떤 이는 모든 계획을 뒤엎고 원했던
문을 지난다고 생각하오.
네가 포기하기 전에 이 탈출구를
가르쳐 주고 싶다 마치 출렁이는 바다에서
물보라를 내며 푸념하는 것처럼
일시적인.
나의 희망도 네게 주노라.
새로운 날에, 지친 내가 그 희망을 키울 수 있을지 모르겠다:
나는 내 희망을 네가 피해간 그 숙명에 담보를 주련다.

걸음은 이 해변에서 끝이다
계속 밀려드는 바닷물이 조금씩 갉아먹는.
나를 증오하지 않는 가까운 너의 심장은
아마도 이미 영원을 향해 닻을 올린 듯하다.

「바닷가 집」

몬탈레는 첫 시집 『오징어 뼈*Ossi di seppia*』를 1925년에 출판한다. 1925년은 또한 이탈리아 지성인의 대표적인 인물이었던 크로체Croce가 '지성인들의 반파시스트 선언문 il manifesto degli intellettuali antifascisti'를 만들어 당대의 파시스트들의 만행에 저항하고자 했는데 몬탈레 또한 이 선언문에 서명한다. 몬탈레의 첫 시집 출판에 직접적인 도움을 준 사람은 토리노의 고벳티Gobetti이다. 안타깝게도 고벳티는 다음해에 파시스트들에 의해 살해된다.

1924년에 발표된 이 시는 『오징어 뼈*Ossi di seppia*』의 끝에서 두 번째 세션인 「한 낮과 그늘*Meriggi e ombre*」에 수록되어있다. 우선 이 세션에 포함된 시들의 공통된 주요 특징들은 다음과 같다. 1) 다른 세션의 시들에 비해 시 한 편 한 편의 길이가 상당히 길다는 점이다. 2) 11음절 시행의 사용이 매우 두드러진다. 특히 Arsenio, Crisalide, I morti, Dedica, Incontro에서 두드러지게 사용되었음을 알 수 있다. 3) 시가 연(strofe 보다는 lasse라는 표현이 덜 정형적인 형식을 가만하여 합당함)들로 나뉘어 져있다. 4) 상징적 이미지의 핵심이 시의 제목에서 보여주고 있으며 대체로 시인의 고향인 리구리아 바닷가 풍경에서 끌어내고 있다. 예를 들면 L'Agave sullo scoglio, Flussi, Grido, Marezzo, Casa sul mare, Delta, Crisalide와 같은 시가 그렇다. 즉 이들 시의 각각의 제목은 구체적인 사물이나 이는 작품 속에서는 상징적인 대상으로 변한다.

*Casa sul mare*는 *Meriggi e ombre*의 작품들이 가지고 있는 이러한 면모들을 가장 잘 간직하고 있는 본보기가 되는 작품이라고 생각한다.

작품의 묘사descrizione와 연관해서는 Fine dell'infanzia가 109행, Delta가 20행이고 Casa sul mare는 37행으로서 Casa sul mare는 세션에 속한 시들의 중간정도의 길이로 되어있다.

제3장 핵심주제로 몬탈레 이해하기

1. 20세기 이탈리아 시문학에 관한 소고
2. 20세기 이탈리아의 저항문학과 E. 몬탈레
3. '에르메티스모Ermetismo' 연구에 대한 단상
4. 에우제니오 몬탈레의 "부정의 시학" 연구
   -『오징어 뼈들*Ossi di seppia*』을 중심으로-
5. 몬탈레의 *Mottetti* 연구
6. 에우제니오 몬탈레의 시학 일별
7. 20세기 시의 국제성과 이탈리아의 현대시
   —에우제니오 몬탈레(Eugenio Montale)를 중심으로—
8. 몬탈레의 '시간'에 대한 연구
9. 몬탈레의 "타자 l'Altro"의 정체성 연구
10. 몬탈레의 『사투라』와 단눈치오의
    『알치오네』 연구
11. Una osservazione su "Satura II" di E. Montale

제3장
핵심주제로 몬탈레 이해하기

1. 20세기 이탈리아 시문학에 관한 소고

Ⅰ. 들어가는 말

문학이란 수많은 인간사의 조합과 연관, 상호작용이 빚어낸 정신 활동이라고 할 수 있을 것이다. 따라서 그 활동의 결정체라고 하는 문학 작품들을 자세히 들여다보면 그 안에서 또다시 수많은 보석 같은 모습들을 볼 수 있으며 이들을 통해 우리는 생각하고 이해하고 자극받으며 변화를 꿈꾼다. 이러한 면들이 문학이 우리에게 값지게 느껴지는 부분이기도 하다.

토도로프 Tzvetan Todorov는 『위기의 문학 *La letteratura in pericolo*』에서 문학은 "우리가 절망에 빠져있을 때 구원의 손길을 건네줄 수 있으며, 우리를 이기주의에서 벗어나 우리와는 다른 사람들에게 열린 태도를 갖게 하고, 세계를 보다 잘 이해하게 만들고 참된 삶을 살게 해 주는 것"[1]이라고 역설한 바 있다. 그는 문학이 인간의 내면을 변화시킬 수 있는 것이며, 그것이 문학의 중요한 역할이라고 말하기도 한다.

스웨덴 한림원으로부터 '새로운 출발과 시적 모험, 감각적 황홀의 작가이자, 지배 문명 너머 혹은 그 저변에서 인류를 탐구하는 작가'로 평가받으며 2008년 노벨상을 수상한 르 클레지오 Jean-Marie Gustave Le Clezio는 한

---

1) Todorov, Tzvetan, *La letteratura in pricolo*, (tradutto da Lana E.), Milano, Garzanti 2008, p. 72.

인터뷰에서 다음과 같이 문학의 역할을 이야기 한다. “나는 ‘문학을 통한 세계의 이해’라는 말을 사랑한다. 과학 서적을 통해 세계를 이해할 때와는 달리 우리는 문학 서적을 읽으면서 ‘타자’를 받아들이게 되고 ‘타자의 ’목소리‘에 귀를 기울임으로써 인격에 변화를 일으킨다. 예를 들어 당신이 황석영의 소설을 읽을 때 당신은 그가 말하는 것에 무관심할 수 없고, 황석영의 정신 속으로 들어가야 한다. 나는 황석영의 소설을 읽으면서 한국을 더 깊이 이해하게 되었다.”[2)]

21세기도 어느덧 10년이 지나가는 시점에서 토도로프와 르 클레지오가 전하는 문학의 역할을 생각하면서 인류에게 수많은 고난과 역경을 체험하게 한 20세기의 이탈리아 문학 전반을 살펴보고자 한다.

20세기는 대부분의 국가들에서와 마찬가지로 이탈리아에서도 역사상 가장 많은 문인들이 활동하였으며, 그로인하여 헤아릴 수 없이 많은 작품들이 탄생된 시기임을 고려하면서 지면관계상 본 연구의 중심을 시문학에 두고자 한다. 연구의 객관성과 연구자의 부족함을 보완하기 위해 지난 반세기동안 출판된 저명한 이탈리아문학연구가들의 관점과 연구서들의 도움을 받을 것이다. 특히 콘티니 Contini, 세그레 Segre의 기준을 중심에 두고 안체스키 Anceschi, 상귀네티 Sanguineti, 멩갈도 Mengaldo 등을 참고할 것이다. 결론부분에서는 독창적인 문학읽기와 평가가 쉽지 않은 현실적 한계 속에서 이탈리아문학의 몇 가지 특징적 사실과 이탈리아문학의 한계적 모습을 언급하고자 한다.

II. 20세기 이탈리아문학

20세기는 가장 잔인한 세기였다. 인류역사상 그렇게 많은 사람들의 인간

---

2) 르 클레지오는 1940년 프랑스 니스에서 태어났다. 1963년 첫 소설 『조서』로 유럽의 현대 문명을 비판, 주목을 받기 시작했으며 아시아, 아프리카, 중남미, 미국 등을 다니면서 ‘유목작가’로 변신해 제3세계의 다양한 신화와 역사 탐구를 바탕으로 선진국 주도의 획일적 세계화를 비판했다. 2008년 이화여대 해외학술원의 석좌교수로 재직. Cfr. 조선일보, 2008년 12월 8일자 ‘2008 노벨문학상 수상 르 클레지오 인터뷰’와 그와 관련된 기사.

성이 이때처럼 잔인하게 그리고 무참히 짓밟힌 시대는 없다. 19세기 말부터 시작된 급격한 과학의 발달과 산업화는 빈부의 극심한 차이를 낳고 이로 인한 새로운 시대상에 적응해가지 못한 대부분의 사람들은 인간의 소외감과 무력함을 절감해야 했다. 이러한 유럽의 상황은 제1차 세계대전으로 인하여 더더욱 많은 문제점들을 드러내며 세계인들을 긴장시켰다. 유럽 각국은 자국의 부와 국제사회에서의 절대적인 힘의 우위를 꿈꾸었고 나치, 파시즘, 스탈린주의 등의 전체주의, 제국주의가 등장하며 경쟁적으로 대외팽창정책을 쓰기 시작하고 마침내 제2차 세계대전으로 이어지고 만다. 한편 일본이 미국을 공격하여 전쟁을 일으키고 이로 인해 미국도 참전하게 됨으로써 5대양 6대주가 전쟁의 위협과 공포에 휩싸여 인간의 삶은 극도로 황폐해졌다. 이러한 시대를 체험으로 거쳐 가야만 했던 세계의 지성인들은 당시의 고통을 다양한 방법으로 표현하였으며 이탈리아의 지성인들 또한 예외는 아니었다. 우리는 특히 이탈리아 작가들이 인류의 고통을 어떻게 느끼고, 성찰하고 표현하였는가를 이해함으로써 20세기 전반기의 피할 수 없는 주제를 어떻게 소화했는지 이해할 수 있으며, 후반기는 전후 현실에 대한 이해와 사회의 변화에 따른 인간성 회복, 상처받은 인간에 대한 위안 등을 모색하는 작가들의 역할을 이해할 수 있는 것이다. 세기말의 20여년은 경제적 풍요, 인터넷과 대중매체의 급격한 변화로 인한 새롭고도 다양한 삶의 양상과 문제들에 대한 작가들의 적응과 대응이 주를 이룬다.

2.1 20세기 이탈리아문학의 시점에 대한 문제

한 시대의 문학을 논하려 할 때 첫 번째로 넘어서야하는 문제 중 하나가 그 출발점에 대한 것이다. 과연 언제부터, 또는 적어도 누구부터 아니면 어떤 작품부터 혹은 어떤 사건을 기점으로 시작하는 것이 올바른가 하는 것이다. 이탈리아의 문학연구가들도 바로 이 부분에 대하여 많은 고민이 해왔다. 이러한 예들을 최고의 학자로 평가받고 있는 다음과 같은 사람들의 연구결과들을 통해서도 확인할 수 있다. 먼저 선집 형식으로는 초기의 것인 안체스키 Anceschi가 1953년에 출판한 『20세기 시집 *La lirica del Novecento*』을 통해 자신의 20세기 시문학관과 비평을 표현한 것으로부터 콘티니 Contini, 상귀네티 Sanguineti, 체키와 사페뇨 Cecchi-Sapegno, 세그레 Segre, 멘갈도 Mengaldo, 라맛 Ramat 그리고 2000년에 살레르노 출판사에서 나온 문학사를 지휘한 말라토 Malato에 이르기까지 정평 있는 학자들의 고민 또한 이곳에서 출발하고 있음을 알 수 있다.

이탈리아 낭만주의 시대의 대표시인 레오파르디 Giacomo Leopardi (1798-1837)이후 이탈리아는 세계적인 수준의 시인을 갖지 못한 채 19세기 말을 거쳐 20세기를 맞이한다. 당시 1861년 1차 통일과 1871년 2차 통일을 거친 이탈리아는 서로마 제국 멸망 후 처음으로 이룩한 반도의 통일로 단일 국가차원에서 풀어야할 수많은 문제를 안고 있었다. 이러한 시기에 이탈리아의 문단에는 프랑스 문학의 실증주의, 자연주의 등의 영향으로 진실주의가 꽃을 피우게 되지만 그리 오래가지 못하고, 과학적이고 이성적인 이전의 경향에 반하는 프랑스 데카당스의 영향으로 이탈리아 데카덴티즈모 Decadentismo가 등장한다. 이 경향에 대표적인 시인으로 파스콜리 Giovanni Pascoli (1855-1912)와 단눈치오 Gabriele D'Annunzio (1863-1938)를 들 수 있다. 파스콜리는 첫 시집 『미리체 *Myricae*』를 1891년에 발표한 뒤 여러 시집을 출판하고, 대표작이라 할 수 있는 『카스텔베키오의 시 *Canti di Castelvecchio*』를 1899년에서 1903년 사이에 창작하여 1903년에 발표했다. 단눈치오는 10대 중반인 1879년에 첫 시집 『봄*Primo vere*』으로 문단에 데뷔하였는데 카르듯치 Giosue Carducci(1835-1907)[3]의 영향을 많이 받은 시풍을 보였다. 이후 여러 편의 소설로 명성을 쌓아가던 단눈치오는 자연주의, 상징주의, 러시아의 복음주의, 데카당스 그리고 니체와 바그너를 경험하게 된다. 니체와의 만남이후 기존의 형식과 주제, 스타일에 있어서 혁신적인 모습을 보여주는데 이로서 유럽의 상징주의, 데카당스 문화에 가장 예민한 이탈리아 작가였음을 보여주었고 이탈리아 작가로서는 드물게 단눈치오의

---

3) 이탈리아 문인으로서는 처음으로 1906년 노벨 문학상 수상.

작품은 해외에 소개되기에 이른다. 1903년에 발표된 단눈치오의 대표시집인 『알치오네 *Alcyone*』는 시인의 시적 재능뿐만이 아니라 기술적인 면(작시법, 리듬감, 음성, 어휘)에서도 탁월한 면모를 보여주는 작품이다.

위에서 언급한 대부분의 문학연구가들은 20세기 문학의 시작점을 두고 파스콜리와 단눈치오를 어떻게 보느냐에 고민을 한 것 같다. 그러한 이유 중에는 이 두 시인이 이후의 이탈리아 문단에 끼친 영향이 너무나 크고, 또 두 시인 모두 당시로서는 상당히 새로운 면을 보여주고 있는 자신들의 대표 시집을 20세기 초인 1903년에 발표했다는 사실을 간과할 수 없음에서였다. 게다가 뒤이은 시인들은 모두가 파스콜리와 단눈치오를 어떻게 극복할 것인가에 가장 큰 관심과 목표를 두었다. 그들에게는 그것만이 새로운 시대를 진정하게 맞는 것이라 믿었다. 하지만 고보니 Corrado Govoni (1884-1965)가 1903년에 발표한『유리병 *Le fiale*』은 문학연구가들에게 또 하나의 문제를 안겨준다. 1903년에서 약 10여 년간 지속된 황혼주의 경향의 첫 시집으로 평가받고 있는 작품에 대한 문학사적 가치와 고보니에 관한 위상 문제이다. 반면에 시인이자 비평가로서도 정평이 난 몬탈레 Eugenio Montale (1896-1981)는 곳차노를 단눈치오를 횡단하는데 성공한 20세기 최초의 시인으로 평한 바 있다.[4)]

2.2 20세기 이탈리아문학의 개요[5)]

20세기 전반기 이탈리아 문화와 비평 분야 전반에 걸쳐 가장 큰 영향력을 행사한 사람은 문학 비평가이자 철학자였던 크로체 Benedetto Croce (1866-1952)라고 할 수 있다.

파스콜리와 단눈치오의 영향을 절대적으로 받고 있던 20세기 초 이탈리아 문학계에는 프랑스와 벨기에의 후기 상징주의자들의 영향을 받은 황혼

4) Eugenio Montale, *Gozzano, dopo trent'anni*, in Eugenio Montale *Il secondo mestiere*, Tomo primo, Milano, Mondadori, 1996, p.1279)

5) 이 개요부분에 대한 내용은 사페뇨, 말라토, 콘티니, 세그레, 페로니의 문학사와 문학선집이 제공하는 자료를 토대로 기술하였음을 밝힌다.

주의 시인들이 등장하였다. 이들은 전통적으로 고상하고 품위 있는 예술형식으로 인식되던 시의 모습을 의도적으로 낮추고자 했다. 황혼파 시인들의 작품이 보여주는 공통점은 일상의 소박하고 소외되고 보잘 것 없는 모습들을 소재로 풍자적이고 우울한 느낌을 담아내는 특징을 가지고 있었다. 주요 시인들로는 코랏치니 Sergio Corazzini (1886-1907)와 고보니 그리고 초기의 모렛티 Marino Moretti (1885-1979)를 들 수 있는데 가장 대표적인 인물이라고 할 수 있는 곳차노 Guido Gozzano (1883-1916)는 자신의 산문적 글쓰기 속에 황혼파적 특징을 잘 표현해 구태를 벗고 새로운 형식의 가치를 보여주었다. 반면에 미래파 시인들의 전통과의 단절의 의지는 비록 실현 가능성을 염두에 두고 고민한 것이 아니라 선언적 차원에서 만들어진 것임에도 받아들이기 어려울정도의 역동성이 지배적이었다. 이것은 팔랏제스키 Aldo Palazzeschi (1885-1974)와 고보니 같은 옛 황혼주의 시인들의 선동적인 시학파인 미래파에 가입하거나 활동하는 것에 반대했던 것을 염두에 둔다면 이 유파의 선봉자인 마리넷티 Filippo Tommaso Marinetti (1876-1944)의 특징과 상징적 가치를 설명하는 것으로 이해할 수 있다. 많은 논쟁들의 흐름, 복구주의 자들의 개혁적인 계획 발표, 동시대 유럽의 주요 문학에 대한 유사한 체험들이 당대의 주요 작가와 평론가들이 무리를 지어 포진해있던 피렌체의 문예지들을 통해 어렵지 않게 이해할 수 있다. 레오나르도 *Leonardo* 이후 파피니 Giovanni Papini (1881-1956)와 소피치 Ardengo Soffici (1879-1964)의 문예지로 미래주의자의 선동적 면모가 느껴지는 라체르바 *Lacerba*와 함께 우선적으로 기억해야할 것은 라 보체 *La Voce*이다. 이 동인지는 프렛졸리니 Giuseppe Prezzolini (1882-1982)에 의해 1908년에 창간된 것으로 유럽의 철학과 예술에 비교하며 이탈리아 문화의 현대화를 주장하였다. 동시에 이탈리아 사회의 현대적 발전과 관련된 의문점들에 대한 관심이 생생하게 펼쳐진 문예인들의 공간이었다. 이런 흐름들은 특히 총체적 혁신에 대한 열렬한 의지와 윤리적, 예술적 문제들에 대한 관심 속에서 더욱 잘 나타났다. 이러한 경향은 미켈스타에드테르 Carlo Michelstaedter

(1887-1910), 자이에르 Piero Jahier (1884-1966), 슬라타페르 Scipio Slataper (1888-1915), 보이네 Giovanni Boine (1887-1917)의 작품과 특히 세라 Renato Serra (1884-1915)와 같은 날카로운 독자의 매우 섬세한 비평들로 그 특징적 모습들이 나타나있다. 활기찬 공격적 모습으로 이상주의를 지향하는 조직체로 *La Voce*지를 만들고자 했던 프렛졸리니의 시도가 실패한 뒤 1914년에 데 로베르티스 Giusppe De Robertis (1888-1963)의 지휘를 받게 된 이 문예지는 문학적 특성을 약화시키면서 자전적 유형의 비평 쪽으로 돌아선다. 이는 불안정한 도덕성에 반대하는 것으로 시적 열망을 보다 참되고 권위 있는 표현으로 인식하며 서정시를 높이 평가하는 것이다. 이러한 취향은 웅가렛티 Giuseppe Ungaretti (1888-1970)로부터, 즈바르바로 Camillo Sbarbaro (1888-1967), 레보라 Clemente Rebora (1885-1957), 캄파나 Dino Campana (1885-1932), 오노프리 Arturo Onofri (1885-1928)에 이르기까지의 20세기 시문학의 발전을 이해하는데 기본이 되는 것으로 부분적으로는 살아남기도 하였으나, 이탈리아 고전적 전통, 특히 레오파르디적 전통을 복원하고자 하는 필요성을 느끼는 자들에 의해 한층 강화되었다. 이러한 부류의 작가들로는 1919에서 1932년 사이에 라 론다 *La Ronda*지 동인들을 생각할 수 있는데 발디니 Antonio Baldini (1889-1962), 몬타노 Lorenzo Montano (1893-1958), 바릴리 Bruno Barilli (1880-1952), 카르다렐리 Vincenzo Cardarelli (1887-1959), 라이몬디 Giuseppe Raimondi (1898-1985), 바켈리 Riccardo Bacchelli (1891-1985), 체키 Emilio Cecchi (1884-1966)를 들 수 있다. 특히 바켈리는 유럽역사의 다양한 체험들에 관심을 가진뒤 전통적 풍습이 담긴 장편 역사소설에 관심을 가졌으며 체키는 열정적인 비평 활동과 함께 『빨간 물고기 *Pesci rossi*』와 같은 독창적인 산문을 발표하였다. 이른바 '론디동인'들은 극도로 심오한 예술 활동을 제안하며 도덕적 성격이나 정치적 성격을 띤 개입은 완전히 배제되어야 한다고 주장하였다. 이러한 것은 '보체동인'들이 갈망했던 것이기도 하다. 이해관계를 떠난 행위로 축소되고 순화된 문학은 특히 예술적 산문으로 살아남는다. 이것은 '론디동인'들이 레

오파르디이후 이탈리아 시문학의 발전 양상에 대해 내린 부정적인 평가이기도 했다.

파시스트 독재 정권이 시행하던 극심한 사전 검열과 독재정권의 문화를 찬양하고 대중적 인기를 만들어내려는 경향들이 있었음에도 불구하고 양차대전 사이의 20년간 이탈리아 문학은 의미 있는 변화를 갖게 된다. 19세기 소설의 위기에서부터 비록 좀 늦은 감이 있지만 피란델로 Luigi Pirandello, 토찌 Federico Tozzi, 스베보 Italo Svevo와 함께 분석적인 소설의 현상이 성숙해갔다. 보르제세 Giuseppe Antonio Borgese (1882-1952)는 보치 동인들의 파편주의적, 자전적 경향과 '론디동인'들에 반하여 소설의 새로운 프로그램을 제시하였다. 그는 이론가이자 비평가로서 뿐만이 아니라 문제제기가 되었던 루베 *Rube'*로 소설가로서 새로운 시대에 합류했다. 한편으로는 20세기적 회복운동은 있었는데 이러한 면은 본템펠리 Massimo Bontempelli (1878-1960)의 "마술적 사실주의"로 나아가며, 사비니오 Alberto Savinio (1891-1952) 처럼 전형적으로 단절된 작가의 초현실주의와 코밋소 Giovanni Comisso (1895-1969)의 인상주의적 표현, 페아 Enrico Pea (1881-1958)의 자전의 숨결이 깃든 표현주의로 이어졌다. 다른 한 편으로는 보다 성숙하고 또 지각 있는 사실주의로 나아갔는데 이러한 경향의 대표적인 인물로 모라비아 Alberto Moravia (1907-1990)를 들 수 있다. 그는 1929년 『무관심한 사람들 *Gli indifferenti*』을 발표함으로써 이러한 역할의 핵심적 작가로 부상하였던 것이다. 모라비아는 이후 이탈리아의 중소 부르주아에 대한 지속적인 관심을 보였으며, 특히 단편들을 통해 이러한 관심의 범위를 대중적 범주로 확장해 나갔다. 문체론적, 심리학적 측면에서는 다양한 면모를 보이고 있으나 그와 함께 했던 작가들로는 알바로 Corrado Alvaro (1895-1956), 실로네 Ignazio Silone (1900-1978), 피오베네 Guido Piovene (1907-1974), 솔다티 Mario Soldati (1906-1999), 반티 Anna Banti (1895-1985)가 있다.

또 하나의 문예지인, 피렌체의 솔라리아 *Solaria* 주위에는 1926에서 1936년 사이에 20세기 이탈리아 최고의 작가들이 포진해있었다. 이들 중에서도 특히 갓다 Carlo Emilio Gadda (1893-1973)와 몬탈레를 들 수 있다. 롬바르디아지역의 스카필리아투라의 전통에 다시 다가서면서 공학을 전공한 전문성을 가지고 전문용어사용을 풍요롭게 해내던 갓다의 천재적 언어 취향은 동시대의 상황에 가장 적합한 핵심들을 포착하고, 자신의 정신적 심층단계의 어두운 부분들을 포착해냈다. 사바 Umberto Saba (1883-1957)와 더불어 20세기 이탈리아 최고의 시인인 몬탈레와 웅가렛티의 시문학의 역사는 에르메티스모 Ermetismo 운동에 영향을 끼치게 되었다. 만일 우리가 시의 이상을 절대적 언어이자 서정성의 계시로 생각한다면 그리고 『난파의 기쁨 *Allegria di naufragi*』에서 시도된 혁신적인 형식들이 주는 중요성을 평가한다면 에르메티스모는 분명히 웅가렛티에게서 그 선구적인 영감을 받은 것이다. 비평가로서도 물론이지만 특히 시인으로서의 몬탈레에게서는 끝없는 시와 인생과의 비교 그리고 역사와의 비교는 제한된 의식으로 드러난다. 만일 풍자적이거나 아주 냉소적인 전개가 펼쳐지지 않는다면 인간의 실존에 대한 보다 깊숙이 숨겨진 구석부분들을 심도 있게 조사하는데 끝임이 없으며 이 인식은 절대적인 것에 대한 일관된 긴장감에의해 새겨진 것이다. 인생과의 비교 그리고 역사와의 이러한 비교는 주관적 관점에 대한 사바의 『칸초니에레 *Canzoniere*』에 의해서 음악적 가치가 매우 풍요로우면서도 표현에 있어서 소박함을 간직한 채 그의 시 세계를 장식한다. 콰시모도 Salvatore Quasimodo (1901-1968), 루치 Mario Luzi (1914-2005), 갓토 Alfonso Gatto (1909-1976), 시니스갈리 Leonardo Sinisgalli (1908-1981), 베톳키 Carlo Betocchi (1899-1986), 데 리베로 Libero De Libero (1906-1981)와 같은 시인들과 함께 비평가들도 에르메티스모 운동에 함께하였는데 그러한 비평가로는 보 Carlo Bo (1911-2001)의 역할이 본보기가 된다. 몇 몇 시인들은 에르메티스모의 범주와 그 영향 하에 있는 환경으로부터 거리를 두고 시적으로 부족하지 않으면서도 매우 개인적이고, 은폐된 담론을 펼쳐나갔다. 이러한 시인들 중에는 에르메티스모 시인으로 데뷔한 뒤의 루치, 카프로니 Giorgio Caproni (1912-1990)나 세레니 Vittorio Sereni (1913-1983) 그리고 베르톨룻치

Attilio Bertolucci (1911-2000)가 있었다. 한편 놀랍게도 행복한 결과들을 얻은 것은 이후의 서정시들이었는데 이는 풍부한 방언시 (지옷티 Virgilio Giotti, 1885-1957, 노벤타 Giacomo Noventa, 1898-1960, 파솔리니 Pier Paolo Pasolini, 1922-1975, 마린 Biagio Marin, 1891-1985, 피에로 Albino Pierro, 1916-1995, 궤라 Tonino Guerra, 1920)를 통해 이룬 성과였으며, 펜나 Sandro Penna (1906-1977)의 고전적 목소리를 통해서도 얻은 성과였고 또 포르티니 Franco Fortini (1917-1994)의 서정시의 이데올로기와 엘레지를 비교함에서도, 그리고 지우디치 Giovanni Giudici (1924)의 일상에 대한 그로테스크하거나 풍자적인 글쓰기, 팔리아라니 Elio Pagliarani (1927), 쥴리아니 Alfredo Giuliani (1924-2007), 상귀네티 Edoardo Sanguineti (1930-2010), 발레스트리니 Nanni Balestrini (1935), 포르타 Antonio Porta (1935-1989) 등을 대표로하는 "이 노빗시미 I novissimi" 시인들의 언어적 실험성을 통해서, 그리고 특히 잔좃토 Andrea Zanzotto (1921)의 내면의 연구와 언어학적 표현상의 조화를 이루어낸 결과로 볼 수 있다.

*Solaria*외에도 렛테라투라 *Letteratura*와 캄포 디 마르테 *Campo di Marte* 등의 피렌체 문예지들이 활발하던 상황에서 20세기 중반의 주요 산문가들 중에 몇 사람의 등장을 눈여겨볼 수 있다. 란돌피 Tommaso Landolfi (1908-1979)의 유명한 초현실주의로부터 토찌의 가르침에 문체론적으로 주의를 기우린 빌렌키 Romano Bilenchi (1909-1989)의 깊은 자전적 경향과 초기 프라톨리니 Vasco Pratolini (1913-1991)의 경향에 이르는 모습들이 바로 그것이다. 빗토리니 Elio Vittorini (1908-1966)는 *Solaria*와 *Letteratura*에 자신의 초기 소설들을 연재했다. 이 소설들은 자신에게는 매우 중요한 이데올로기적 그리고 문체론적 경험이 되었던 북아메리카의 현대 작가들에 대한 번역 활동과 동시대에 이뤄졌는데 선집 아메리카나 *Americana*는 이러한 활동의 결과로 1941년 작품이다. 또한 파베세 Cesare Pavese (1908-1950)의 소설은 페놀리오 Beppe Fenoglio (1922-1963)의 레지스탕스에 완전히 집중된 작품과 함께 제2차 세계대전 후의 실존적 분위기를 가장 드라마틱하게 표현한 중요한 작품

이다. 동시대의 미국문학의 영향, 노동자 계층에 관심을 갖고 민족-민중 문학을 주창하였으며 이론가였던 그람시 Antonio Gramsci의 사후의 가르침 그리고 특히 최고 수준의 영화계의 실험이 가져온 행복한 결과들이 네오레알리즈모 Neorealismo에 가해졌다. 이 경향의 선봉자로는 파베세와 빗토리니를 들 수 있다. 파베세는 네오레알리즈모의 특징이라고 할 수 있는 이데올로기와 문체론적 성향들이 아주 복합적인 소설가이자 시인이다. 이러한 범주에 속하는 문인들로는 레비 Carlo Levi (1902-1975), 베르나리 Carlo Bernari (1909-1992), 요비네 Francesco Jovine (1902-1950), 레아 Domenico Rea (1921-1994), 볼포니 Paolo Volponi (1924-1994), 모란테 Elsa Morante (1912-1985), 테스토리 Giovanni Testori (1923-1985) 그리고 초기의 칼비노 Italo Calvino (1923-1985)가 있다. 이들 중에서 모란테는 전후 소설 작품 중 가장 독특한 작품 중 하나인 『비망록 *Memoriale*』을 발표했으며, 칼비노는 얼마 후 계몽적이며 우화적인 모험들과 언어적 실험성을 바탕으로 한 작품들을 통해 첫 작품의 네오레알리즈모 성향과 거리를 갖게 된다.

네오레알리즈모의 위기는 계속되는 에르메틱한 요건들과 사회적 정치적 긴장감들 사이의 근본적으로 풀리지 않는 애매함으로부터 생겨났다. 따라서 새로운 형식의 시도가 절실히 요구되었다. 1950년대 중반부터 아주 뜨겁게 폭발했던 토론과 논쟁들이 바로 이러한 부분에 대한 증거가 될 수 있다. 가장 유명하고 또 의미 있는 것들 중에는 프라톨리니 Vasco Pratolini의 『메텔로 *Metello*』에 대한 논쟁이 있었고, 포르티니 Franco Fortini, 파솔리니 Pier Paolo Pasolini 와 로베르시 Roberto Roversi (1923)에 의해 주도되던 오피치나 *Officina*[6] 를 통해 쏟아진 논쟁들이었다. 이들의 선택을 이해하고 그에 맞는 시학을 위한 올바른 방향 제시와 특히 언어학적 기준에 대한

---

6) 1955년 볼로냐에서 창간되어 1959년 폐간된 문예지로 레오넷티, 파솔리니, 로베르시와 함께 시작되었으며 이어서 포르티니도 편집에 합류하였다. 이 저널의 특징은 "참여"의 개념을 다시 생각하고, R. 바르트와 L. 골드만의 실험주의로 맑스주의의 조건들을 청산해보려는 시도를 한 것에 있다. 이러한 면에서 Gruppo 63으로 활동하게 될 작가들도 많이 활동한 지면이기도 하다. Cfr. AA. VV., *Letteratura*, Milano, Garzanti, 2000, pp. 735-36.

구체적인 제안들을 통해 이 선택을 활동의 본질로 삼기위해 파솔리니의 다각적인 활동(시인, 비평가, 소설가, 영화인)이외에도 네오아방가르디아의 대표자들과 베리 *Verri* 지의 동인들, 선집 이 노빗시미 *I novissimi*에 포함된 시인들 그리고 그룹포 63 Gruppo 63의 주체들이 참여하였다. 또 갓다의 문체론적 가르침에 영향을 (예로서, 그를 통해 이탈리아 문학의 "표현주의적" 노선을 실험적 기능수준을 완전히 넘는 가치를 회복하면서) 받았고 무엇보다도 문학적 분석 기법들과 언어학에 대한 최신의 방향들에도 아주 긴밀한 관계를 가지면서 이들은 비록 일시적인 것이었으나 '창조적 혼란'을 만들어냈다. 한편 문체적 측면에서 각개인의 보다 독립적이고 자유로운 것들이 좋은 반응을 얻기도 하였는데 초현실주의자 부잣티 Dino Buzzati (1906-1972)가 그랬고, 초조하고 기발한 모습을 보인 델피니 Antonio Delfini (1908-1963), 사실주의와 환상적 상징주의 사이에 있었던 오르테세 Anna Maria Ortese (1914-1998), 현실의 그로테스크한 면들에 예민한 파리세 Goffredo Parise (1929-1986), 자극적인 플라이아노 Ennio Flaiano (1910-1972), 고골의 영향을 받은 브란카티 Vitaliano Brancati (1907-1954)와 남부 이탈리아의 사회와 문화에 관심을 가지고 있었던 토마시 디 람페두사 Giuseppe Tomasi di Lampedusa (1896-1957), 다리고 Stefano D'Arrigo (1919-1992)와 샤샤 Leonardo Sciascia (1921-1989) 가 있었다. 이들 중 마지막 세 작가는 비록 다양한 시점들을 가지고 완전히 다른 문학관을 통해 움직이면서도 차별화된 시각, 즉 드러내지 않는 자전적 시각, 회고적이며 상상적인 시각, 상징주의적인 시각, 사회적 시각에 따라 시칠리아의 삶에 대한 이해를 제안하며 자신들의 이야기를 전개해간다. 이때의 삶에 대한 이해를 위한 독서는 한마디로 삶의 메타포적인 암시로써 제시되는 것으로 볼 수 있다. 여러 작품에 대한 호평을 받았던 대표적인 작가들로는 캇솔라 Carlo Cassola (1917-1987), 밧사니 Giorgio Bassani (1916-2000), 아르피노 Giovanni Arpino (1927-1987), 베비락콰 Alberto Bevilacqua (1934)가 있는데 이들과 함께 문학은 모든 실험주의를 벗어나 소통이 되는 보편적인 중급언어 안으로 발전하였다. 최근의 문학적 파노라마는 아르바시노 Albetro Arbasino (1930), 망가넬리 Giorgio Manganelli (1922-1990)로 대표되는 아주 개인적인 글쓰기에 접근하거나 혹은 에코 Umberto Eco (1932)와 같은 탁월한 작품 구성 능력으로 성공을 얻은 소설의 모델들을 재연해내면서 네오아방가르디아의 체험을 관통한 작가들의 흥미로운 소설들을 발표해냈다.

지난 세기 마지막 20년의 이탈리아 소설을 특징짓는 것은 어떤 강력한 노선도 없다는 것이라 할 수 있다. 따라서 이때는 눈에 띄는 독보적인 작가나 탤런트를 찾아보기가 힘들고 커다란 틀이나 경향이 아닌 작은 조각들로 그 문학적 파노라마를 그려 볼 수 있다. 한편 이 시기를 언급할 때 기억해야 할 사실은 20세기 후반의 중요한 작가들 칼비노, 모란테, 프리모 레비, 샤샤, 모라비아, 테스토리 그리고 볼포니 등이 세상을 떠난 것이다. 60이 다된 나이에 문단에 데뷔한 부팔리노 Gesualdo Bufalino (1920-1996)와 콘솔로 Vincenzo Consolo (1933), 밧살리 Sebastiano Vassalli (1941), 타부키 Antonio Tabucchi (1943)와 같은 뒤이은 작가들에 의해 어느 정도 매김이 되었으나 그들이 남긴 빈자리를 다 채웠다고 할 수는 없을 것이다.

비교적 최근의 작가들 중에서 비평가들과 대중으로부터 특별한 관심을 끌었다고 할 수 있는 작가들을 살펴보자면 다음과 같다. 톤델리 Pier Vittorio Tondelli (1955-1991), 데 카를로 Andrea De Carlo (1952), 도니넬리 Luca Doninelli (1956), 카프리올로 Paola Capriolo (1962), 로돌리 Marco Lodoli (1956), 델 쥬디체 Daniele Del Giudice (1949), 부시 Aldo Busi (1948) 그리고 특히 상업적 성공을 거둔 바리코 Alessandro Baricco (1958), 타마로 Susanna Tamaro (1957) 등이다. 이러한 시기에 독특한 형식을 한 혼합형의 산문이 나왔다. 이야기와 학술적 성찰 형식을 함께 섞은 산문인데 학자이자 비평가인 마그리스 Claudio Magris (1939), 치타티 Pietro Citati (1930) 그리고 칼랏소 Roberto Calasso (1941)는 매우 독창적이고 중요한 본보기가 되는 작가들이다.

출판계에 환대를 받지 못하고 있는 시문학 분야도 소설과 다르지 않게 작은 모습들로 얼룩덜룩한 모습을 보인다. 베르톨룻치, 루치, 세레니, 카프로니, 잔좃토와 같은 이미 20세기의 고전으로 여겨질 수 있는 작가들과 1970년대부터 활동하는 꾸키 Mario Cucchi (1945), 비비아니 Cesare Viviani (1947), 제이켄 Valentino Zeichen (1938)과 같은 작가들 곁에 1976년 첫 시집을 발표한 데 안젤리스 Milo De Angelis (1951)와 23세에 데뷔한 마그렐리 Valerio Magrelli (1957)와 같은 상당한 관심을 끄는 시인들이 문단에 등장하였다.

Ⅲ. 20세기 이탈리아 문학의 특징

급변하는 유럽의 문화 중심으로의 결정적 시작을 알린 프랑스 대혁명으로 시작된 강력한 정신적 고뇌와 새로움을 향한 프랑스인들의 노력은 유럽의 문학계에도 커다란 영향을 미친다. 특히 이탈리아반도는 거의 1400년이 지난 다음에야 처음으로 통일을 이룬다. 그러나 이탈리아인들은 그동안 갈라져있던 모든 지역을 하나로 뭉치게 하는 전국적, 전 국민적인 강력한 화합과 투쟁으로 통일을 이루지는 못하고 국제 정치의 외교적 작전과 협상의 영향이 매우 컸다고 볼 수 있는데 이러한 면들도 이탈리아의 문학계에도 영향을 끼쳤다고 생각한다. 유럽 문학을 주도하고 있던 프랑스 문학의 영향과 유럽 각국의 다양한 변화는 이탈리아 문학계에도 전통적인 시풍을 극복하려는 시도들이 경쟁적으로 일어나기 시작했다. 이러한 결과로 이탈리아에는 파스콜리와 단눈치오를 대표적인 시인으로 내세울 수 있는 데카덴티즈모, 바로 전시대의 대시인, 특히 단눈치오를 극복하고 형식과 내용면에서 그와는 다른 시 쓰기를 시도한 황혼주의, 1909년 파리에서 선언문을 발표하고 본격적인 활동을 시작한 미래주의 운동과 20세기 이탈리아 최고의 시문학 운동으로 평가받고 있는 에르메티스모가 인류역사상 가장 고통스러운 시대였던 20세기 전반기를 체험하는 과정에서 이뤄진 작가들의 표현으로 탄생했다.

3.1 시인 및 경향에 대한 분류 양상

이탈리아의 당대 최고의 학자들의 주도와 참여로 출판된 주요 문학사들에 따라 20세기를 어떻게 나누고 있는지 간략히 살펴보면 다음과 같다. 체키와 사페뇨 Emilio Cecchi - Natalino Sapegno가 진두지휘하여 1969년 한 권에 담은 20세기 문학사가 처음 출판된 이후, 1987 그 내용을 대폭 확대하여 두 권짜리로 새롭게 출판했다.[7] 이미 최고의 필진으로 구성된 이 이탈리아 문학사는 아마도 가장 정평 있는 것으로 여겨진다. 제1권에서는 파스콜리, 단눈치오, 황혼파와 황혼파 시인 곳차노와 코랏치니를 다루고 있다. 제2권에서는 '새로운 시'라는 장의 제목 하에 미래주의부터 에르메티스모 시대까지를 다루고 다음 장에서는 '20세기 후반의 시인들'이라는 제목으로 제2차 세계대전 후의 상황부터 포르티니를 시작으로 방언의 새로운 체험과 '68 세대까지를 다루고 있다. 또 다른 중요한 문학사로 평가되는 말라토 Enrico Malato의 지휘로 20세기를 다루고 있는 제 IX권은 2000년에 출판되었다. 새로운 세대의 최고의 학자들로 필진을 구성하여 체끼와 사페뇨의 지휘 하에 이뤄진 가르잔티 출판사의 문학사를 보완하고, 대신할 의도로 각 분야의 전문가들과 함께 만들었다.[8] 이곳에서는 우선 단눈치오의 위치에 큰 차이가 있음을 알 수 있다. 사페뇨와 체키는 파스콜리는 '19세기에서 20세기로'라는 제 VIII권의 마지막 시인으로 분류하고 단눈치오는 1969년에 처음 출판된 제 IX권 '20세기' 만을 다룬 부분에 배치하였다. 그러나 1987년 20세기 부분을 새롭게 2권짜리로 출판하면서 파스콜리와 단눈치오를 모두 20세기의 제1권에 순차적으로 실었다. 반면에 말라토의 문학사에서는 파스콜리와 단눈치오는 모두 제 VIII권 '19세기와 20세기 사이 Tra l'Otto e il Novecento'에 배치되어있다. 뿐만이 아니라 이곳에서도 20세기에 대한 항목 이전에 두 시인에 대한 주된 언급은 완료된다. 파스콜리는 물론

---

7) Emilio Cecchi, Natalino Sapegno, *Storia della Letteratura Italiana*, voll. I-XI, Milano, Garzanti. (1968년 첫 판, 1983년 제 7회 재판)

8) Enrico Malato, *Storia della Letteratura Italiana*, voll.I-IX, Roma, Salerno, 2000.

단눈치오를 20세기 보다는 19세기에 포함시키려는 의도를 느낄 수 있다. 실제로 말라토는 제 VIII권 전체의 제목으로 "통일이탈리아의 문학 La letteratura dell'Italia unita"으로 정하고 있는데 (이는 앞으로 언급할 콘티니의 문학선집의 마지막 권의 제목을 그대로 취한 것처럼 보인다.) 제 IX권 전체의 제목을 "20세기 문학"으로 두고 20세기는 세계대전기와 파시즘시대부터로 보고 있다.

다음으로는 주요 이탈리아 문학 선집을 몇 권 살펴보고자 한다. 1920년 파피니 Papini와 판크라치 Pancrazi는 20세기 최초의 시인선집이라고 할 수 있는 『오늘의 시인들 *Poeti d'oggi*』을 출판하여 매우 날카롭게 시인들에 대해 평가한 뒤인 1943년 안체스키는 『새로운 시인들 *Lirici nuovi*』을 출판함으로써 현대사의 가장 어두운 시기를 살아가는 시인들의 작품에 대한 비평을 했다. 10년 뒤인 1953년에는 그동안의 경험과 열정을 통해 새롭고도 보다 원숙한 시문학 선집 『20세기 시 *Lirica del Novecento*』를 발표하였다. 이 선집은 1905년에서 1945사이에 작품을 발표한 시인들만을 다루고 있다. 20세기 시문학의 시작을 어떻게 정할까에 대한 어려움을 토로하며 시작된 선집에서 안체스키는 황혼파 시인들을 언급하며 책을 이끌어간다. 재미있는 것은 공식적으로는 곳차노를 이 유파의 맏형으로 꼽으며 그의 업적을 이야기하지만 개인적으로는 코라치니에 큰 관심과 매력을 느끼고 있음을 감추지 않는데 이러한 사실은 황혼파에 대한 언급을 하면서 첫 부분에 코라치니의 시를 독자와 함께 읽고자 권한다. 이후 8년 뒤 두 번째 판본이 출판되었으나 서론부분이나 시인과 시의 선정 에 전혀 변화가 없으니 안체스키의 판단은 1961년까지도 일정하다는 사실을 알 수 있다. 콘티니의 선집[9]을 살펴보면 이탈리아 문학의 기원부터 1968년까지를 다룬 네 권으로 이뤄진 이탈리아 문학 선집 중 마지막 권에서 20세기를 다루고 있다. 여러 번의 재판을 거쳐 1983년 내용의 변화 없이 새로운 저자후기만을 첨가하여 재판 출간하

9) Gianfranco Contini, *Letteratura dell'Italia unita 1861~1968*, vol. 4, Firenze, Sansoni 1968.

였다. 이탈리아의 젊은 문학도들을 위해 저술했음에도 불구하고 콘티니의 높은 학문적 판단에서 나오는 평가는 이탈리아문학연구가와 교수들에게도 지속적으로 이용되고 있으며 이후 많은 선집들이 출판되고 있다. 본 논문과 관련하여 흥미로운 것 중 한 가지는 콘티니가 보는 20세기의 시문학과 시인들의 분류에 관한 점이다. 그는 독특하게도 "20세기의 시인들 I poeti del Novecento"이라는 장을 웅가렛티로 시작하며 몬탈레, 사바와 함께 끝맺는다.[10] 상귀네티는 비교적 독특한 관점에서 선집을 꾸몄다. 두 권으로 분리된 이 선집은 파스콜리와 단눈치오로 시작하는 세기의 말을 다루고, 이후에는 황혼주의 및 미래주의를 통한 새로운 변화의 분위기를 설명하고 마침내 제 7장에서 '새로운 시인 Lirici Nuovi'들에는 사바, 까르다렐리, 웅가렛티, 몬탈레를 다루고 있다. 이후에는 에르메티치 시인들에 대하여 할애하고 있는데 다른 선집과 문학사에서와 마찬가지로 웅가렛티는 프랑스 상징주의의 영향을 받아 이탈리아 시인들 중에서 이 영향을 서정성을 가진 자신의 시로 새롭게 선보임으로써 훗날 에르메티스모의 발아에 영향을 끼쳤고 이 유파의 대표적인 시인은 콰시모도라는 평가가 따른다. 세그레는 보다 일반적인 기준으로 선집을 구성하고 있다. 시인들을 살펴보면 파스콜리와 단눈치오를 시작으로 황혼파, 미래파에 이어 사바와 웅가렛티에 이어 몬탈레에 대하여 다룬다. 특이한 것 중 하나는 후기에 있어서 이탈리아 시문학의 커다란 경향이 없는 모습을 직시하고 개개인의 시인들이 자신의 영역을 만들어 가는 흐름을 파악하여 매우 세분화 된 시인들의 갈래를 제시해 보려는 시도가 돋보인다.

찬란한 이탈리아 문학의 전통을 받으며 젊은 시절을 보냈던 파스콜리와 단눈치오는 그 전통적인 문학성위에 당시의 유럽의 문예에 크게 영향을

10) De Santis, Pascoli, D'Annunzio, Croce, Gentile, Crepuscolari(Borgese, Gozzano, Govoni, Moretti), Futurismo e "Vociani"(Marinetti, Papini. Soffici, Serra, De Robertis, Jahier, Rebora, Campana, Mishelstaedter, Slataper, Boine, Sbarbaro, Pea); "Rondisti"(Cardarelli,...);I poeti del Novecento(Ungaretti, Montale, Saba); Ermitici(Bo, Quasimodo, De Libero, Sinisgalli, Gatto, Luzi, Sereni. Betocchi, Landolfi); Poeti dialettali del Nov.(Giotti, Guerra, Pierro)

끼치던 프랑스의 상징주의와 데카당스 문화의 영향을 받으며 이탈리아 문단에 절대적인 존재로 군림하게 되었다. 1903년 이들은 자신들의 대표 시집인 *Canti di Castelvecchio*와 *Alcyone*를 발표해 냈음에도 이탈리아의 진정한 20세기 시문학의 시작은 완전히 새로운 국면의 시를 보여주며 황혼파의 탄생을 알린 고보니의 시집 『유리병』(1903)을 기점으로 평가하며 이 경향의 대표적인 시인으로는 곳차노를 꼽는다.[11] 이후 미래파는 정치적인 도움을 받아 상당한 성공을 이루지만 문학적인 가치 면에서는 미약한 모습을 보였다. 20세기의 대표 시인은 사바, 웅가렛티와 함께 3대시인으로 거론되는 20세기의 고전 몬탈레와 뒤이어 새로운 언어적 감각과 기법을 통해 순수함을 보인 잔좃토를 들 수 있다. 소설에 있어서는 갓다, 프리모 레비, 칼비노를 세계적인 수준의 작가로 들 수 있을 것이다.

3.2 문화 중심지

이탈리아의 문학 활동은 로마, 피렌체, 나폴리 등과 같은 전통적인 문화 중심지들을 축으로 오랫동안 펼쳐져왔다. 하지만 20세기 초에 들어서 이탈리아는 처음으로 맞은 통일에 대한 성찰과 영향이 뒤따랐으며 유럽의 다른 나라들에서는 이미 오래전부터 문화생활의 중심이 되었던 부르주아의 삶에 대한 관심을 처음으로 갖게 된다. 통일은 되었으나 워낙 오랜만에 이뤄진 것이기에 실제적으로는 아직 전국적으로 추종할 만한 문화적 흐름에 공감하기 보다는 각 지역의 전통적인 문화와 삶에 깊이 연계된 지역의 풍습이나 현실, 유년시절에 연관된 소재를 중심으로 작품 활동을 하였다. 이러한 면을 토찌, 빌렌키, 아바로, 브란카티, 코밋소, 메네겔로와 네오레알리즈모 작가들에서도 잘 느낄 수 있는데 예를 들어, 프라톨리니와 캇솔라의 토스카나, 페놀리오의 피에몬테, 빗토리니의 시칠리아 등을 들 수 있다.

20세기에는 이러한 중심지들 이외에도 교통과 통신이 발달하고 경제적

---

11) Pier Vincenzo Mengaldo, *Poeti italiani del Novecento*, Milano, Mondadori, 1978, pp. 3-8.

위상과 대학의 역할 등에 따라 그 중심지들이 보다 더 확대되는 경향을 보여주었다. 20세기 초 정신세계의 헤게모니를 장악하고 있던 크로체의 영향과 개방적인 문화적 자산을 배경으로 나폴리는 중요한 역할을 해냈고, 로마는 수도로서의 이탈리아인들의 자부심으로서의 역할을 충실히 해냈다. 피렌체는 중세, 르네상스 이후 언제나 이탈리아 지성인들의 활발한 활동무대가 되었던 것이다. 이에 통일을 이룬 이탈리아의 첫 수도였던 토리노는 이탈리아 자동차산업의 메카로 떠오르며 산업의 급격한 발전을 이루었고 이로 인해 전국에서 몰려온 이민자들로 인한 다양한 사회문제를 경험하게 되었다. 이러한 배경 하에 그람시, 솔미, 칼비노, 빗토리니, 파베세, 페놀리오와 같은 20세기 대표적인 지성인들이 모여들어 여러 문예지를 만들고 활동했으며, 이탈리아의 최고의 출판사중 하나인 에이나우디 Einaudi도 대단한 기여를 했다.

이탈리아의 수도인 로마의 문화 중심지로서의 중요함은 너무도 당연하다. 특히, 정치와 행정의 수도이자, 국영 텔레비전 방송국(Rai)의 본부가 있으며 영화 산업의 본거지인 치네칫타Cinecitta'의 역할은 그 영향력을 가히 짐작할 수 있다. 로마는 남부 작가들의 등대와 같은 곳으로 수많은 작가들에게 활동무대를 열어주었다. 특히 1920년대에는 문예지 '라 론다 *La Ronda*'를 중심으로 현대적 고전주의형식을 갈망하는 분위기를 만들어 내기도 했다. 로마에서 태어난 작가들로는 모라비아와 모란테 등을 최고로 꼽을 수 있으며 그 밖에도 단눈치오, 피란델로, 웅가렛티, 본템펠리, 솔다티, 체키, 파솔리니 그리고 펜나 등에게도 로마는 중요한 활동 무대였다. 피렌체는 당대 최고의 문학적 생산이 이뤄진 곳으로 특히 문인들의 만남과 토론이 가장 활발하게 이뤄졌다. 카페 쥽페 롯세 Caffe' Le Giubbe Rosse는 만남, 토론, 논쟁의 장소로 유명했다. 1913년부터 마리넷티가 주창한 미래주의의 피렌체인들의 본부로 사용되기도 했으며 훗날 그들과 보체지 동인들과의 싸움은 유명한 일화로 전해지기도 한다. 또한 1930년대에는 많은 문예지들이 출판되었는데 특히, *La Voce*, *Solaria*는 당대 최고의 지성인들의 나눔의 장으로서 매우 중요한 역할을 해냈다. 페로니는 "갓다와 몬탈레, 빗토리니와 란돌피 같은 작가들에게 피렌체는 만남과 토론의 장소로서 가장 중요한 곳"이었며, 또한 피렌체에서 20세기의 가장 중요한 시문학의 경향인 에르메티스모가 탄생했음을 상기시키고 있다.[12] 대표적인 인물들로는 파피니, 프렛졸리니, 데 로베르티스, 소피치, 팔랏제스키, 룻소, 바르비, 파스콸리, 판크라치, 마크리, 캄파나, 콰시모도, 보, 몬탈레, 갓다, 빗토리니, 프라톨리니, 베토키 등을 들 수 있으며, 가장 많은 저널들이 창간되어 활발한 토론의 장이 되었는데 대표적인 것들로는 *La Voce*, *Solaria* 외에도 라체르바 *Lacerba*, 루니타 *l'Unita'*, 페가소 *Pegaso*, 판 *Pan*, 루니베르살레 *L'Universale*, 일 바르젤로 *Il Bargello*, 일 프론테스피치오 *Il Frontespizio*, 캄포 디 마르테 *Campo di Marte* 등의 역할은 20세기 이탈리아 지성인들의 새로운 시대를 표현하고자 하는 노력의 산물이라고 볼 수 있다.

이탈리아 경제와 산업의 최고 중심지이자 사회적 정치적 개혁의 리더로서 뿐만이 아니라 이탈리아 출판 산업의 정점(가르잔티 Garzanti, 펠트리넬리 Feltrinelli, 몬다도리 Mondadori, 릿졸리 Rizzoli, 무르시아 Mursia, 봄피아니 Bompiani 출판사 등등)이기도 한 밀라노는 수많은 작가와 문학연구가들이 활동하는 곳이다. 이러한 역동성을 갖춘 밀라노는 마리넷티의 미래주의의 고장이 되기도 하였다. 이곳출신의 작가들로는 20세기 최고의 이탈리아 소설가 갓다를 위시해 레보라, 라보니, 포르타, 발레스트리니, 에르바, 오렐리, 쥬디치, 세레니, 텟사 등과 함께 1948년부터 81년 생의 마지막 순간까지 밀라노에서 활동했던 몬탈레로 대표된다. 더욱이 밀라노에는 밀라노 공대, 보코니대학, 가톨릭대학, 밀라노 국립대학, 베르디 음대, 브레라 미대 그리고 인접한 도시 파비아에는 롬바르디아주에서 가장 오랜 역사를 자랑하는 파비아 국립대학이 있으며, 패션과 예술 관련 역동적인 문화 활동의 본산지들이 이탈리아에서 가장 풍부한 곳이기도 하다.

끝으로 트리에스테 Trieste를 주목하지 않을 수 없다. 북부의 극동에 위치

---

12) Giulio Ferroni, *Storia della letteratura italiana,* Milano, Einaudi Scuola, 1991, p. 41.

한 지정학적인 이유로 로마, 피렌체 등의 이탈리아 문화의 중심으로부터 멀리 떨어져 있는 곳이다. 따라서 이탈리아, 게르만, 슬라브 문화 사이에서 그리고 기독교주의와 헤브라이즘 사이에서 살아가야 했던 트리에스테인들은 독특한 문화적 배경을 갖게 되었으며, 그중에서도 중부유럽의 문화를 특히 크게 받아들이게 되었다. 이로써 20세기 소설과 시 분야에서 최고의 위치에 오른 스베보와 사바를 필두로 슬라타페르, 스투파리쉬, 콰란톳티 감비니, 지옷티 등을 들 수 있다.

3.3 문학어의 변화

학자들은 이탈리아어의 세기적 문제가 20세기에 풀렸다고 보는 것 같다. 여러 세기동안 이탈리아어는 문어가 주도적이었으며 학식이 높은 상류층의 유산이었다. 하지만 20세기에는 모든 지역에서 이탈리아어는 구어적으로도 쓰이게 되었다. 이는 보다 넓은 지역에서 사용되던 방언의 희생으로 이어져 방언은 좁은 단위의 집단, 즉 시, 마을, 나아가 가족들만이 사용하는 경향을 띄게 되었다. 이러한 양상은 이탈리아어를 보다 더 중시하고 또 의무교육 실시에 의해 젊은 세대들은 점점 더 자기 지역의 방언을 버리게 되었고 국어로서의 이탈리아어는 사회적 관계 속에서 지속적으로 성장해 갔다.

언어의 문제는 작가들에게는 매우 크게 느껴졌다. 작가들은 20세기 초에도 여전히 매우 여러 층으로 쌓여있고 또 힘이 넘치는 고전 문학어를 사용하고 있었는데, 문제는 새로운 체험과 감수성에 적용하기에는 적합하지 않다는 것이었다. 대부분의 시어는 페트라르카 Francesco Petrarca (1304-1374)가 갈고 닦은 것으로 주로 대표작인 『칸초니에레 *Canzoniere*』(1374)를 통해 이루어낸 것이었는데 이에 대한 지배적인 영향은 계속되어 단눈치오가 1903년에 발표한 시집 *Alcyone* 와 소설 『야상곡 *Notturno*』(1918)에서 보여준 언어의 새로운 발견이 있을 때 까지 이어졌다.

많은 체험과 예민한 변화들에도 불구하고 단눈치오에게 밀착되어 있는 이때의 시어는 뒤이어 파스콜리에 의해 새로움으로 가미되고, 황혼파 시인들, 특히 곳차노와 같은 황혼파 시인들에 의해 풍자적 문학성을 섞은 동시대성으로의 표현으로 이어졌으며, 한편으로 사바에 의해 기본적 담론에 대한 요구가 상기되고, 웅가렛티와 에르메티스모 시인들(콰시모도, 루치, 갓토, 시니스갈리)에 의해 세상에 대한 새로운 관점에 적합하게 표현되었으며, 나아가 삶의 불행, 일상적 현실 속에 자리한 풀리지 않는 미스테리들, 다가오는 비극들을 충분히 표현 할 수 있을 정도로 몬탈레는 수준 높고 유창하면서도 일상 언어처럼 매끄러운 언어적 능력을 보여주었다. 이러한 가운데 전통적인 운율은 버려졌고, 비록 간혹 유사한 형태로 모양을 내보려는 시도가 있기는 해도 운은 대체로 거부되었다.

이후에도 많은 시인들은 전통적인 언어를 다시 생각하고 사용하기도 하고 또 새로운 것들을 보여 주려했는데 대표적으로 파솔리니를 들 수 있다. 그는 다양한 분야에 걸쳐 활동했기에 구어사용은 물론이고 속어와 신문과 같은 곳에서 사용되는 특별한 분야의 전문적인 언어 등을 사용했다. 이러한 가운데에서도 작시법적 틀에 충실하려는 면을 보이면서도 부분적으로는 그것들을 무시하거나 파괴하기도 했다.

시어는 이후 부분적으로는 미래주의자들과 연관된 아방가르드적인 실험주의자들에 의해 위협당하고 상처를 받기도 했다. 근년에 들어서는 외부인이 취하고 또 컴퓨터나 어떤 전자매체를 통해 해체하고 재구성한 부분들이 상용되기도 하는데 이러한 면에서 발레스트리니가 아주 재치를 보여주기도 한다. 이런 중에도 한편으로는 상귀네티의 작품 속에서는 '나'의 분리와 시의 서정성에 대한 향수를 발견할 수 있다. 아마도 매우 새로운 모습을 보여주는 시인으로는 잔좃토를 들 수 있는데 그는 처음엔 에르메티스모 시인들 자취를 따라 시작했음에도 불구하고 페트라르카적인 색체를 가지고 있었다. 하지만 그는 과학적인 어휘로 대비시키면서도 유아적 언어 혹은 언어로 표현할 수 없는 표현을 추구하며 때 묻지 않은 자연의 탄식을 정신분석학적 충격과 자극으로 섞어낸다.

이외에도 20세기의 시인들은 매우 개인적인 감각과 주제 또 다양한 시도를 하는 특징을 보인다. 20세기의 수많은 시인들 중 최고의 시인은 물론 몬탈레라고 할 수 있는데 그는 아주 작고 보잘 것 없는 기회들, 개인적인 사건들, 과거에 대한 그림자들로부터 기적처럼 우주의 보편성을 찾아내고 느끼게 하는 능력을 보여준다.

Ⅳ. 맺음말

산업화로 인한 급격한 사회의 변화와 세계 양차 대전과 파시즘 정권하의 작가들은 전대미문의 고통 속에서 한없는 성찰을 통한 문학적 표현을 위해 지속적인 노력을 해왔다. 이탈리아는 서양 문학사의 14세기와 16세기를 풍요롭게 하며 가장 찬란한 업적을 남기고 있는데 대표적으로 단테와 페트라르카의 시문학은 가장 중요한 이탈리아 문학의 계보로 현대까지 이어져왔다고 볼 수 있다. 하지만 20세기에 이탈리아 문단은 전기에는 시문학 후기에는 소설이 주도해간 것으로 볼 수 있다. 이러한 판단의 한 근거로 19세기말 프랑스에서 피어난 상징주의, 데카당스의 영향에 이은 이탈리아내의 아방가르드적 경향들 황혼주의, 미래주의 그리고 에르메티스모와 같은 시문학 경향이 20세기 전반기에 있었음을 들 수 있다. 진정한 의미에서 이탈리아의 20세기는 황혼주의와 시작된다고 볼 수 있는데 이때 최초의 시인으로 고보니를 언급한다. 그의 시집 속에는 황혼주의적 요소들이 들어있고, 첫 시집에 「황혼 *Crepuscolo*」이라는 시도 들어있다. 하지만 단눈치오를 관통해 내며 새로운 모습을 보여줌으로써 진정한 의미에서의 최초의 20세기 시인으로 일찍이 몬탈레는 곳차노를 평가하였는데 최근엔 이러한 평가가 일반적으로 받아들여지고 있다.

적지 않은 논란과 이견이 있을 수 있으나 개인적으로는 문학연구가들의 평가를 고려한 본연구가의 생각으로는 20세기의 10대 문인을 단눈치오를 포함한 스베보, 피란델로, 사바, 몬탈레, 갓다, 페놀리오, 프리모 레비, 칼비노, 잔좃토로 본다. 최고의 시인은 전기의 몬탈레, 후기의 잔좃토[13]이며,

소설가는 전기의 갓다, 후기의 칼비노로 평가할 수 있다. 20세기 이탈리아 문학의 한 특징적 모습이자 이전시대에 비하여 긍정적인 면을 시사하고 있는 것 중 하나로 문학 세계에 여류작가의 등장이 지속적으로 이루어졌다는 사실이다. 먼저 1926년 이탈리아에 두 번째 노벨 문학상을 안겨준 델렛다와 20세기 주요작가로 인정받고 있는 모란테, 시는 물론이고 산문도 매우 간결하고 아름다운 문체로 쓰는 로마노 Lalla Romano (1906-2001) 등을 들 수 있다.[14)]

가시적인 20세기 이탈리아문학의 또 하나의 성과로는 다음과 같은 부분을 언급할 수 있다. 세계적인 문학상인 노벨문학상을 수상한 이탈리아의 작가들로는 시인 카르둣치 (1906), 소설가 델렛타 Grazia Deledda (1871-1936, 1926년 수상), 극작가이자 소설가 피란델로(1934), 시인 콰시모도(1959), 시인 몬탈레(1975), 극작가 겸 배우 포 Dario Fo (1926 출생, 1997 수상)가 있다. 1901년생인 콰시모도와 1926년생인 포를 제외하고는 수상자들은 모두 19세기에 태어났다. 이러한 사실은 20세기 전반기에 활동했던 작가들을 뛰어넘는 혹은 비교할 만한 후반의 작가들이 없다는 생각을 갖게 하는 하나의 근거 이다. 게다가 문화강국임을 자부하는 이탈리아로서는 1세기동안 6명의 수상자밖에 내지 못한 것도 노벨문학상이 절대적인 평가기준이 될 수는 없겠으나 세계문학에서의 이탈리아 문학의 위상을 말해주는 것이라 본다.

스베보와 피란델로이후 갓다를 제외하고는 유럽의 위대한 소설가들과 대적할 만한 작가가 나오지 못했다. 모라비아와 같이 살아있을 당시에는 세계적으로 상당한 인기를 누렸던 작가도 있지만 생명력은 그다지 길지 않아, 사후 20년도 채 지나지 않은 지금 벌써 잊혀진 듯 하고, 칼비노와

---

13) 1921년생인 잔좃토는 1951 첫 시집을 출판하기 전에 밀라노의 "산 바빌라 San Babila" 문학상을 수상하였는데 당대 최고의 시인이었던 웅가렛티, 몬탈레, 콰시모도, 세레니, 시니스갈리로 구성된 심사위원단으로부터 최고의 평가를 받았던 사실은 유명한 일화이다.

14) 이외에도 Sibilla Aleramo, Gianna Manzini, Anna Banti, Natalia Ginzburg, Anna Maria Ortese, Maria Corti, Rosetta Loy, Francesca Sanvitale, Rossana Ombres, Gina Lagorio, Amelia Rosselli 등이 있음.

에코 정도가 아직도 어느 정도 지속적인 관심과 독자를 가지고 있다고 평가할 수 있다. 카프카, 버지니아 울프, 프루스트, 토마스 만, 무질 과 브로흐, 조이스나 카뮈, 헤밍웨이나 파스테르나크 혹은 불가꼬프 등에 비교될만한 소설가는 없는 것 같다. 이러한 면은 당시 유럽에서는 널리 유행하고 있었던 '모더니즘'에 대한 흐름에 함께하지 못한 탓도 크다고 본다. 20세기 이탈리아문학이 세계 문학에서 중심 자리를 차지하지 못한 것은 이탈리아의 작가들이 20세기의 문제와 인간의 번뇌들을 최고로 잘 표현하고 있는가에 대한 생각에서 출발할 수 있다. 호흡이 좁고 분석과 이미지화의 능력이 약했던 것이다. 더 큰 보편성을 갖추지 못했던 것으로 평가된다. 한편으로 이탈리아가 만들어낸 새로운 문예운동 또한 '미래주의'가 유일하다. 매스미디어의 발달로 이탈리아 국어는 급속도로 확산되어 지역적 특성을 잘 표현할 수 있는 방언의 위기가 초래되었으나 특히, 20세기 후반 방언문학, 방언을 통한 작가활동의 의미와 성과가 상당한 수준에 까지 이르렀다. 대표적인 작가로는 파솔리니와 잔좃토를 들 수 있다. 하지만 이러한 방언으로 쓰인 작품들에 대한 일반 독자들의 이해에는 한계가 있다. 밀라노 방언을 사용한 갓다 외에도 문학적 수준 또한 매우 높다고는 하지만 파솔리니의 프리울리 방언이나 잔좃토의 베네토 방언을 이해하고 그 가치를 공유하기에는 이탈리아의 독자뿐 아니라 세계의 독자를 생각할 때는 상당한 문제점으로 느껴진다. 보편성을 가져야 하는 문학작품의 특징과 이에 조화로워야 할 표현 수단인 언어의 문제는 향후 이탈리아문학의 세계적 위상 점유에도 한계적인 면을 보여준다. 서론부분에서 인용했던 토도로프의 말처럼 절망에 빠져있을 때 구원의 손길을 내밀고, 타인을 향해 보다 열린 태도를 견지하며 독자로 하여금 세계를 보다 잘 이해하게 만들고, 각자의 내적 변화를 일으켜 보다 참된 삶을 위한 문학의 역할을 기대하기 위해서는 보편적 공감을 이끌어 내는 작가의 능력이 무엇보다 중요할 것이다.

참고문헌

AA. VV. *Letteratura*. Milano: Garzanti, 2000. pp. 735-36.

Anceschi, Luciano - Antonielli, Sergio. *Lirica del Novecento*. Firenze: Vallecchi, 1953.

Cecchi, Emilio - Sapegno, Natalino. *Storia della Letteratura Italiana*. voll. I-XI, Milano: Garzanti, 1992.

Contini, Gianfranco. *Letteratura dell'Italia unita' 1861~1968* (1968년 첫 판, 제 7회 재판 1983). Firenze: Sansoni, 1983.

Cucchi, Maurizio e Giovanardi, Stefano. *Poeti italiani del secondo Novecento 1945~1995*. Milano: Meridiani Mondadori, 1996.

Ferroni, Giulio. *L'alba del nuovo secolo*. in *La storia della letteratura italiana, Il Novecento*. Milano: Einaudi Scuola. 1991, pp. 527-546.

Malato, Enrico. *Storia della Letteratura Italiana*, voll.I-IX. Roma: Salerno, 2000.

Mengaldo, Pier Vincenzo. *Poeti italiani del Novecento*. Milano: Mondadori, 1978.

Ramat, Silvio. *La Poesia italiana 1903-1943 Quarantuno titoli esemplari*. Venezia: Saggi Marsilio, 1997.

Sanguineti, Edoardo. *Poesia italiana del Novecent.*, Torino: Einaudi, 1969.

Segre, Cesare e Martignoni, Cleria. *Testi nella storia*, vol. 4. Milano: Bruno Mondadori 1992.

Segre, Cesare. *La letteratura italiana del Novecento*. Roma-Bari. Laterza, 1998.

______. *Tempo di bilanci La fine del Novecento*. Torino: Einaudi, 2005.

Todorov, Tzvetan. *La letteratura in pricolo* (tradutto da Lana E.). Milano: Garzanti, 2008. p. 84.

김효신. 『이탈리아 문학사』. 학사원, 1997.

박상진. 『이탈리아 문학사』. 부산외국어대학교출판부, 1997.

한형곤. 『이탈리아문학의 이해』. 거암, 1984.

______. 『이탈리아문학의 연구』. 한국외국어대학교출판부, 2009.

2. 20세기 이탈리아의 저항문학과 E. 몬탈레

I. 머리말

인류사적 측면에서 20세기를 특징지을 수 있는 사건으로 양차 세계대전을 들 수 있다. 제1, 2차 세계대전은 전 세계의 주요 국가들이 직접 또는 간접적으로 참전하는 유사 이래 최초로 빚어진 대사건임에 틀림이 없다. 가공할 그 전쟁의 영향과 결과는 참전국들은 물론이고 지구상의 거의 모든 지역에까지 미치게 되었다. 이탈리아에서는 제1차 세계대전 이후 러시아의 볼셰비키를 본보기로 한 이탈리아 공산당Partito Comunista Italiano가 1921년에 창당되었다. 이후 1922년에는 베니토 뭇솔리니 Benito Mussolini(1883-1945)의 파시즘 정부가 세워진다.[1] 이탈리아의 파시즘 정권의 억압정치와 세계전쟁 참가의 영향은 20세기 전반기 이탈리아 국민들의 엄청난 희생과 사회적 불안을 낳았으며 이러한 상황은 뭇솔리니가 제2차 세계대전에서 패하고 사살 당한 1945년까지 계속되었다.

이러한 인간 실존의 위기상황은 20세기 이탈리아 사회 전반에 걸쳐 전례없이 폭넓고 깊은 영향을 끼쳤던 것이다. 따라서 20세기 중반까지 계속된 전쟁과 독재정권이 만들어낸 이탈리아의 비인간적이며 인간으로서의 한계를 느끼게 한 비참한 상황은 동시대를 살아가던 어느 지성인도 간과하거나 회피할 수 없는 중요한 사고의 테마가 되었던 것이다.

이러한 점을 주목하여 볼 때 당시의 작가들의 "저항문학" 활동을 시대적

---

1) 노동자들의 희망과 반 부르주아 운동을 무력으로 무참히 짓밟고 산업 자본가들의 재정적 지원을 위시한 강력한 지지를 받아가며 세력을 키워가던 베니토 뭇솔리니는 1921년 5월 국회의원에 당선되고, 그 해 11월 파시스트당을 만들어 당수가 되면서 정치적 기반을 구축한다. 이후 그는 1922년 10월 '로마로의 진군' 을 외치며 로마로 진격하여 마침내 로마를 손에 넣었다. 상황이 이쯤 되자 당시 이탈리아 국왕 빗토리오 에마누엘레 3세 Vittorio Emanuele III(1869-1947)는 뭇솔리니를 수상의 자리에 앉히고 내각을 꾸미게 했다.

상황에 대응하는 지식인들의 진정한 하나의 표현으로 이해 할 수 있을 것이다. 바로 여기에 20세기 초의 수많은 지식인들이 참여했던 레지스탕스 활동으로 작가들이 보여준 작품 활동은 20세기 이탈리아 문학의 정체성을 이해하기 위한 가장 중요한 테마임에 틀림이 없을 것이라 믿는다.

20세기 초 이탈리아의 시 문단에는 새로운 운동이 싹트기 시작했다. 다름이 아니라 심미적 감각주의, 데카덴티즈모적 경향 등으로 당대를 풍미해오던 단눈쵸 D'Annunzio에 반대하면서 동시에 그를 극복하려는 시인들이 포함된 "황혼주의 Crepuscolarismo"와 모든 전통을 뒤엎고 개혁을 이뤄 내자는 의도 하에 마리넷티 Marinetti가 주창하여 생겨난 "미래주의 Futurismo"를 꼽을 수 있다. 이후 이러한 두 경향과 함께 또 하나의 중요한 문학 경향을 들 수 있는데 순수시 운동의 성향이 강한 "에르메티즈모 Ermetismo"가 바로 그것이다. 이들 가운데에서도 20세기 이탈리아의 시문학의 특성을 가장 잘 나타내 준 것은 바로 이 에르메티즈모라 할 수 있겠다.

주지하다시피 에르메티즈모는 피렌체에서 1920년대 후반에 시작되어 1930년대에 유행하던 시문학의 한 경향으로 추상적이며 난해한 메타포 가득한 시어를 주로 사용하며 불명료한 느낌과 고아한 맛을 느끼게 하는 작품을 발표했다. 이러한 특징을 토대로 한 에르메티즈모 의 시인들은 시인의 서정적 체험을 통해, 대체로 숭고함을 지향하는 "절대성"과 "순수성"을 추구하였다. 그러나 이러한 점들은 당시의 사회적 상황에 직접적인 참여를 거부한 것으로 인식되고 나약한 지식인으로 평가되어 에르메티즈모 경향의 작가들은 많은 사람들로부터 상당한 비난을 받기도 하였다.

그러나 20세기 초, 중엽의 대표적인 두 문학 장르인 소설문학과 시문학의 특성을 다음과 같이도 평가할 수 있을 것이다. 순수시 운동으로 대변되며 극단적인 문학의 순수성을 강조한 에르메티즈모의 입장이나 사회와 인간의 현실 반영을 모토로 삼은 "신사실주의Neorealismo"[2)]의 현실에 대응하

2) 대략 1930년에서 1955년 사이에 문학, 영화, 회화, 건축 등의 이탈리아 문화에 나타난 하나의 경향을 지칭합니다. 문학에 있어서는 대표적인 작가들로 엘리오 빗토리니 Elio Vittorini, 벱페 페놀리오 Beppe Fenoglio, 체사레 파베세 Cesare Pavese, 프리모 레비

는 입장은 외관상으로는 서로 상반될지 모르나 직접적으로든 간접적으로든 본질적인 개념에서는 파시즘에 반대했다는 점에서 그 공통점을 찾을 수 있다는 것이다. 바꾸어 말하면 파시즘은 에르메티즈모에 의하여, 에르메티즈모적 시인들의 '침묵'에 의하여 무시됨으로써 강력히 부정되었으며 신사실주의로부터는 비난 받고 타도의 대상이 되었다는 것이다.

에우제니오 몬탈레 Eugenio Montale(1896-1981) 또한 위에서 언급한 지식인 사회 특히 문학계의 영향을 전혀 받지 않을 수는 없었다. 이러한 그는 감수성이 발달해있었을 10대와 20대에 급변하는 세상을 경험해야 했고 이후 두 차례의 세계 전쟁으로 특징 지워지는 20세기 전반기의 소위 말하는 '불안의 시대'를 살아야 했다. 수많은 체험들과 함께 탁월한 그의 지성과 감성은 몬탈레로 하여금 당시의 문제들을 절절히 느끼게 했고 이는 나아가 그에게 '실존적 비관주의' 사상을 갖게 했다고 볼 수 있는데 이러한 면들은 그의 첫 시집 『오징어 뼈들 *Ossi di seppia*』에 잘 나타나 있다.

그러나 한편으로는 특히 파시즘 정권 하에서의 몬탈레는 자신의 문학 활동에만 전념했을 뿐 많은 국민들이 그에게 기대했던 지성인으로서의 적극적인 정치, 사회에 대한 참여 활동은 하지 않았다고 지적 받았다. 동료와 독자들로부터 그는 사회 현실에 대한 참여를 강력히 요구받기도 하였는데 이에 관한 그의 생각과 자세는 그의 산문과 시작품들에서 찾아 볼 수 있다.[3] 결국 세간의 많은 사람들은 위기를 맞은 현실에 대한 몬탈레의 비참여적인 또는 소극적인 자세를 비난하고 나섰던 것이다.

필자는 본 연구를 통해 몬탈레가 여러 차례에 걸쳐 현실에 대한 자신의 입장을 명백히 밝힌 점을 염두에 두면서 그의 글들을 면밀히 검토하고 그의 선택과 그것이 의미하는 바를 밝히고자 한다. 이를 위해 몬탈레의 고뇌에 찬 현실 인식을 바탕으로 그만이 보여준 독특한 '저항 정신'을 그의 삶

Primo Levi, 이탈로 칼비노 Italo Calvino 등을 들 수 있다. 이 작가들이 관심있게 다룬 주된 소재로는 독재 정권과 전쟁, 저항운동, 근로자의 노동 조건이나 남부 문제, 부르주아 계층의 윤리적 정치적 타락과 위기상 등이었다.

3) Botta e risposta I, I (이에 대해서는 본 논문의 각주 6을 착조하시오.)

과 작품 속에서 찾아 이해하고자 한다. 이러한 연구와 고찰을 통해 몬탈레의 작품 세계와 20세기 이탈리아의 저항 문학과의 관계 및 그 의미를 살펴보고자 한다.

Ⅱ. 몬탈레의 삶과 문학: 20세기 이탈리아 문학의 증언

2.1 삶과 현실 참여

몬탈레는 20세기 이탈리아 시문학의 핵심으로서 이미 이탈리아에서는 '현대의 고전'으로 인정받고 있다. 지난 100년 간의 이탈리아 시문학에 대해서 이야기할 때 이구동성으로 몬탈레가 당대의 시인들의 이미지를 가장 적절하게 부각시킨 것으로 평가받고 있다. 또한 평생을 일관되게 고뇌하는 시인으로 살아온 몬탈레의 문학사적 위치와 기여는 1967년 이탈리아의 대통령으로부터 문학적 업적을 높이 평가받아 종신 상원의원에 추대된 사실과, 1975년에 노벨 문학상을 수상한 것으로도 어렵지 않게 설명된다.

이러한 지식인으로서 시대적 상황에 대응해온 몬탈레의 구체적이면서도 의미 있는 행동을 살펴보면 다음과 같다. 정치적 측면에서 볼 때 가장 상징적인 몬탈레의 행동은 1925년 5월 파시스트 정권 하에서 베네뎃토 크로체 Benedetto Croce(1866-1952)가 작성한 '반파시스트 지식인들의 선언문 Manifesto degli intelettuali antifascisti'에 대한 지지서명을 떠올릴 수 있다.[4] 또한 파시즘 정권의 포악성이 극에 달한 시점인 1937년 파시즘 정당에 가입을 거부한다는 이유로 몬탈레는 요주의 감시 대상에 포함된다. 그리고 다음 해인 1938년에는 결국 같은 이유로 1929년부터 맡아온 가비넷토 빗쉐 Gabinetto Vieusseux[5]의 원장직으로부터 파면 당할 때까지의 몬탈레의 선택

---

4) 이 선언문은 죠반니 젠틸레 Giovanni Gentile(1875-1944)가 두 달 전인 같은 해 3월에 만들었던 '파시스트 지식인들의 선언문 Manifesto degli intelettuali fascisti'에 대항하는 행동에서 나온 것이었다. 1925년 이탈리아의 봄은 파시즘 정부수립 초기로서 1924년 6월 사회당 당수이자 파시즘에 반대하던 쟈코모 맛테옷티 Giacomo Matteotti의 피살사건에 대한 항의로 야당 국회의원들의 국회 활동파업이 6개월 이상 지속된 위기를 막 넘긴 파시스트들의 강력한 집권기였다.

을 들 수 있다. 뿐만이 아니라 몬탈레는 1938년 뭇솔리니 정부가 만든 유태계 인들을 학대하기 위한 "인종 차별법 leggi razziali"이 발표된 뒤에도 이리저리 피신 중이던 유태계이자 20세기 최고의 이탈리아 시인 중 한 명인 움베르토 사바 Umberto Saba를 자신의 집에 숨겨주기도 하였을 뿐만 아니라 유태인들과의 접촉과 그들을 위한 따뜻한 마음을 결코 아끼지 않았다.[6] 몬탈레가 보여준 이러한 행동은 생명의 위험을 무릎 쓴 반정부적인 것으로 현실 참여적인 그의 삶을 엿볼 수 있는 중요한 요인들이다.

2.2 작품 속에 드러난 참여 정신

몬탈레는 제2차 세계대전 중의 파시즘 정권에 대한 자신의 미온한 저항 자세 때문에 여러 사람들로부터 질타를 받았는데 이 때문에 정신적으로 쉽지 않은 상태에 있었음을 앞서 언급한 바 있다. 이러한 그의 모습을 작품 여기저기에서 찾아 볼 수 있는데 그중에서 『사투라 *Satura*』의 한 시에서 그동안 "중지하고 있던 속세의 모든 위선들에 대한 심판을 이제는 내릴 때" 임을 명시하고 있는 어떤 사람의 요구를 접할 수 있다. 나아가 이 시의 마지막 부분에서는 "몽유병 같은 깊은 잠에 취해있는" 시인으로 있는 것보다는 "냉혹한 현실을 알게 되어 차라리 상처를 입는 편이 더 낫다"라는 강한 의견을 표명하며 아르세니오 Arsenio[몬탈레]의 현실 참여적 자세를 요구하고 있는 것이다.[7]

---

5) 자유주의 사상을 가진 문학인으로서 스위스계였던 죠반 피에트로 뷔쉐 Giovan Pietro Vieusseux (Oneglia 1779 - Firenze 1863)가 1812년에 피렌체에 창설한 일종의 과학 및 문학 전문 도서관으로 일찍이 쟈코모 레오파르디 Giacomo Leopardi도 찾던 유명한 곳이며 지금도 개관 중이다.

6) 1930년대 전후 지성인들의 만남의 장소인 피렌체의 쥽베 롯세Giubbe Rosse에서 몬탈레가 만나던 문우들 중에는 유태계가 끼어있었다. 파시스트들은 그곳에 모이던 모두를 반파시스트로 규정하고 그런 의도에서 유태인들과 함께 하는 자들을 지칭하는 표현으로 '회색분자들i bigi', 이라고 불렀다. 실제로는 몬탈레가 그곳에서 함께 만나던 유태계는 단 두 명(로리아 Loria 와 랍파엘로 프란키 Raffaello Franchi)뿐이었다. E. Montale, *Montale svagato* [intervista di Paolo Bernobini, 1966], in *Il Secondo Mestiere*, Milano, Mondadori, 1996, p. 1668 참조.

당시의 시대적 상황에 대한 저항 운동으로써 몬탈레의 문학적 행동을 이해하기 위해서 그의 작품들을 살펴보고자 한다.

1917년 가을 군대의 부름을 받은 몬탈레는 자신이 체험한 전선에서의 처절하고 비참한 인간의 모습을 그려 훗날 첫 시집 『오징어뼈들』에 담고 있다.[8] 이후 제1차 대전이 끝나고 몬탈레는 1920년 5월 제대한다. 그러나 약 20년 뒤, 이탈리아가 제2차 대전에 참전하기 8개월 전인 1939년 10월 만 43세의 나이에 몬탈레는 또다시 군의 부름을 받기도 하였다.

몬탈레의 시집 중 "저항 문학"적 측면에서 가장 중요한 시집이라고 평가할 수 있는 것은 1940년에서 1954년까지 쓴 시들을 모아 1956년에 출간한 『폭풍우와 기타 *La bufera e altro*』이다. 이 기간은 1922년 세워진 파시즘 정권의 주도 하에 제2차 세계대전을 치르고 있던 이탈리아에서 레지스탕스 운동이 가장 활발하게 진행되던 43년에서 45년을 포함하고 있는 점에도 유념할 필요가 있다. 이 사실은 한 시대의 지성인으로서 위기의 현실을 무시할 수 없었던 몬탈레가 이 세 번째 시집의 제목으로 이미 생각해 두었던 "소설 Romanzo"을 『폭풍우와 기타』로 바꾸었다는 점도 적지 않은 의미를 갖는 것으로 해석할 수 있다. 여기에서 "폭풍우"는 시인자신이 밝혔듯이 제2차

---

7) Botta e risposta I, I
"Arsenio" (lei mi scrive), "io qui 'asolante' / tra i miei tetri cipressi penso che / sia ora di sospendere la tanto / da te per me voluta sospensione / d'ogni inganno mondano; che sia tempo / di spiegare le vele e di sospendere / l'*epoche'*. // Non dire che la stagione e' nera ed anche le tortore / con le tremule ali sono volate al sud. / Vivere di memorie non posso piu'. / Meglio il morso del ghiaccio che il tuo torpore / di sonnambulo, o tardi risvegliato". (lettera da Asolo) (OV., p. 276)

8) 「*Valmorbia, discorrevano il tuo fondo...*」라고 시작되는 한 시에서는 트렌티노 지방의 포탄이 빗발치는 발모르비아 전선에서의 사실에 근거한 작품이다. 몬탈레가 속한 부대가 생포한 세 명의 오스트리아 병사들 중 한 포로의 주머니에서 릴케의 시집이 나온 것을 기억하는 시이다. 뒤이어 문우이자 비평가였던 세르죠 솔미 Sergio Solmi에게 시인은 발라르사 Vallarsa에서 「전쟁에서의 몬탈레 *Montale in guerra*」라는 시를 써보낸다. 이 시에서 몬탈레는 한 군인이 시계를 훔쳤다가 발각되어 총살당한 사건을 말하고 있다. 몬탈레는 눈을 가린 체 사형 틀에 묶여 살려달라고 애원하는 그 젊은 병사를 전우들과 함께 참관해야했다. 애원에도 불구하고 전쟁터의 엄격한 군법은 그를 총살케 했으며, 다른 병사들은 옛 전우의 죽음을 목격해야만 했다.

세계대전에 대한 메타포라고 할 수 있으며 나아가서는 일종의 우리 모두와 관련된 전 '우주(적) 전쟁'의 비유로 이해 할 수 있다.

이 시집의 첫 장인 「땅끝 *Finisterre*9)」은 1940년에서 1942년 사이에 쓰여진 것들로 대부분이 전쟁을 배경으로 하고 있거나 전쟁과 연관된 15편의 시들로 구성되어 있다. 이 시들은 담고 있는 내용이 틀림없이 반정부적인 것으로 판정되리라 예상되어 이탈리아에서 발표되지 못하고 오랜 문우인 쟝프랑코 꼰티니 Gianfranco Contini의 도움으로 1943년 스위스 루가노 Lugano에서 출간된다. 이 작은 시집의 서시 「폭풍우 *La bufera*」에 몬탈레가 인용한 프랑스 시인 (Agrippa d'Aubigne'1552-1630)의 시 「신에게 *A' Dieu*」의 일부를 마치 부제처럼 인용하며 폭군들에 대한 마음을 표현한 것인데 이 부분의 내용은 다음과 같다. "군주[독재자]들은 이 엄청난 일들을 볼 수 있는 눈이 없고, 그들의 손은 단지 우리에게 고통을 주는 데만 쓰이는구나...". 10) 이러한 내용을 담고 있는 시집이 파시즘의 독재치하에서 출판되지 못하

---

9) 이 단어 'Finisterre'의 의미는 다음과 같은 것들로 해석할 수 있겠다.
첫째) 기억 속에 있는 어느 장소나 서유럽의 끝 지점. 혹은 지구나 세계의 끝으로서의 전쟁에 대한 언어의 유희이다 (Un luogo della memoria o l'estrema punta dell'Europea occidentale. O un gioco di parole sulla guerra come fine della terra o del mondo).
둘째) 보다 넓은 의미에서 약간은 모호한 의미로 쓰인 것으로 해석할 수 있는데 이럴 경우 실제의, 우주적인 전쟁으로 볼 수 도 있다 (e' usato nel senso piu' largo e ambiguo: la guerra reale e cosmica). Cfr. Lorenzo Greco, *Montale commenta Montale*, Parma, Pratiche, 1980, pp. 49 e 57.

10) La bufera
Les princes n'ont point d'yeux pour voir ces grand's merveilles,
Leur mains ne servent plus qu'a' nous perse'cuter... AGRIPPA D'AUBIGNE, A'Dieu...
La bufera che sgronda sulle foglie / dure della magnolia i lunghi tuoni / marzolini e la grandine, // (i suoni di cristallo nel tuo nido / notturno ti sorprendono, dell'oro / che s'e' spento sui mogani, sul taglio / dei libri rilegati, brucia ancora / una grana di zucchero nel guscio / delle tue palpebre) // il lampo che candisce / alberi e muri e li sorprende in quella / eternita' d'istante - marmo manna / e distruzione - ch'entro te scolpita / porti per tua condanna e che ti lega / piu' che l'amore a me, strana sorella, - // e poi lo schianto rude, i sistri, il fremere / dei tamburelli sulla fossa fuia, / lo scalpicciare del fandango, sopra / qualche gesto che

리라는 것은 그 누구나 쉽게 예상할 수 있었을 것이다. "폭풍은 단단한 목련 나무 잎새 위에 / 3월의 기나긴 천둥과 / 우박을 몰아치네 // ..."로 시작되는 몬탈레의 세 번째 시집 『폭풍우와 기타』의 서시인 이 시에서 시인은 전쟁의 파괴적이고 위협적인 모습을 강력히 표현해내고 있는 것이다. 이외에도 전쟁을 배경으로 하고 있는 여러 편의 시들을 들 수 있습니다. 이들 중 한 시가 바로 「피난처 *L'arca*」인데 이 작품 속에서 시인은 전쟁의 파괴적인 모습을 그려내며 이러한 전쟁의 위험과 추악함 들로부터 무사할 수 있었던 추억 속의 어린 시절의 집을 묘사함으로써 현실을 고발하고 있다. 그러나 몬탈레의 시들 중에서 전쟁과 관련해서 가장 참여적인 시는 「히틀러의 봄 *La primavera hitleriana*」이라고 할 수 있을 것이다. 제목에서 이미 느낄 수 있듯이 강력한 이미지를 시사하고 있는 이 시는 이탈리아와 독일 간의 전쟁 동맹을 맺기 위한 첫 걸음으로 1938년 5월 피렌체에서 히틀러와 뭇솔리니가 만난 역사적 사건을 상기시키고 있다. 기이하게도 늦봄인 5월에 찾아온 강추위는 히틀러와 전쟁을 의미하는 것으로 머지않아 찾아올 여름날의 따스함에 사라지게 될 것이라는 상징적인 내용을 담고 있다.

Ⅲ. 몬탈레의 '저항 정신'

몬탈레가 가지고 있었던 저항정신의 정체성을 이해하기 위한 방법 중 하나로 그의 작품들을 이해하는 것을 들 수 있겠다. 몬탈레는 젊은 시절부터 세상과의 부조화를 느끼고 있었는데 그러한 내용은 다음과 같은 글에도 잘 나타나 있다.

> "나는 태어났을 때부터 나를 둘러싸고 있는 현실과의 총체적 부조화를 느끼고 있었으니, 내 [시적] 영감의 소재는 *바로 그* 부조화일 수 밖에 없었다".11)

---

annaspa... / Come quando / ti rivolgesti e con la mano, sgombra / la fronte dalla nube dei capelli, / mi salutasti - per entrare nel buio.

11) "Avendo sentito fin dalla nascita una totale disarmonia con la realtà che mi

몬탈레가 느꼈던 현실이 어떠했는지 이해하기 위하여 「파리한 모습으로 한 낮을 보내며 *Meriggiare pallido e assorto*」라는 시를 읽어보겠다. 이는 몬탈레의 첫 시집에 실린 시들 중에서 가장 오래된 시로써 리구리아 해안의 정경을 잘 그려낸 대표적 작품이다.[12] 태양이 이글거리는 리구리아 해안의 만물이 숨을 멎은 듯 적막한 모습 속에서 시인은 자신의 고독과 외부 세계와의 의사소통의 불가능함을 잘 표현 해내고 있다. 이 시는 폐쇄적인 현실, 외부 세계와 단절된 주인공의 희망 없는, 고통뿐인 삶을 훌륭히 그려내고 있다.

> 뜨겁게 달아오른 밭의 담벼락 아래서
> 파리한 모습으로 한 낮을 보내며,
> 가시덤불 숲 사이에서 흘러나오는
> 검은 새들의 지저귐, 뱀들의 스치는 소리 듣기에 빠져있네.
>
> 갈라진 땅 틈새나 혹은 풀잎 위의
> 붉은 거미들의 행렬을 몰래 본다.
> 때로는 끊기고 또 때로는 교차된다.
> 작은 흙무더기들 꼭대기에서.
>
> 나무 가지들 사이로 바다 물비늘들이
> 멀리서 현란하게 반짝이는 것을 바라보네,
> 그 사이 헐벗은 산꼭대기에서는 매미들의
> 찢어질 듯한 울음소리가 떨려 퍼지네.
>
> 그리고 눈부신 햇빛 속을 걸어가며
> 마치 전(全)인생과 그 인생의 고통이

---

circondava, la materia della mia ispirazione non pcteva essere che *quella* disarmonia". Eugenio Montale, *Confessioni di scrittori*, in *Sulla poesia, op. cit.*, p. 570.

12) 몬탈레의 첫 시집 『오징어 뼈들』은 1920년에서 1927년까지 쓴 시들을 모은 것이나 단 한 수 「파리한 모습으로 한 낮을 보내며 *Meriggiare pallido e assorto*」만은 1916년에 창작된 것으로 시인 자신이 밝힌바 있습니다.

> 깨진 병 조각들이 꼭대기에 꽂힌
> 만리장성을 이렇게 계속 따라 걷는 것과 같다고
> 고통과 놀라움으로 깨닫는다.[13)]

해안의 정경이 묘사되던 시는 마지막 연에 이르러 갑자기 주인공의 내면세계의 성찰을 통한 현실 인식이 이루어진다. 눈부신 햇빛 속을 걷다가 주인공은 문득, 이토록 힘겨운 인생이 마치 꼭대기에 깨진 병 조각들을 박아둔 만리장성 밑을, 한없이 권태롭고도 외롭게 따라 걷는 것과 같다는 것을 깨닫는 것이다. 장성 너머에는 새로운 세상이 있을 법한데 유리조각들 때문에 넘지도 못하고 또 다른 출구도 없으니 외부의 세상과 의사소통이 불가능함을 깨닫게 되고, 번뇌에 찬 고독만이 이 시를 가득 메우고 있다. 넘을 수 없는 만리장성에 아무런 탈출구가 없듯이 주인공의 힘겨운 인생에도 평온이 찾아들 희망이 보이지 않는다.

무더위 속에서 장벽에 갇힌 주인공의 단절된 상황은 바로 인간의 무기력함과 현실에 대한 고뇌의 표현으로 이해 할 수 있다.

몬탈레는 이토록 메마르고 가슴 아픈 삶을 살아가는 자신의 비애를 그의 다른 한 시속에서 '불안한 내 인생 속에서는 꿀과 쑥이 똑 같은 맛이다 Mia vita, [...] / Nel tuo giro inquieto ormai lo stesso / sapore han miele e assenzio. (OS., p. 44, 1-4)'라는 말로써 표현하고 있다.

---

13) Meriggiare pallido e assorto / presso un rovente muro d'orto, / ascoltare tra i pruni e gli sterpi / schiocchi di merli, frusci di serpi. // Nelle crepe del suolo o su la veccia / spiar le file di rosse formiche / ch'ora si rompono ed ora s'intrecciano / a sommo di minuscole biche. // Osservare tra frondi il palpitare / lontano di scaglie di mare / mentre si levano tremuli scricchi / di cicale dai calvi picchi. // E andando nel sole che abbaglia / sentire con triste meraviglia / com'è tutta la vita e il suo travaglio / in questo seguitare una muraglia / che ha in cima cozzi aguzzi di bottiglia. (OS.[Eugenio Montale, *Ossi di seppia*, Milano, Mondadori, 1991], p. 40, 1-17행)

> 아마 어느 날 아침 차갑고, 유리 같은 공기 속을 걸으면서,
> 뒤돌아보다, 나는 기적이 일어나는 것을
> 술 취한 이의 현기증으로 보리니, 그것은 내 양어깨 위의
> 허무요, 내 등 뒤의 공허라네.
>
> 이후에 마치 화면 위에서처럼, 늘 있는 속임수로
> 나무 집 산 들이 갑자기 나타나리라.
> 그러나 때는 너무 늦으리, 나는 비밀을 간직한 채
> 뒤돌아보지 않는 사람들 사이로 말없이 사라지리라.[14)]

이 시에서는 고통스런 현실을 거부하고, 탈출 가능성을 찾던 시인은 자신의 무기력함을 토로한다. "행복", "기적"을 경험하지만 이 모두가 찰나적일 뿐 절대적인 것이 되지 못함을 깨달은 시인은 이런 자신의 체험을 「무형의 우리 영혼을 모든 면에서 정의 내려줄 수 있는 말을 우리에게 묻지 마오 *Non chiederci la parola che squadri da ogni lato*」라는 시에서도 잘 노래하고 있다.

> 무형의 우리 영혼을 모든 면에서 정의 내려줄 수 있는
> 말을 우리에게 묻지 마오, 그리고 불도장으로
> 그 영혼을 천명하고 먼지 낀 초원 한가운데
> 버려진 한 송이 사프란처럼 빛날 수 있게 하소서.
>
> 아, 확신에 차 가버리는 그 사람은,
> 다른 이들과 자신에게 친구라 생각하고,
> 또 그의 그림자는 이글거리는 태양이
> 껍질 벗겨진 담벼락위로 내리 찍는 것에 개의치 않는구나!

---

14) Forse un mattino andando in un'aria di vetro, / arida, rivolgendomi, vedrò compirsi il miracolo: / il nulla alle mie spalle, il vuoto dietro / di me, con un terrore di ubriaco. // Poi come s'uno schermo, s'accamperanno di gitto / alberi case colli per l'inganno consueto. / Ma sarà troppo tardi; ed io me n'andrò zitto / tra gli uomini che non si voltano, col mio segreto. (OS., p. 54, 1-8)

> 그대에게 여러 세상을 열어 보여 줄 수 있는 공식을 우리에게
> 묻지 마오,
> 한줄기 나무 가지처럼 그렇게 뒤틀리고 말라빠진 몇 마디뿐이라오
> 오늘 우리가 그대에게 말할 수 있는 것은 오로지,
> 우리는 존재하지 않는 다는 것이며, 우리는 원하지 않는 다는 것
> 입니다.[15)]

이 시는 시집의 제목과 동일한 이름을 가진 章「오징어 뼈들」의 서시이다. 앞에서 이미 살펴보았듯이 서시에서 탈출을 재촉한 시인은 뒤늦게 현실의 실체를 알게 되었으나 침묵할 수밖에 없었고 이제 "우리[시인]들"에게 "절대적 표현"을 묻지 말라고 한다. 이 시를 통해 시인이 표출하는 강력한 부정의 의지는 첫 행의 시작부터 내려진 부정 명령이 이 시에서 가장 중요한 연이라고 할 수 있는 마지막 연의 첫 행에서 되풀이되고 있는 점을 통해서도 충분히 읽어낼 수 있다. 아직 현실에 대한 확신이나 객관적인 인식도 그리고 긍정적인 가치도 갖고 있지 못한 우리를 완벽하게 깨우쳐줄 "말 la parola" (che squadri da ogni lato / l'animo nostro informe)과 9행의 "공식 la formula" (che mondi possa aprirti)은 바로 몬탈레가 말하고 있는 "절대적 표현 l'espressione assoluta" 이라고 이해할 수 있다.[16)] 바로 이런 완벽한 것을 우리에게 묻지 말라는 두 개의 부정 명령은 마지막 행의 이중 부정 ("non siamo [...] non vogliamo")에 의해 또다시 강조되고 있으며 나아가 시인은 두 "non"을 이탤릭체로 표기하여 그 부정성을 재삼 강조하고 있습니다. 시

---

15) Non chiederci la parola che squadri da ogni lato / l'animo nostro informe, e a lettere di fuoco / lo dichiari e risplenda come un croco / perduto in mezzo a un polveroso prato. // Ah l'uomo che se ne va sicuro, / agli altri ed a se stesso amico, / e l'ombra sua non cura che la canicola / stampa sopra uno scalcinato muro! // Non domandarci la formula che mondi possa aprirti, / sì qualche storta sillaba e secca come un ramo. / Codesto solo oggi possiamo dirti, / ciò che non siamo, ciò che non vogliamo. (OS., p. 39, 1-12).

16) 이 "절대적 표현"은 시인에게는 또한 자연과 예술이 서로 잘 어우러질 수 있는 소금기 벤 시어들이기도 하였습니다("io che sognava rapirti / le salmastre parole / in cui natura ed arte si confondono", OS., p. 77, 6-8).

인은 자신이 줄 수 있는 것은 진리나 완벽한 어떤 것도 위대한 시도 아닌 오로지 나무 가지처럼 뒤틀리고 말라비틀어진 몇 음절, 몇 마디 일뿐이라고 고백한다. 그리고 제10행은 단어의 첫 철자가 마찰음 's'로 반복(l'allitterazione della s)되는 단어들(si...storta sillaba e secca...)로 이루어졌음을 알 수 있다. 이렇게 귀에 거슬리는 마찰음의 반복을 통해 시인은 부드럽고 조화로운 완전한 시를 쓰지 못한다는 시인 자신의 무기력함을 강하게 표현하고자 하는 것이다. 이러한 자신의 무기력함을 몬탈레는 시인인 '나'는 진리를 알릴 수 있는 위대한 시를 쓰지 못하고 자신의 시는 단지 '말더듬이'("il mio balbo parlare")[17]라고 말한다. 이에 멈추지 않고 시인은 자신이 가지고 있는 것은 오로지 '사전의 낡아빠진 철자들'("le lettere fruste dei dizionari")[18] 그리고 '거리의 여자들이 원하는 이에게 돔을 주듯' 그렇게 보잘 것 없는 말 ("Non ho che queste parole / che come donne pubblicate / s'offrono a chi le richiede")[19]들과 지금이라도 학생들이 훔칠 수 있을 그런 맥없는 문장들 ("non ho che queste frasi stancate / che potranno rubarmi anche domani / gli studenti")[20]뿐이라고 고백한다.

'인생의 불행'을 이야기하고 있는 「종종 나는 삶의 불행을 만났으니, *Spesso il male di vivere ho incontrato*」를 읽어보겠다.

> 종종 나는 삶의 불행을 만났으니,
> 그것은 개천이 숨막혀 골골거리는 것이었고,
> 바싹 마른 나뭇잎이 쪼그라드는 것이었으며,
> 말이 푹석 쓰러지는 것이었다.
>
> 신의 무관심이 살며시 열어주는
> 그 기적이외는 나는 잘 알지 못했으니,

17) *Ibid.*, 5행.
18) *Ibid.*, 11-12행.
19) *Ibid.*, 15-17행.
20) *Ibid.*, 18-20행.

> 그것은 여름 한 낮 쏟아지는 졸음 속
> 조각상이었고, 구름이었으며, 또 하늘 높이 솟아오른 매였다.[21)]

시인이 삶 속에서 자주 부딪히게 된 불행 ("il male di vivere")은 모든 피조물들이 경험하는 바로 그 고통이다. 몬탈레는 이 '삶의 불행'을 철학적 표현이나 신학적인 표현으로 나타내지 않고 생명과 죽음의 현실에 대한 관찰을 통해 그려내고 있다. 그가 이 시에서 말하고자 하는 것은 '인생은 온통 고통으로 휩싸여 있다'는 것이다. 인간의 주변, 즉 사물이나 동물 그리고 사람들에게는 늘 고통이 따라다닌다. 그런데 시속의 주인공이 찾아낸 이 '삶의 불행'에 대한 유일한 처방책은 "신의 무관심 la divina Indifferenza"처럼 모르는 체하는 것뿐이라는 것이다.

또한 몬탈레의 현실 참여와 저항에 대한 명확한 입장을 이해 할 수 있는 내용을 아래 인용문을 통해 좀 더 잘 살펴보고자 한다.

> [...] 제1, 2차 세계대전 사이에 있었던 인간성을 억압한 사건들을 저는 앉아서 관찰하며 살아왔습니다. 제가 할 수 있는 일이 없었죠. 제 작은 시집 『땅 끝 *Finisterre*』은 [...] 제2차 세계대전을 배경으로 하고 있지만 그것은 다만 성찰할 뿐입니다.[22)]

> [...] 따라서 정치적 참여의 의무는 없는 것이죠. 물론 정신적 참여의 의무는 있다고 봅니다. 왜냐하면 그 당시에 그것은 전체 인간성에 대한 것이며 이 세계에 대한 입장을 취하는 것이기 때문입니다. 그것은 살아가는 것에 대한 이유를 찾는 것이지요.[23)]

---

21) Spesso il male di vivere ho incontrato: / era il rivo strozzato che gorgoglia, / era l'incartocciarsi della foglia / riarsa, era il cavallo stramazzato. // Bene non seppi, fuori del prodigio / che schiude la divina Indifferenza: / era la statua nella sonnolenza / del meriggio, e la nuvola, e il falco alto levato.(OS., p. 46)

22) [...] io gli avvenimenti fra le due guerre mondiali hanno straziato l'umanita' li ho vissuti standomene seduto e osservandoli. Non avevo altro da fare. Nel mio libriccino *Finisterre* [...] occupa tutto lo sfondo anche l'ultima grande guerra, ma non piu' che di riflesso. (SM., p. 1593)

[...] 저는 대중의 안내자가 아닙니다. 저는 항상 복잡한 메커니즘들을 피하죠, 늘 조금은 숨어있는 편이죠. 사람들이 저를 "비 참여적인 인사"라고 꾸짖을 때 저는 웃음이 나옵니다. 귀뚜라미에게 작은 도마뱀이 되지 않느냐고 하는 것과 같은 것이라고 생각되거든요.[24]

[...] 쥐에서 독수리가 태어날 수는 없는 것이지요.[25]

지금까지 살펴본 자료들을 고려해 볼 때 결론적으로 다음과 같은 점을 밝힐 수 있겠다. 몬탈레의 저항 정신은 단순히 전쟁과 파시즘에 대한 것만이 아니라고 볼 수 있다. 그의 파시즘에 대한 입장은 몇 몇의 작품들과 정치적 행위들로 충분히 표명되었다고 할 수 있다. 그러나 진정한 몬탈레의 저항 정신은 제2차 세계대전에 대한 직접적이고 구체적인 면을 뛰어 넘어 시인의 표현대로 하나의 "우주적 전쟁"에 대한 저항인 것이다. 즉 몬탈레의 '저항'은 단순히 제2차 세계대전과 파시즘 정권에 대한 저항을 넘어 '우주의 부조화'에 대한 저항인데 이러한 저항의식은 청년 시절부터 이미 그의 뇌리에 깊숙이 자리 잡고 있었던 것으로 이해할 수 있다. 그러한 저항의 필연성을 절실히 느끼면서도 몬탈레가 다른 사람들이 원했듯이 보다 적극적인 자세를 취하지 않았던 것은 인간으로서 또 시인으로서 세상을 바로잡기에는 자신이 무력하다는 사실을 절감했기 때문이다. 뿐만이 아니라 이러한 현실에 대해 '신마저도 무관심(la divina Indifferenza)'하다고 여기기 때문에 몬탈레는 자신의 현실, 파시즘 정권의 만행에 대한 참여와 저항은 한계가 명백하다는 것이다.

---

23) [...] Non c'e' quindi quest'obbligo dell'*engagement* politico. L'*engagement* morale, si'. Perche' allora e' una presa di posizione verso l'umanita' intera, verso il mondo. E' la ricerca della ragione di vivere. (SM., pp. 1623-24)

24) [...] io non sono un guidatore di masse. Ho sempre sfuggito gli ingranaggi, mi son sempre un po' imboscato. Quando mi si rimprovera il "non impegno" mi vien da ridere: sarebbe come contestare al grillo di non essere una lucertola. (SM., p. 1635)

25) [...] non puo' nascere l'acquila dal topo. (Botta e risposta I, II, OV., p. 278)

참고문헌

AA.VV., *Letture Montaliane in occasione dell'80o compleanno del Poeta*, a cura del Comune e della Provincia di Genova, Genova, Bozzi, 1977,

AA.VV., *La nuova enciclopedia letteratura garzanti*, Milano, Garzanti, 1992.

OV.: Eugenio Montale, *L'opera in versi Edizione critica*, a cura di Rosanna Bettarini e Gianfranco Contini, Torino, Einaudi, 1980.

SM.: Eugenio Montale, *Quaderno genovese*, in *IL SECONDO MESTIERE Arte, Musica, Societa'*, a cura di Giorgio Zampa, Milano, Mondadori, 1996.

OS.: Eugenio Montale, *Ossi di seppia*, Milano, Mondadori, 1991.

Romano Luperini, *Storia di Montale*, Roma-Bari, Laterza, 1992.

Giuseppe Marcenaro, *Eugenio Montale*, Milano, Mondadori, 1999.

Eugenio Montale, *Poesie*, a cura di Angelo Marchese, Milano, Mondadori, 1991.

Eugenio Montale, *Ricordo di una spiaggia*, in *Prose e racconti*, Milano, Mondadori, 1995, pp. 657-61.

Eugenio Montale, *Sulla poesia*, Milano, Mondadori, 1997.

한형곤, 『이탈리아문학의 이해』, 거암, 서울, 1984.

3. '에르메티스모*Ermetismo*' 연구에 대한 단상

Ⅰ. 들어가는 말

20세기 이탈리아 시문학의 경향 중 대표적인 것으로 평가되는 '에르메티스모'에 대한 평가는 지금까지 이탈리아에서는 물론이고 국내에서도 비교적 여러 단계를 거쳤다고 볼 수 있다. 문학의 한 경향에 대한 명명과 그 경향에 속한 문인들에 대한 평가들은 문인 자신들로부터 긍정적인 입장을 얻기도 하지만 반대하는 뜻을 표출하는 경우가 드물지 않다. 이는 '에르메티스모'와 관계해서도 예외는 아니다. 이 경향에 대한 수많은 이탈리아의 연구가들 사이에서도 이견은 존재하고, 그러한 견해들을 대하는 시인들 또한 다양한 모습을 보여준다. 실상이 이러한데 이탈리아 문학을 외국문학으로 접하고 연구하는 우리로서는 말로는 다할 수 없는 한계와 어려움을 느낄 수밖에 없는 것도 자연스러운 일일 것이다.

주지하듯 에르메티스모의 색체를 띤 시인들의 활동이 싹트고, 활발하던 시대로부터 우리는 어느덧 1세기가 흘러가는 시점에 있다. 이탈리아에서는 이제 이 분야에 대한 전문가들의 연구 결과는 이구동성으로 받아들여지고 있으며 확고해졌다고 볼 수 있다. 하지만 국내에서는 아직도 6, 70년대의 균형이 잡히기 이전에 이탈리아에서 이뤄졌던 연구의 흔적들이 우리에게 그대로 남아있다는 사실을 염두에 두고 에르메티스모에 대해 우리에게 잘못 알려진 부분들을 바로 잡고자 한다. 이는 현대 이탈리아 문학의 가장 중요한 한 부분을 보다 정확히 이해하는 것으로써 이후의 문학을 이해함에도 도움이 되리라 믿는다.

Ⅱ. 국내의 연구 현황

본 연구의 출발점으로 먼저 국내 연구 상황을 살펴보고자 한다. 다음은 지금까지 국내에 발표된 주요 저서와 논문들에 나타난 에르메티스모에 대한 정의와 특징 그리고 동인들과 관련된 내용이다.

국내에서의 '에르메티스모'에 대한 소개와 언급은 1984년 출간된 한형곤 교수의 『이탈리아문학의 이해』를 통해서 시작되었다고 볼 수 있으며. 이후 오늘에 이르기까지 대부분의 국내연구가들은 그의 견해를 따르고 있다. 한형곤 교수는 저서의 제17장, 「웅가렛티의 시」에서 에르메티스모에 대하여 다음과 같이 설명하고 있다.

> "20세기에 들어서면서 이탈리아의 시단에 새로운 운동들이 물결쳤다. 즉, 마리넷티를 선봉으로 하여 모든 전통을 뒤엎으려는 의도 하에서 생겨난 미래주의와 다눈치오의 심미적 감각주의에 반기를 든 황혼주의를 비롯하여 순수시라 일컫는 에르메티스모가 주요한 시운동이라 볼 수 있겠다. 이들 가운데서도 특히 20세기의 이탈리아 시의 특성을 가장 뚜렷하게 나타내준 것은 마지막 에르메티스모(Ermetismo)이다.
>
> 처음에 이 용어는 불명료성(oscurita')의 동의어로 사용되었으나 이젠 단순히 1910년대부터 전개된 이탈리아의 시운동의 하나로 통하고 있다.(Carrozza; Storia della letteratura italiana dal 1860 al 1970, Roma, 1971, p. 145를 참조하였음을 미주로 표기하였다-필자 주) 또한 그것은 순수시 운동이라고도 하는데, 이유인즉 유추를 통하여 논리적인 요소에 의해서 고양되었다는 의미에서 이겠다. 그러니까 에르메티스모의 시들은 상징을 사용하고 단어를 적용하는데 있어 묘사하거나 말해주는 데 그치지 않고 불러일으키고(evocare), 암시(suggerire)하기에 에드거 앨런 포우나 말라르메의 작품을 읽는 기분이다. 사실 이 시파는 다분히 프랑스의 상징주의 시로부터 영향을 받았다. [...] 이탈리아에서는 이 시기에 파시즘이 일어나 지성적 활동은 파멸에 직면했다. 일종의 어용 문제 활동만 가능했다.
>
> 이런 상황 하에서 네오레알리스트들은 외국 문학을 연구하고 소개하여 문학 활동을 전개시켰으며, 에르메티스모의 시인들은 유추(analogia)를 통해서 현실을 시의 화판에 그려 나갔다. 즉 이 유추로 말미암아 인간과 사물과의 관계를 물리적인 상태에서 형이상학적

단계로 끌어 올림으로써 양자 사이에 있는 지대한 거리감을 좁혀 나간다. 실존의 패배와 파괴를 속박하고도 성실하게 노래하는 데 있어 극히 암시적(allusivo)인 표현법을 쓰는 에르메티스모의 시는 어지러운 현실을 거부하는 결과라 평가된다.
이 시운동의 선봉자들은 웅가렛티와 몬탈레, 콰시모도이다. 이 중에서도 웅가렛티는 후자들보다 더욱 특징적인 시인이다. 물론 그는 초기의 주창자이기도 하다."[1)]

그리고 이 세 시인에 대한 평가는 최근에 출판된 저서에서도 동일하다.[2)] 김효신 교수는 저서『이탈리아 문학사』에서 다음과 같이 에르메티스모의 특징을 설명하고 있다.

"플로라에 의해서 붙여진 에르메티즈모란 말은 시 내용에 불명료하고 난해한 것을 담고 있음을 가리킨다. 에르메티즈모 시인들의 순수시는 긴장감과 내적인 생명력으로 가득 차 있으며, 동시에 애매모호한 경향을 띠고 있다."[3)]

또한 김효신 교수는 에르메티스모 시인들을 소개하고 있는데 이러한 동인으로 다음과 같은 두 시인을 우선적으로 꼽는다. 어휘의 극단적인 순수함에 집착하고, 방랑적인 생활과 순수성을 고집하며 그의 서정성이 프랑스 상징주의 시인들과 관련이 있다는 디노 캄파나Dino Campana(1885-1932)와 파스콜리적 시풍을 느낄 수 있는 작품 속에서 말라르메처럼 신비로운 유추식 기법으로 시적 흐름들을 난해하게 만들어 냈다는 아르투로 오노프리 Arturo Onofri(1885-1928)를 언급한다. 그리고 주요 시인들로 웅가렛티, 몬탈레, 콰시모도를 기타 시인의 부류로 베토키Carlo Betocchi, 세레니Vittorio Sereni, 시니스갈리Leonardo Sinisgalli, 가토Alfonso Gatto, 체나Giovanni Cena,

---

1) 한형곤.『이탈리아문학의 이해』. 거암. 1984. pp. 290-91.
2) "몬탈레는 웅가렛티, 콰시모도와 더불어 에르메티즘의 선봉자로 평가되고 있다" (한형곤.『이탈리아문학의 연구』. 한국외국어대학교 출판부. 2009. p. 551).
3) 김효신.『이탈리아 문학사』. 학사원. 1997. p. 205.

네그리Ada Negri의 이름을 거명한다.

박상진 교수는 저서 『이탈리아 문학사』의 18장 7절의 제목을 "에르메티즈모"라 하고 그 절 아래에 "18.7.1 에르메티즈모의 시학, 18.7.2 웅가렛티, 18.7.3 몬탈레, 18.7.4 콰시모도, 18.7.5 움베르토 사바와 그 외 작가들: 에르메티즈모의 계승과 거부". 로 세분하여 항목을 다루고 있다. 1항의 시학에 대해서는 다음과 같이 밝히고 있다.

> "20세기 시의 가장 중요한 경향은 순수시poesia pura 또는 난해시 poesia ermetica라는 이름으로 나타났다. 이런 이름은 새로운 시가 갖는 해독의 난해함을 가리키는 말로서, 다른 시인들과의 열린 소통을 싫어하는 폐쇄적인 일단의 새로운 시인들의 경향을 일컫는다.
> 원래 에르메티즈모Ermetismo라는 용어는 불명료성 oscurita'과 동의어로서, 그 자체가 시의 난해성을 상징하고자 하는 목적을 지닌 용어다. 1910년대부터 이탈리아에서 전개된 시 운동의 하나로서, 상징을 통한 묘사나 전달에 그치지 않고, 불러일으키고 evocare 암시하는 것 suggerire을 주된 목표로 한다. [...] 에르메티즈모가 지닌 순수성purezza이라는 것은 사실 온통 단눈치오주의Dannunzianesimo의 수사학적 허풍과 과장으로 뒤덮였던 세기말의 이탈리아 문학이 건강성을 회복한 것에 다름 아니다."[4)]

박 교수는 웅가렛티 편에서는 에르메티즈모와 관련된 직접적인 표현은 하지 않고, 다음 항목인 몬탈레에 대한 부분에서는

> "에르메티즈모의 일반적인 정의가 시의 순수성을 지키면서도 시대의 현실을 돌려 말하는 것이라고 볼 때, 몬탈레는 그러한 에르메티즈모의 본질을 가장 적절하게 실현한 작가라고 할 수 있다."[5)]

라고 서술하고 있다. 또한 콰시모도 편에서는 그의 "현실 감각은 역시 에르

---

4) 박상진. 『이탈리아 문학사』.부산외국어대학교출판부. 1997. pp. 344-45.
5) Ivi. p. 351.

메티즈모의 경향에 따라 간접적인 표현, 즉 암시와 불러일으키기를 통해 이루어진다"고 보았다. 18장 7절의 마지막 항목 "움베르토 사바와 그 외 작가들: 에르메티즈모의 계승과 거부"에서는 "산토로는 몬탈레-웅가렛티-사바의 사슬이 카르둣치-파스콜리-단눈치오의 사슬과 상응하다고 말한다. 이는 몬탈레가 현대 이탈리아 시에서 차지하는 대부의 위치를 말하는 것이면서, 동시에 에르메티즈모의 계열 끝에 사바가 위치함을 말해주는 것이기도 하다."[6] 가토는 "확고하게 에르메티즈모의 노선 위에 자리를 잡는다"고 평하고, 세레니는 "에르메티즈모로부터 떨어져 나와 역사에 대한 확고한 주목과 굳건한 도덕적 긴장으로 가득찬 시를 쓴다"고 서술하며, 시니스갈리는 "에르메티즈모의 성향을 연장시켰다"고 평하고 있으나, 펜나에 대해서는 "시종일관 펜나의 시를 관통하는 것은 문체에 있어 완전한 형식을 지향하는 것이었다"는 표현을 할 뿐 에르메티스모와 관련된 직접적인 언급을 하지 않았다.[7]

윤경숙 선생은 웅가렛티의 시적 배경이 순수시 운동, 즉 에르메티스모라고 보고 「웅가렛티 시의 상징체계에 대한 분석」이라는 논문의 앞부분에서 이 문학의 경향을 다음과 같이 언급하고 있다.

> "이 새로운 시운동은 '순수시 운동' 즉 '에르메티즈모'라고 일컬어졌다. 이들은 당시에 전 유럽을 휩쓸었던 미래주의의 전위적 시적 기교와 황혼주의의 암울한 분위기와 음악성을 수용하였으며 다눈치오의 수사적 화려함을 배격하였다. 순수시 시인들은 오히려 단순한 시어로 이미지를 불러일으키고 암시하는 프랑스의 상징주의 시에 관심을 기울였다. 페트라르카와 레오파르디, 그리고 카르두치의 서정적 전통을 이어 순수시의 선봉자로서 웅가렛티가 등단하였으며 이

6) Ivi. p. 354. 원문과는 거리가 느껴져 박 교수가 인용한 Santoro의 글 중 해당 부분을 옮겨보았다. "Ai contemporanei Montale sembro' formare con Ungaretti e Saba la triade della nuova stagione poetica succeduta alla triade Carducci-Pascoli- D'Annunzio della stagione precedente." (Santoro. p. 293)

7) Ivi. pp. 355-56.

어 콰지모도, 몬탈레 등에 의해 순수시운동은 절정에 다다르게 되었다. [...] 에르메티즈모란 주로 제1차 세계대전 직후부터 1940년대에 걸쳐 전개된 이탈리아의 시운동의 하나를 일컫는 말로 이 어휘의 첫 사용자는 프란체스코 플로라이다. [...]초기에는 대단히 부정적인 의미의 시로 부각된 순수시 시인들은 두 개의 집단으로 나눌 수 있다. 먼저 피렌체를 중심으로 '표지Frontespizio'(1929-1940)라는 문예지를 통하여 파시즘에 무관심한 채, 정통 가톨릭적 색채가 짙은 살바토레 콰지모도, 알폰소 가토, 카를로 보, 마리오 루치, 카를로 베토키 등과, 주로 예술과 사회참여를 주제로 토론의 장이 되었던 문예지 '연병장 Campo di Marte'(1938-1939)의 동인이었던 프라톨리니, 몬탈레, 빌렌키 등이 초기의 순수시 시인들이 있으며, 한편 이들의 운동이 다른 지역으로 확산되어 웅가렛티에서 비롯되어 몬탈레에서 꽃을 피운 또 다른 집단의 순수시 시인으로 펜나, 베르톨루치, 세레니, 포르티니 등이 있다.
이들 순수시의 특징은 지극히 함축되고 정제된 언어로 인하여 해석이 난해한 점과 정신적으로 고양되어 있으며, 주로 인간의 내면을 연구하고, 독자와 정신적 인간적 대화의 형식을 추구하는 공통점을 가지고 있다. 또한 순수시 시인들은 개성이 다양함에도 불구하고 그들은 시적 의도와 언어를 결속시켜 모든 미사여구를 거부하고 지극히 단순한 언어로 존재의 본질을 나타내고자 하였다. 이들은 현실로부터 얻어진 지속적인 관념을 보다 깊이 있게 고정시키는 것이 시라고 정의하고, 영원한 모델은 시 자체 내에서 정당성과 의미를 찾을 수 있다고 주장하였다. [...] 어떤 전통적 시에 속하지 않으면서 인간의 순수한 감정을 불러일으키고 창조하는 이상적인 서정시를 정의하고 있다. 그러므로 순수시 시인들은 현실을 존재의 순수한 이미지로 변화시키거나, 감정적이거나 지각적인 모든 경우에 유발되는 내적이며 관념적인 운동을 형상화하기 위해 지극히 절제된 언어를 사용하였기에, 문장에서 관사를 생략하거나 명사구를 사용하는 수법을 사용하였다. [...] 한편 순수시 시인들은 사물의 본질을 관념적으로 표현하는 상징의 수법을 도입하여 사물이나 상태를 묘사하고 분위기를 암시하고 불러일으키기 위하여 유추적 방식을 사용하였다. 이러한 유추적 방법의 사용은 다분히 프랑스 상징주의자의 영향을 받았다고 볼 수 있다. [...]이외에도 낭만주의 사조의 주류를 이루었던 이국적 정취 경향(esoterismo)의 영향으로 프랑스의 비평가인 에두아르 쉬레의 비평원칙과 오스트리아의 철학자인 루돌프 쉬타이너의 철학이 유행하였으며, 동양의 종교인 불교에서 플라톤에 이르기까지, 그리스의 올림푸스 신들로부터 그리스도에 이르기까지 이국취미의 영향은 순수시 작품의 도처에서 찾아 볼 수 있다. [...] 순수시 시인들의 이데올로기에 대해 살펴보면 이들의 활동이 왕성하던 시대가 파시즘시대와 일치하지만 파시즘에 대항했다고 볼 수도 없으며 특별한 이데올로기와 명확한 정치노선을 표방하지도 않았다. 이들은 상아탑속의 문학으로 대중과의 접촉을 거부하는 퇴폐주의(decadentismo)의 자세를 유지하였다."[8]

김효신 교수는 「움베르토 사바의 시집 *Il Canzoniere* 연구」라는 논문에서 에르메티스모에 대하여 다음과 같이 서술하고 있다.

"퇴폐주의Decadentismo라는 광범위한 문예사조 운동에서 파생된 시의 한 흐름으로 제1, 2차 세계대전 사이에 전개된 이탈리아의 새로운 형태의 시를 가리키기 위해 만들어진 용어이며, 시 내용으로 불명료하고 난해한 것을 담고 있음을 가리킨다. 이탈리아적 퇴폐주의의 대명사격인 G.D'Annunzio의 시세계의 수사학적 과장과 허풍으로 상실되어버린 시적 순수성을 회복시키려 했다는 점에서 순수시 운동이라 불리기도 한다. 에르메티즈모 시인들에게서 찾아볼 수 있는 특징은 이미 그 이전에 프랑스 상징주의자들에게서 찾을 수 있던 것이다. 현대 이탈리아의 주요 시 흐름인 에르메티즈모의 주요기수들, 웅가렛티, 몬탈레, 콰시모도와 동시대인이면서도, 그 사조에 전혀 동조하지 않고 완전독자적인 길을 걸었던 시인 움베르토 사바 [...]"[9]

박진경은 논문 『Mario Luzi의 초기 시 연구 - *Avvento notturno*를 중심으로-』

---

8) 윤경숙. "웅가렛티 시의 상징체계에 대한 분석." 『이어이문학』 제1집. 이어이문학회. 1994. pp. 64-67.

9) 김효신. "움베르토 사바의 시집 *Il Canzoniere* 연구." 『이어이문학』 제2집. 이어이문학회. 1995. pp. 107-08.

에서 에르메티스모에 대하여 언급하면서 다음과 같이 1기와 2기 시인들로 구분하고 있다. 제1기 시인들을 캄파나, 오노프리, 본격적인 선구자라 할 수 있는 웅가렛티, 몬탈레로 보며 1920~1930년대를 주 무대로 한 이들은 19세기 상징주의의 성격과 깊은 연관이 있는 주제, 즉 어둠, 무, 부재를 주로 다룬 것으로 본다. 제2기 시인들로는 루치, 보, 가토, 비곤자리, 파롱키 등을 언급하며, 이들은 1930~1940년대에 활발히 활동한 특징을 갖고 있다. 이 제2기의 에르메티스모를 통상적으로 '에르메티스모 피오렌티노'라 칭하고 있다는 문학연구가들의 평가도 언급하고 있다.

지금까지 살펴본 국내 연구자들의 연구내용은 비교적 혼란스럽다. 그 내용들 사이에 상당한 오차와 충돌이 일어나고 있기도 하며, 특히 몇 가지 개념들에 대한 이해의 정도가 다르기 때문이다. 이러한 점들은 비교적 평이하고도 객관적으로 이야기할 수 있는 이 사조가 있었던 시기에서부터 이 유파에 영향을 끼친 시인, 비교적 난해한 핵심 개념, 유파의 대표 시인에 관한 부분에서도 나타난다. 따라서 독창적인 관점은 아니더라도 현재까지 이탈리아 등에서 이뤄진 연구결과들을 충분히 참고한 뒤 이 유파에 대한 보다 분명한 해석과 규명, 소개가 필요하다고 생각된다.

Ⅲ. 에르메티스모

Bo는 1938년에 에르메티스모의 선언문과 같은 「삶으로서의 문학*Letteratura come vita*」를 발표하였는데 그가 보여준 일관된 입장을 통해 학자들은 그를 에르메티스모의 정신적 리더라고 평가한다. 콘티니는 저서에서 보, 콰시모도, 데 리베로, 시니스갈리, 가토, 루치, 세레니, 베토키, 란돌피를 에르메티치로 분류하고 있다.[10]시인들 중에는 콰시모도와 가토, 루치, 세레니를 비중있게 다루는데 특히 콰시모도는 '에르메티스모'라는 표현이 나왔을 때 매우 상징적인 시인이었고, 루치는 시집 『배*La barca*』(1935)과 『밤의 도래

10) Contini, Gianfranco. *Letteratura dell'Italia unita 1861-1968*. Firenze: Sansone. 1983. pp. 901-34.

Avvento notturno』(1940)를 통해 에르메티스모의 가장 중요한 시인으로 평가되었다. 세레니의 경우 '롬바르디아 노선linea lombarda'라는 다른 부류의 시인으로 언급하고 있는데, 이는 실존주의적 측면이 비교적 강하게 나타나는 그의 시의 특징과 그의 스타일을 따르는 시인들이 생겨난 것을 주목한 것으로 생각된다.

콘티니의 분류와 평가 이후 10여 년이 지난 1992년에 저서에서 세그레는 에르메티슴에 대해 말하면서 콰시모도, 가토, 시니스갈리, 베토키, 루치 그리고 비평가이자 이론가인 보, 마크리Macri'를 언급하며 주요 문예지로 *Campo di Marte*(1938), 와 *Corrente. Vita giovani*(1938-1939)를 들고 있고 있다. 특이한 것은 이외에도 포스트에르메티치post-ermetici라고 하여 '反20세기 노선linea antinovecentesca'의 부류에 펜나Penna, 베르톨루치Bertolucci, 카프로니Caproni를 두고 '롬바르디아 노선'에 세레니, 오렐리Orelli, 에르바Erba, 주디치Giudici, 라보니Raboni, 메니카티Menicati를 언급함으로써 보다 세분화하려는 노력을 보인다.[11)]

한편 비평가와 언어학자들이 이미 주장한 현상들을 멩갈도가 재인용하고 있는 주요 에르메티스모 시인들(콰시모도, 가토, 데 니베로, 루치. 비곤지아리)의 문체적 특징들을 요약해보면 다음과 같다.

1) 관사 특히 정관사를 생략하며, 명사만을 단독으로 사용한다. 2) 단수형 대신 복수형을 사용한다. 이로 인해 일반화와 부정의 효과를 낸다. 3) 전치사'a'의 폭넓은 사용을 시도한다. 즉 일반적으로는 공간을 지칭하기 위해 사용하지만 그 외에도 때로는 다른 전치사를 대신해서 시간, 방법, 원인, 도구 등 다양한 경우에도 사용한다. 4) 폭넓은 전치사'a'의 사용으로 전치사구의 활용을 자유롭게 하고 때로는 이를 부추기는 성향이 있다. 그 결과 무엇보다도 일상어에 있어서 분석적이고 논리적인 방법으로 만들어내는 구문관계를 보다 함축적이고 암시적인 형태로 표현한다. 이러한 어구의 빈

---

11) Segre, Cesare e Clelia Martignoni. *Testi nella storia*. Milano: Mondadori. 1992.

번한 사용은 다양한 요소들 간의 논리적 관계를 융화시킴과 동시에 동요시키는 효과를 얻게 된다. 5) 한정 받는 것과 한정하는 것을 도치시킨다. 6) 에르메티스모 시인들이 빈번하게 사용하는 경향의 유추 가운데 가장 두드러진 것은 어구들의 결합 또는 동격, 그리고 아무런 중간 연결고리 없이 직접적으로 사용되는 유추법 등이 바로 그것이다. 7) 지나칠 정도의 간략한 명사구를 사용한다. 8) 함축적인 수식어를 사용한다. 9) 라틴어적 표현을 사용하는데 이는 특히 '피렌체 에르메티스모'의 두드러진 특징이다. 10) 단어의 어원적 의미를 되살려 사용하고자 한다. 11) 자동사를 타동사적으로 사용한다. 12) 명사와 형용사의 결합에 있어서 공감각, 전구법과 의미 확대를 넘어선 새로운 유형의 결합을 시도한다.[12] 이러한 문체적 특징들을 대표적인 시인들의 시를 통해 간략히 확인해 보고자 한다.

Terra

Notte, serene ombre,
culla d'aria,
mi giunge il vento se in te mi spazio,
con esso il mare odore della terra
dove canta alla riva la mia gente
a vele, a nasse,
a bambini anzi l'alba desti.

Monti secchi, pianure d'erba prima
che aspetta mandrie e greggi,
m'e' dentro il male vostro che mi scava.

(da *Acque e terre* di S. Quasimodo)

---

12) Mengaldo, Pier Vincenzo. *Il linguaggio della poesia ermetica*. in *La tradizione del Novecento*. Terza serie. Torino: Einaudi. 1991. pp. 137-42. *전구법enallage: 문법적이며 통상적인 형태인 문장의 한 부분을 다르게 사용하는 기법(parlare chiaramente 대신에 parlare chiaro), 남유catacresi: '병의 목', '책상 다리'처럼 사람의 신체 일부인 목과 다리의 의미를 확장시켜 활용하는 용법.

에르메티스모 시의 한 특징인 '애매함'을 이 시의 경우 *culla d'aria* (v. 2)에서도 느낄 수 있다. 바람결 같은 요람, 허공의 요람, 바람으로 만들어진 요람인지 아니면 밤, 맑은 그림자들과 함께 주변 환경을 표현하는 가볍고 포근한 이미지를 제공하는 것인지 등등 매우 막연한 이미지를 느끼게 하는 메타포로 볼 수 있다. 또한 전치사 'a'의 용법이 독특하게 쓰인 것도 볼 수 있는데, *alla riva*(v. 5)는 표준문법에 의하면 sulla *riva*가 되어야 할 것이고, *a vele*(v.6)는 verso le *vele*, *a nasse*(v.6)는 alle *nasse*로 *a bambini*(v.7)는 ai *bambini*가 맞을 것인데 표준 문법의 틀을 깨고 막연하고 애매한 느낌을 전하며 독자로 하여금 난해함을 느끼게 한다.

Carri d'autunno

Nello spazio lunare
pesa il silenzio dei morti.
Ai carri eternamente remoti
il cigoli'o dei lumi
improvvisa perduti e beati
villaggi di sonno

Come un tepore troveranno l'aba
gli zingari di neve,
come un tepore sotto l'ala i nidi.

Cosi' ontano a trasparire il mondo
ricorda che fu d'erba, una pianura.

(da *Isola* di A. Gatto)

위의 시 또한 애매함을 제목에서부터 느끼게 한다. "가을의 마차"라는 제목의 "마차 *carri*"는 도대체 무슨 마차인지 알 수가 없다. 11행으로 이뤄진 이 시는 후반부의 "집시들 *gli zingari*"(v. 8)이 나타나기 전까지는 누가 혹은 누구를 또는 무엇을 이야기 하는지 이해할 수 없을 정도로 매우 애매한 시이다. 제목의 “마차”는 집시들의 마차인지 밤하늘에 보이는 별자리인지 도무지 알 수 없다. 3행의 “끝없이 멀리 있는 마차들에게 *Ai carri eternamente remoti*”는 실제의 마차인지 별자리의 마차인지 분별이 어렵다. 이러한 문제는 전치사 관사 “Ai”를 통해서도 더해지며, 4행의 “*il cigolio dei lumi*”공감각적 표현의 효과를 불러일으키는데 모호함은 더욱 심해진다. 우선 문법적으로는 “i lumi cigolanti”가 보다 명확한 표현이라고 할 수 있을 것이며, 하늘의 마차부자리에서 나는 빛과 소리를 생각하게도 한다. “*l'alba* / [...] *di neve*”(vv. 7-8)는 ‘alba candida come neve 눈처럼 하얀 여명’으로 도치를 풀어 원래 구문으로 바꿔볼 수 있는데 직유 come 가 유추적 용법으로 대체된 예라고 할 수 있다.

Citta' lombarda

Chiara città che affondi in uno specchio,
questo al di là dell'anima che muore
in ogni gesto il gelido apparecchio
delle tue mura accende e le tue gore.

E che altro rimane che il dolore
non rendesse perfetto? Nel rispecchio
degli opali pesanti indugia il vecchio
orror della mia vita, a malincuore

dietro eterni cristalli occhi di mica
irraggiano una funebre interezza,
dalle pallide arene e dall'ortica

la notte esulta, erosa dalla brezza
pencolante una luna si districa
dai vetrici, nè il tuo gelo si spezza.

(da *Avvento notturno* di M. Luzi)

이 시는 작시법적 관점에서는 전통적인 소네트 형식(ABAB / BAAB / CDC / DCD)을 취하고 있을 정도로 정형적이며 우아하다. 어휘 또한 상당히 고심해서 선택한 것으로 느껴지며 상징성이 강한 작품이다. 한편으로는 에르메티스모의 대표적인 시집의 특성을 잘 보여주는 이 작품은 잠자는 듯한 느린 느낌을 풍기는 추상명사의 이용이 매우 두드러지게 나타나 있다(*rispecchio* / *degli opali*, vv. 6-7, *una funebre interezza*, v. 10). 또한 시인의 영혼 상태를 표현한 것들에 대해 살펴보면 시 전체에 차가운(*specchio*, v. 1, *muore*, v. 2, *gelido*, v. 3, *pallide*, v. 11, *notte*, v. 12, *luna*, v. 13, *vetrici*, *gelo*, v. 14) 느낌이 퍼져있는데, 이는 금속성(*opali*, v. 7, *cristalli*, *mica*, v. 9)의 시어들로 고조된다. 이 시는 열정과 여러 느낌들을 포기하지 못하는 시적 주인공의 고통을 진정시키려는 노력이 성공하지 못하고 있다.

Ⅳ. 나오는 글

우선 국내의 연구서들은 거의 모두 에르메티스모는 프랑스 상징주의, 특히 말라르메의 문학관에 크게 영향을 받은 것으로 기록하고 있다. 그러나 전체적으로 '순수', '순수시' 그리고 '유추'등에 대한 기본 개념이 명확하지 않아 어떤 경우에는 국내에서 이해되고 있는 개념과 말라르메의 개념 사이에 차이가 있어서 오해를 낳는 경우가 있다. 따라서 이러한 개념들을 먼저 살펴보고자 한다.

국문학에서는 순수시를 "이념이나 사상, 운동성을 배제하고 순수하게 정서를 자극하는 목적이나 내용으로 쓰여진 시"[13]라고 정의 한다. 일반적으로 우리는 이때의 순수시를 참여시에 대비되는 형식으로 이해한다. 하지만 프랑스 상징주의의 순수시 개념에 대해서는 다음과 같은 이해가 필요하다고 본다. 1850년 에드거 앨란 포의 『시의 원리』가 출판되는데 그 안에서 포는 "낭만주의의 웅변적인 감정의 폭로를 반대하고 또한 시에서 초자연적인 존재의 영감도 반대했다. 즉, 시에서 미의 추구는 시인의 노력에 의해서

13) 김재홍 편저. 『한국 현대시 시어사전』. 고려대학교 출판부. 1997.

만 이루어진다는 것이다. 포우는 순수시가 '말하자면 순수한 상태에 이르도록 해야 한다고 주장했다. 즉, 시의 쾌감의 조건들을 분석하는 것, 철저열거법으로 절대시에 이르는 것이다."[14]라고 자신의 순수시 시학을 설명한다. 이러한 포의 순수시 원리는 보들레르에게 결정적 영향을 끼치게 되고 말라르메는 두 사람의 이론을 더욱 엄격히 적용시키면서 현대 순수시를 집대성한다. 그는 엄격한 태도로 시어를 엄선하면서 음악적 효과를 극대화할 수 있도록 배합하여 순수시의 경지에 이르도록 시도했던 것이다. 말라르메의 순수시 이론은 사물의 순수한 개념과 본질에 도달하기 위해서는 언어를 일상적 의미에서 해방시키고, 시어의 배합을 일상적인 규칙과 문장에서 해방시켜 시에서의 음악성과 특이한 비유와 상징으로 발생되는 뜻으로 보충해야한다. 이러한 목적을 위해 언어의 배합과 구문에 있어서 생략, 도치, 삽입구, 음악적 효과, 상징, 유추 등을 이용한다.[15] 포, 보들레르, 말라르메로 이어지는 순수 시인들이 주장한 "순수시의 두 가지 특색은 첫째로 시적 요소가 아닌 다른 모든 요소를 제거하고 순수시적 요소만 남게 하는 것이다. 즉, 시에서 산문적 요소를 제거하는 것이다. 둘째로 시를 순수 음악의 경지에 이르도록 하는 것이다. 순수시를 이룩하기 위해서는 음악적인 요소가 아닌 다른 요소를 제거하는 것이다."[16]

유추[17]에 대한 국어 사전적 설명은 "어떠한 사실을 근거로 하여, 그것과 같은 조건 아래에 있는 다른 사실을 미루어 헤아리는 일"[18]이라고 되어있

---

14) 조규철. 『프랑스시 개론』. 신아사. 1997. p. 392.

15) Ivi. p. 471.

16) Ivi. p. 392.

17) 이탈리아어의 analogia에 대한 사전적 의미는 다음과 같다. "Nella poesia moderna, rapporto tra immagini o parole basato su libere associazioni di pensiero o di sensazioni, anziche' su nessi logico-sintattici codificati." Cfr. Sabatini Coletti, *Dizionario della Lingua Italiana*, Milano, Rizzoli Larousse, 2002.
"Rapporto di somiglianza tra gli elementi costituiti di due fatti od oggetti, tale da far iniferire mentalmente un certo grado di somiglianza tra I fatti o gli oggetti." Cfr. Devoto, Giacomo - Gian Carlo Oli, *Vocabolario Illustrato della Lingua Italiana*, Milano: Selezione dal Readers Digest, 1982.

다. 하지만 말라르메는 자신의 새로운 순수 미학을 '사물을 그려 내지 않고 사물이 발산하는 효과를 그리는 것'이라고 하였다. 즉 현실의 사물에서 출발하던 시가, 그 사물의 외부적 실재에서 출발하던 시가, 내부적 '효과'를, 그 암시를, 그 인상을 그려내는 것이다. [...] 현실에서는 이제 어떤 시적 이상의 근거도 제재도 찾을 수 없다. 시의 내부, 언어의 내부, 혹은 시인의 내부에서만이 그 이상은 존재한다.[19] 또한 "말라르메는 어떤 대상을 묘사하는 것이 아니라 사물이 시인의 마음속에 일으킨 이미지를 환기시키고 암시해주는 매개체 역할을 하는 시어들을 치밀하게 선택했다. 이러한 시어는 대상을 환기시키고 유추함으로써 시인의 이미지가 독자들에게 전달된다."[20]

독자들에게는 20세기 이탈리아의 서정시 그리고 비평의 한 유형을 규정함에 있어 '에르메티스모'라는 명칭은 부적절하게 사용된 면이 있다고 볼 수 있다. 20세기 전반기 이탈리아의 "몽상가들"이라고 할 수 있는 캄파나와 오노프리가 파스콜리 이후에도 논리적이고 확실한 어떤 것을 표현하였던 전통적인 기능들로부터 언어의 자유에 관하여 비중 있는 역할을 보여주었다는 점은 분명하다. 하지만 1936년 Flora의 『에르메티 시*La poesia ermetica*』가 나오면서 에르메티스모라는 용어가 쓰이기 시작했다. 에르메티스모는 말라르메와 발레리 같은 프랑스 모델들로부터 영향을 받으며 웅가렛티와 몬탈레 그리고 콰시모도를 대표적인 시인들로 보는 현상으로 여겨졌다. 플로라가 다른 평론가들에게 전해준 이러한 관점에 따라 에르메티스모 시는 웅가렛티의 『난파의 기쁨*L'Allegria*』이 가장 좋은 예가 될 수 있는 것으로 축약과 암시가 매우 강한 언어적 특징을 수반한 시로 이해되었다. 이러한 언어적 특징 속에서 직유는 유추로 대치되고 일반 독자에게는 어려운 인상

---

18) 『새국어사전』. 두산동아. 2003.

19) 말라르메가 22세 되던 해인 1864년 10월 문우 카잘리스에게 보낸 서한에서 밝힌 자신의 새로운 미학의 핵심 개념을 인용하며 최석은 그 뜻풀이를 하고 있다. 최석. 『말라르메』. 건국대학교출판부. 1997. pp. 49-50.

20) 조규철. *op. cit.* pp. 475-76.

을 주게 되었으며 작품에 대한 매우 폭넓은 해석이 가능하게 하여 "애매함"[21]을 느끼게 되었다. 새로운 시에 대해 비난하던 자들에 의해 에르메티스모라는 꼬리표가 만들어 졌을 때, 콰시모도는 아마도 상징적인 대표 시인으로 평가되었던 것 같다.

플로라의 논문은 시적 담론이 전개될 수 있는 시적 소재가 아주 부족하다는 차원에서 이 유파의 객관적 한계들을 지적하였다. 하지만 오늘날에는 당시의 플로라는 보다 다양하고 복잡한 면모를 가지고 등장한 새로운 시들을 이해하는데 한계를 드러낸 것으로 보고 있다. 예를 들어 웅가렛티와 『오징어 뼈*Ossi di seppia*』의 몬탈레에게서 처음에는 작품을 이해하려는 노력으로 시어들에 대한 해독에만 집착한 데서 오는 난해한 문제점들을 지적하는 경향이 있었으나, 머지않아 납득할 수 있는 정도의 '상징'들로 작품이 쓰여졌다는 것이 밝혀졌다. 이 상징의 개념을 어떻게 이해하는 가에 따라 세대를 구분할 수 있는데, 1930년대에 출판된 자신들의 시집(『시간의 느낌 *Sentimento del Tempo*』, 『기회들*Le occasioni*』) 속에서도 웅가렛티와 몬탈레는 상징을 어둠, 무, 부재를 싸고 있는 위협으로부터의 정신의 보호 및 방어적 표상으로 이해하였다. 반면에 보, 루치, 가토, 비곤지아리, 마크리, 파론키 Parronchi, 트라베르소Traverso'에게 있어서 상징은 존재의 실증성의 지표로 이해되었다.

에르메티스모는 약 1935년에서 1940년경에 중요한 첫 결과들을 얻게 되는데 문학이야 말로 파시즘의 선전으로부터 방어할 수 있는 유일한 도구로 생각할 때이다.

에르메티스모는 이탈리아에서 제1차 세계대전 직후 시작되어 1930년대 중반에 이르러 절정기를 이루었던 시와 비평의 한 경향으로 제2차 세계대전 직후까지 계속되어 20세기 후기 시문학에도 큰 영향을 끼친다. *Frontespizio*, *Corrente*, *Campo di Marte*와 같은 동인지를 통해 활발한 작품 활동

21) 엠프슨 William Empson이 1930년에 발표한 『일곱 가지 유형의 애매성*Seven Types of Ambiguity*』의 영향을 받은 것으로도 평가됨.

을 하던 에르메티스모 시인들은 Bo를 리더로, Mario Luzi를 안내자격인 시인으로 평가함에 있어서 이구동성이다. 정신적 리더인 Bo는 단눈치오의 "문학으로서의 삶vita come letteratura"를 떠올리며 "삶으로서의 문학 Letteratura come vita"라는 제목으로 에르메티스모의 선언문격인 논문을 1938년에 발표한다. 단눈치오는 인생을 문학, 즉 예술 작품처럼 생각하며 자신의 삶속에서 실천해 보이려 했다. 그의 삶은 매우 화려하고 장식적이었다. 의복은 언제나 최고로 우아했고, 사랑을 나눈 여인들은 아름답고 유명한 사람들이었고 때로는 특이할 정도의 이력을 갖춘 자들 이었으며, 저택은 귀중품들을 전시해놓은 박물관처럼 사치스러웠으며 취미생활 또한 당시로서는 상상하기 어려운 것들로, 승마는 물론이고 자동차와 비행기 조종에도 빠져있었다. 이처럼 문학에 있어서도 문체, 언어 그리고 내용에 이르기 까지 다양한 관점에서 매우 화려하게 치장했다. 반면에 보는 문학을 삶과 같은 것으로 보았다. 특히 보Bo는『삶으로서의 문학』의 서두에서 "문학은 우리의 존재의 유일한 이유이다"라고 선언적으로 시작한다. 이때의 삶이란 진실 된 것, 진리와 같은 것으로 생각했다. 따라서 문학과 삶은 둘 다 진리를 탐구하는 도구였으며, 우리들에 대한 무엇인가를 알기위해서 뿐만이 아니라 품위와 의식을 가지고 우리를 만족케 할 소식을 기다리는 행위를 실행하는 도구였다. 문학은 이러한 진리 탐구와 소식의 '기다림' 속에서 총체적으로 그리고 절대적으로 실현되어야 한다. 언어는 보다 암시적이고 가끔은 불분명하다. 문학은 구원의 표시, 영광된 약속, 삶을 암시해야만 하는 것이다. 따라서 이것은 시간과 영원, 역사와 절대적인 것, 자연과 초자연, 물리학과 형이상학 그리고 물질과 정신을 필수적으로 대조 시키는 것이다. 문학의 명료함과 불명료함의 문제는 보에게는 중요하지 않다. 그것은 진리에 대한 열망으로 초월된다. 만일 텍스트가 진리로 이어지지 않는 다면, 그리고 의미 없는 것들을 이야기 한다면 이 명료함이란 것은 변장한 불명료함(un'oscurita' travestita)이 될 수 있다.[22)]

---

22) Bo, Carlo. *Letteratura come vita*. in *Letteratura come vita*. a cura di Sergio Pautasso.

한편 20세기 전반기는 대부분의 시인들이 카르둣치와 단눈치오의 문학을 거부하고 최고의 두 시인 웅가렛티와 몬탈레의 삶에 대한 성찰과 본질적인 것에 대한 가치를 느끼는 시기였다. 콰시모도 또한 단눈치오에 대한 관계를 반대명제로 두고 있었다.[23)]

에르메티스모 시학의 또 다른 주요 개념으로는 "기다림attesa"과 "부재assenza"가 있다. 보, 비곤지아리, 루치, 파론키의 비평과 시에서 아주 빈번하게 사용되고 있는 attesa의 개념과 특징을 이해할 필요가 있다. 이것은 사건, 모험avventura의 끝없는 기간을 보장하는 것으로 알 수 있거나 알고 있는 어떤 것의 기다림으로 정의되는 것이 아니라 영혼의 상태이다. 만일 특정한 하나의 대상을 정하였다면 그 대상에 언젠가 도달 한 뒤엔 그 'attesa'는 끝나버리게 될 것이다. "부재assenza"는 사물들의 역학에 휩쓸리지 않을 시인과 시의 능력을 말한다. 사물들 자체의 톱니바퀴에 붙잡힌 시는 변질되어 악화될 수 있다. 정치적 상황을 염두에 두고 이야기 하자면 '부재'를 주장하는 것은 물론 파시즘과 타협하지 않는다는 것도 내포한다.

에르메티스모 시인들의 작품 속에서 실존적 측면이 강조되거나 애매성, 불명료함 그리고 작품의 신비스런 느낌들은 시간이 가면서 초현실주의의 특징과 연관되어 평가되기도 한다. 데 리베로는 일반적으로 받아들이고 있는 소위 말하는 에르메티스모가 아니라 진정한 이탈리아 초현실주의의 최고의 대표자들 중 한 명이다. 이로 인해 콰시모도와 거리가 있고, 비록 가까운 시니스갈리와도 보다 면밀히 들여다보면 구별되었다. 시니스갈리는 웅가렛티의 유추적 기법의 영향으로 이 범주에 들어왔으나 가토는 피렌체 에르메티스모의 아주 특징적인 문예지 *Campo di Marte*를 1938-1939년에 프라톨리니와 함께 편집하였다. 이외에도 주요 시인으로 루치, 세레니, 베토

Milano: Rizzoli. 1994. pp. 5-16. 비평 선집인 이 책 전체의 제목에도 영향을 끼칠 정도로 보의 대표적인 논문인 "삶으로서의 문학"의 주요 부분을 본 연구가자 자유롭게 선택하여 활용하였음을 밝힌다.

23) "La nostra prova sulla poesia fu in antitesi con quella dannunziana..." Cfr. Branca, Vittore (diretto da). *Dizionario Critico della Letteratura Italiana*. Torino: UTET. 1999. p. 197.

키, 란돌피가 있다. 콘티니와 세그레의 분류에서도 보았듯 분명한 것은 그 누구도 사바를 에르메티스모 시인으로 평가하지 않으며 이것은 몬탈레에게도 똑같이 적용되고 있다. 또한 말라르메를 비롯한 프랑스 상징주의의 '순수purezza'에 대한 개념과 한국문학의 '순수시'의 개념 그리고 '에르메티스모'의 '순수'에 대한 차이를 전술한 바와 같이 인정 할 때 지금까지 국내에서 통용되고 있는 '에르메티스모'를 '순수시 운동'으로 등치하는 것은 왜곡된 것으로 보인다.

참고문헌

『새국어사전』. 두산동아. 2003.

김재홍 편저. 『한국 현대시 시어사전』. 고려대학교 출판부. 1997.

김효신. "움베르토 사바의 시집 *Il Canzoniere* 연구."『이어이문학』 제2권. 이어이문학회. 1995. 107-8 pp.

______. 『이탈리아 문학사』. 학사원. 1997.

박상진. 『이탈리아 문학사』. 부산외국어대학교 출판부. 1997.

박진경. 『Mario Luzi의 초기 시 연구 - *Avvento notturno*를 중심으로-』. 한국외국어대학교 석사학위논문. 2006.

윤경숙. "웅가렛티 시의 상징체계에 대한 분석."『이어이문학』 제1권. 이어이문학회. 1994. 63-70pp.

조규철. 『프랑스 시 개론』. 신아사. 1997.

한형곤. 『이탈리아문학의 이해』. 거암. 1984.

______. 『이탈리아문학의 연구』. 한국외국어대학교 출판부. 2009. p. 551.

Bo, Carlo. *Letteratura come vita*. in *Letteratura come vita*. a cura di Sergio Pautasso. Milano: Rizzoli. 1994. pp. 5-16.

Branca, Vittore(diretto da). *Dizionario Critico della Letteratura Italiana*. Torino: UTET. 1999. p. 197.

Cecchi, Emilio e Natalino Sapegno(diretto da). *Storia della Letteratura italiana*. Milano:

Garzanti. 1992(1987).

Contini, Gianfranco. *Letteratura dell'Italia unita 1861-1968*. Firenze: Sansone. 1968.

Ferroni, Giulio. *Storia della letteratura italiana. Novecento*. Torino: Einaudi. 1991.

Malato, Enrico(diretto da). in *Storia della Letteratura Italiana*. Roma: Salerno. 2000.

Mengaldo, Pier Vincenzo. *Poeti del Novecento.* Milano: Mondadori. 1978.

______. *La tradizione del Novecento. Terza serie*. Torino: Einaudi. 1991. pp. 137-42.

Sabatini, Francesco - Vittorio Coletti. *Dizionario della Lingua Italiana*. Milano: Rizzoli Larousse. 2002.

Santoro, Mario. *Letteratura Italiana del Novecento*. Firenze: Le Monnier. 1981. pp. 281-300.

Segre, Cesare e Clelia Martignoni. *Testi nella storia*. Milano: Mondadori. 1992.

4. 에우제니오 몬탈레의 "부정의 시학" 연구
―『오징어 뼈들*Ossi di seppia*』을 중심으로―

Ⅰ. 들어가는 말

에우제니오 몬탈레Eugenio Montale (1896 제노바Genova-1981 밀라노Milano)는 20세기를 대표하는 이탈리아의 시인이라고 할 수 있다. 1967년 이탈리아 정부는 그의 문학적 위대함을 높이 평가하여 그를 종신 상원의원으로 임명하였다. 뿐만 아니라, 1975년 몬탈레는 마침내 노벨 재단으로부터 20세기 세계 최고의 시인으로 평가받아 노벨 문학상을 수상하였으니 이 두 가지 사실은 그의 문학의 위대함을 객관적으로 인정한 단적인 증거라 할 수 있다.

몬탈레는 20세기 서구 사회에 숨 가쁘게 밀어닥친 온갖 시대적 변화와 이데올로기를 체험하고 인간의 보편적 관심인 삶에 대한 의문을 지속적으로 갖게 되었다. 그는 삶의 정체와 본질을 깨닫는 것을 진리로 생각하였는데 이 진리에 가까이 가기 위한 유일한 수단으로써 시를 썼다. 몬탈레는 한 평생 일관된 자세로 시어와 시의 형식에 있어서 이탈리아 문학의 전통을 이어오면서도 동시에 새로운 세상 읽기에 적합한 것들을 고안해 냈다. 뿐만 아니라 이들에 맞는 새로운 관점을 가지고 있었고 그가 다룬 주제들도 이탈리아라는 지엽적 테두리를 넘어 인류의 공통적 문제를 다루며 최고 수준의 시를 써냈다. 몬탈레의 이러한 시와 시 쓰기는 1920년에서 1925년에 쓴 시들 속에 잘 나타나 있는데 이때 쓴 시들을 함께 묶은 시집이 바로 그의 첫 시집『오징어 뼈들*Ossi di seppia*』이다. 이후 이 시집은 동시대의 시인들뿐만이 아니라 이후의 수많은 이탈리아의 젊은 시인 및 일반 독자들에게 실로 지대한 영향을 끼치게 됨으로써 오늘날 이탈리아에서 이 시집은 현대의 고전으로 인정받고 있다.

몬탈레는『오징어 뼈들』을 평론가인 세르지오 솔미Sergio Solmi[1]의 소개와 추천으로 토리노Torino의 고벳티Gobetti 출판사를 통해서 1925년에 세상에 내놓았다. 그의 이 시집 속에서 가장 두드러진 주제이자 이후의 시집들에서도 계속해서 나타나고 있는 몬탈레 전체 시문학의 가장 중요한 주제들 중 하나는 '인생은 불행의 연속이다'라는 시인의 입장이다. 실제로 이 시집이 발표된 뒤 이탈리아의 적지 않은 문학 평론가들은 몬탈레가 "인생의 불행il male di vivere"을 이야기하는 "절망의 시인"이라고 평하였다.[2] 나아가 이들은 이러한 면에 있어 그가 19세기 이탈리아 문학에 있어서 금자탑을 세웠던 쟈코모 레오파르디Giacomo Leopardi[3]를 상기시킨다고 양 세기의 두 거인을 한 맥락에서 이어본다.

필자는 본고에서 『오징어 뼈들』 중 이러한 주제를 탁월하게 다루고 있는 시들을 중심으로 몬탈레의 비관적 인생관이 어떻게 표현되고 있는지를 구체적으로 알아보고 또 비관적인 인생 속에서 그가 열망하고 있는 것은 무엇인지 고찰해 보고자 한다. 나아가 이를 토대로 그의 '부정의 시학una poetica del negativo'을 이해함과 동시에 그 정체를 규명해보고자 한다. 저는 이러한 목표를 위한 출발점으로 먼저 시인의 현실에 대한 부정적 인식이 어디에서 왔는지를 살펴보는 것이 바람직하다고 생각한다. 따라서 당시의 전체적인 상황을 이해하기 위해서는 성장기의 몬탈레가 영향을 받을 수밖

1) 1899년 리에티Rieti에서 태어나 1981년 밀라노에서 세상을 떠난 솔미는 이탈리아의 시인이며, 문학 연구가이자 평론가이기도 했는데 특히 평론가로서의 활동이 유명하다. 몬탈레와는 1917년 가을 파르마Parma의 훈련소에서 만나 친구가 된 뒤로 평생토록 신의를 가지고 절친한 문우로 지냈다. 몬탈레의 문학에 대단한 관심을 가지고 있던 솔미는 1926년 2월 15일 문예지 "퀸디치날레*Quindicinale*" 제3호에 이탈리아에서 처음으로『오징어 뼈들』에 대한 서평을 발표한다. Giuseppe Marcenaro, *Eugenio Montale*, Milano, Mondadori, 1999, pp. 186-87 참조.

2) 이에 대하여 한형곤 교수도 "그는 절망의 시인이라는 평을 받고 있다. 즉 절망적인 상황의 현실에서 얻은 경험이 시의 뼈대를 이룬 데서 나온 말"이라고 하였다. (한형곤, 『이탈리아문학의 이해』, 거암, 서울, 1984, p. 304 참조).

3) 레오파르디 (1798-1837)는 자신의 대표 시집인 『시집Canti』의 많은 시들을 통해 인생을 비관주의적 관점에서 노래하고 있다. 이들 중 그 한 예로써 유명한 목가시 「아시아를 떠도는 목동의 밤 노래Canto notturno del pastore errante dell'Asia」에서 시인은 "[...]나에게 인생은 불행이다 [...] a me vita è male (104행)"라고 단언하고 있다. Giacomo Leopardi, *Canti*, *Introduzione* di Franco Gavazzeni, *Note* di Franco Gavazzeni e Maria Maddalena Lombardi, Milano, Rizzoli, 1998, p. 449.

에 없었고 그때의 사회 전반에 걸쳐 급격한 변화를 이끌었던 몇몇 역사적 사건들을 영화의 장면들처럼 떠올려 상상의 날개를 펴 보며 그 시절을 이해하기 위한 토대를 마련해 보고자 한다. 그런 다음에는 그가 오래도록 잊지 못하고 35년이 지난 장년의 나이에 작품으로까지 남기고자 했던 어린 시절의 한 체험을 읽고 느껴 봄으로써 그의 현실과 '나'와의 부정적 관계의 시발점을 이해해보고자 한다.

Ⅱ. 본론: 실존의 위기

19세기 말과 20세기 초에 이뤄낸 수많은 과학적 발명의 성공들은 사람들로 하여금 모든 것이 발전되어 간다는 낙관주의적 자세를 갖게 하였고 또 그에 대한 믿음으로 이어진 것이 사실이었다. 동시에 다른 한편에서는 개인에게는 자신을 감싸고 있는 사회와의 관계를 아주 혼란스럽고도 복잡하게 만드는 새로운 문제들을 야기하기도 했던 것이다. 어두운 밤에도 환한 세상을 만들어 인간들이 낮과 같이 활동할 수 있도록 한 전기나, 자동차의 발명으로 수 천 년 간 계속 되어온 인간의 이동과 물품의 운송에 있어서 혁명적 변화를 이룬 것처럼 대단히 긍정적인 면들도 있었고, 파리에서 뤼미에르 형제에 의해 영화가 처음으로 상연되었을 때 관객들은 화면 속을 달리는 기차가 자신들을 향해 튀어나오는 것으로 알고 혼비백산하여 달아났다는 이야기 등은 일반적으로 많이 알려진 일화들이다. 수세기 동안에나 이루어진 듯한 과학적 쾌거들이 단 십 수 년 만에 이뤄지자 이에 따라 급변하게 되는 사회 현실을 대부분의 평범한 인간이 따라간다는 것은 거의 불가능하게 되었다. 그러다 마침내는 개인과 사회, 개인과 현실의 관계에 있어서 심각한 부조화와 위기를 느끼는 사람들이 급증하였으리라는 것을 짐작하기에는 큰 어려움이 없으리라 본다.[4)]

4) 1892년 독일의 디젤Rudolf Diesel은 내연 기관을 발명해냄으로써 수송 분야에 혁명을 일으키게 되고 이와 함께 미국에서는 이미 1859년에 시작되었던 석유의 사용이 유럽에도 확산되었다. 1879년 에디슨Thomas Alva Edison이 발견한 전기의 사용이 유럽에서는 1894년과 1896년 사이에 시험되어 1896년에는 벌써 여러 도시들과 그 거리를 밝히게

몬탈레는 1945년 12월 27일 「해변의 추억Ricordo di una spiaggia」이라는 단편을 밀라노의 "라 렛투라*La Lettura*"에서 발표하였다. 이 작품은 14살의 어린 몬탈레가 겪고 장년이 되어서도 가슴속 깊이 남아있던 체험을 이야기하고 있는 글이다. 그의 나이 14세, 즉 1910년경이었다면 시인 몬탈레의 기본적인 성격이 형성되어가고 있던 중요한 시절로 볼 수 있을 터이니 그 때의 한 에피소드를 우리는 몬탈레의 심리적 특성을 이해하는 하나의 출발점으로 삼을 수 있을 것이다.[5] 따라서 본 논문에 그 단편의 줄거리를 소개한다는 것이 다소 장황하다는 느낌이 들기는 하나 필자로서는 소중한 예라 판단하기에 다음과 같이 간략히 살펴보고자 한다.

1910년 몬탈레의 가족은 제노바에서 사업을 하시던 부친이 그 도시로부터 조금 떨어진 같은 리구리아Liguria 해안의 한 마을 몬테롯소Monterosso에 지은 별장에서 매년 여름을 보냈다. 여느 때와 같이 도시에서 온 소년 몬탈레는 1910년 여름도 그곳에서 가족과 함께 지내고 있었다. 그러던 어느 날 저녁 몬탈레는 그 시골에서 알게 된 비슷한 또래의 두 아이들과 배를 타고 바다로 고기를 잡으러 나가기로 약속했다. 이 두 아이들은 고기잡이 일에 제법 능숙했기에 모든 준비가 순조롭게 진행 되어갔다. 소년 몬탈레에게도 그들이 시키는 대로 전등을 그물이나 바다에 비추는 것처럼 단순한 일만하면 되었기에 별문제는 없어 보였다. 그러나 세 사람이 배를 타고 출발한지 얼마 되지 않아 몬탈레는 배 멀미를 느끼기 시작하였다. 불안한 그는 이 사실을 감추려고 노력하였으나 친구들의 눈길을 끝까지 피할 수는 없었다.

되었을 뿐만이 아니라 산업발전에도 크게 공헌하였다. 1877년엔 전화가, 1878년 자전거 그리고 1880년 자동차가 발명되었다. 1895년 이탈리아의 마르코니Guglielmo Marconi는 처음으로 라디오 방송에 성공하였고, 파리에서는 뤼미에르Louis-Auguste Lumiére형제가 영화기를 발명해냈다. 1903년에는 미국의 라이트 Orville - Wilbur Wright형제가 첫 비행기 비행에 성공했다. Carmelo Sambugar / Doretta Ermini, *Lineamenti di storia e di letteratura italiana ed europea*, vol. 3°, Firenze, La Nuova Italia, 1995, pp. 10-11 참조.

5) "예술은 예술가가 처한 환경적 그리고 사회적 조건들의 산물이다 [...] l'arte è un prodotto delle condizioni ambientali e sociali dell'artista". Eugenio Montale, *Confessioni di scrittori*, in *Sulla poesia*, Milano, Mondadori, 1997, p. 570.

결국 이 두 친구는 자신들의 결의 끝에 몬탈레가 고기잡이에 도움이 되지 못할 뿐만이 아니라 방해가 될 것이라 판단하여 마침내 뱃머리를 돌려 몬탈레를 해변에 내려놓고 그곳에서 홀로 밤을 새우게 하였다.[6] 이때의 사건을 통해 감수성이 예민한 나이의 몬탈레는 바다와 친구들로부터 거부당한 자신의 무능한 존재를 가슴 절절히 인식하게 된다. 바로 이때의 경험으로부터 소년 몬탈레는 자신이 바다의 중심과 심연으로부터 추방되어 해변에 버려진 '오징어 뼈들'이나 다른 쓰레기들과 다를 바 없는 것으로 느끼게 되었으리라고 볼 수 있다. 실제로「지중해Mediterraneo」 편의 한 시 속에 이러한 모습이 생생하게 남아 있다.[7] 여기서의 바다를 인생의 메타포로 볼 수 있다면 해변에 버려진 것들은 인간들의 세상에서는 존재의 가치가 없는 쓰레기들인 것이다. 따라서 소년 몬탈레의 작은 경험을 표현한 이 작품을 이러한 각도에서 해석할 수 있다면 훗날 그의 첫 시집이자 본 글의 연구 대상인『오징어 뼈들』을 낳게 한 아주 중요한 씨앗으로도 이해할 수 있을 것이다.[8]

2.1 몬탈레의 현실 인식

장년의 몬탈레는 한 라디오 방송에서 고백하듯 자신이 느끼는 '나와 현실과의 관계'를 밝힌바 있다. 이후 1951년에 이탈리아 국영 방송국(ERI)에서는 그 내용을 담아『라디오 노트들Quaderni della Radio』이라는 책으로 펴냈다. 몬탈레는 이 책에서 자신은 부조화 속에서 태어난 인간이며, 따라서

6) Eugenio Montale, *Ricordo di una spiaggia*, in *Prose e racconti*, Milano, Mondadori, 1995, pp. 657-61 참조.

7) 예전에 그대[지중해] 내게 / [...] / 마치 그대가 해변 위에 / 코르크 조각 해초 불가사리들 사이로 / 그대 심연의 쓸모없는 쓰레기들을 내던지듯이 / 그렇게 모든 오물들을 내게서 비워내라고 말하였네. Tu [il mare] m'hai detto primo / [...] / svuotarmi così d'ogni lordura / come tu fai che sbatti sulle sponde / tra sugheri alghe asterie / le inutili macerie del tuo abisso. (Eugenio Montale, *Ossi di seppia*, Milano, Mondadori, 1991, p. 66, 12행과 18-21행. 이후로는 *OS.*로 표기하고 페이지와 시행만을 적겠음).

8) 이에 대해서는 로마노 루페리니Romano Luperini도 적절하게 지적한 바 있다. Romano Luperini, *Storia di Montale*, Roma-Bari, Laterza, 1992, pp. 3-5 참조.

시인으로서도 그 인간의 조건을 벗어나지 못하고 어쩔 수 없이 그 부조화 안에서 살며 시 작업을 할 수밖에 없다는 '나와 현실과의 관계'를 명백히 토로하고 있다.

> "나는 태어났을 때부터 나를 둘러싸고 있는 현실과의 총체적 부조화를 느끼고 있었으니, 내 영감의 소재는 *바로 그* 부조화일 수밖에 없었다".9)

이러한 시인과 현실의 부조화는 몬탈레의 특히 초기 시들에서 가장 중요한 주제들로 다루어지고 있는데 이제부터 그 대표적인 시들을 통하여 몬탈레의 그러한 입장을 좀더 깊이 이해해보고자 한다. 그럼 먼저 첫 시집 중에서도 가장 명확히 '인생의 불행'을 이야기하고 있는 「종종 나는 삶의 불행을 만났으니, Spesso il male di vivere ho incontrato」를 읽어보겠다.

> 종종 나는 삶의 불행을 만났으니,
> 그것은 개천이 숨막혀 골골거리는 것이었고,
> 바싹 마른 나뭇잎이 쪼그라드는 것이었으며,
> 말이 푹석 쓰러지는 것이었다.
>
> 신의 무관심이 살며시 열어주는
> 그 기적이외는 나는 잘 알지 못했으니,
> 그것은 여름 한 낮 쏟아지는 졸음 속
> 조각상이었고, 구름이었으며, 또 하늘 높이 솟아오른 매였다.

> Spesso il male di vivere ho incontrato:
> era il rivo strozzato che gorgoglia,
> era l'incartocciarsi della foglia
> riarsa, era il cavallo stramazzato.

---

9) "Avendo sentito fin dalla nascita una totale disarmonia con la realtà che mi circondava, la materia della mia ispirazione non poteva essere che *quella* disarmonia". Eugenio Montale, *Confessioni di scrittori*, in *Sulla poesia*, op. cit., p. 570.

> Bene non seppi, fuori del prodigio
> che schiude la divina Indifferenza:
> era la statua nella sonnolenza
> del meriggio, e la nuvola, e il falco alto levato.

시인이 삶 속에서 자주 부딪치게 된 불행 ("il male di vivere")은 모든 피조물들이 경험하는 바로 그 고통이다. 몬탈레는 이 '삶의 불행'을 철학적 표현이나 신학적인 표현으로 나타내지 않고 생명과 죽음의 현실에 대한 관찰을 통해 그려내고 있다. 그가 이 시에서 말하고자 하는 것은 '인생은 온통 고통으로 휩싸여 있다'는 것이다. 인간의 주변, 즉 사물이나 동물 그리고 사람들에게는 늘 고통이 따라다닌다. 그런데 시속의 주인공이 찾아낸 이 '삶의 불행'에 대한 유일한 처방책은 "신의 무관심la divina Indifferenza"처럼 모르는 체 하는 것뿐이라는 것이다. 그것만이 고대의 신들처럼 우리 인간이 평온할 수 있도록 허락해준다고 믿기 때문이다.

이 시를 다양한 각도에서 상세히 분석해보면 시인의 비관적 현실인식과 이에 대한 자신의 대응책을 좀더 잘 이해할 수 있다. 먼저 시의 구조와 구문의 측면에서 볼 때 이 시는 두 개의 연으로 되어있으며 또 각 연은 4행으로 구성되어 있다. 첫 연은 '나 l'io'는 '삶의 불행'을 만났다는 일종의 선언으로 시작되고 이후 세 개의 예가 이어진다. 여기서 눈여겨볼 것은 첫 행의 구문상의 시제이다. 첫 행에서 근과거(il passato prossimo) "ho incontrato"가 쓰였는데 이탈리아어 문법에서 이것은 과거 어떤 시점에서 있었던 일, 그러나 완전히 지나간 것은 아니고, 아직도 현재와 연관되어 있는 일을 표현할 때 사용되는 것이다. 따라서 '삶의 불행'은 지금도 계속되고 있으며 전 우주를 향해 확산되고 있다고 생각하는 몬탈레의 입장을 읽어 낼 수 있다. 반면에 제2연의 시작은 '삶의 불행'을 만날 때 취할 수 있는 유일한 기적 같은 처세는 "신의 무관심"을 닮는 것이라고 단언한다. 이때 사용된 시제는 원과거(il passato remoto) "Bene non seppi"인데, 이것은 이탈리아어 문법상 과거의 완료된 순간적 행동을 표현하는 것으로, 즉 일정기간 지속되던 고통스런 과

거와 시인이 그 고통을 피할 방법을 발견한 순간인(과거 시점의) 현재 사이의 명확한 단절을 표현하고 있다. 또한 제1, 2연에서는 공통적으로 반과거(il passato imperfetto) "era"가 각각 3회씩 (2연의 경우는 두 번 생략됨) 사용되었음을 눈여겨볼 수 있다. 반과거는 행위나 사건이 과거에 있어서 지속되었거나 또는 아직도 계속되고 있는 경우에 사용되는 시제이다. 따라서 "era"의 반복은 계속해서 전세계로, 우주로 뻗어 가는 불행(또는 악한 것)의 불가피성을 표현하기 위하여 쓰였다고 해석할 수 있을 것이다. 이외에도 제1연의 "불행male"에 대조되는 제2연을 여는 첫 단어"잘Bene"의 상징적 의미를 읽을 수 있게 한 배치는 2연 전체에 영향을 미치는 강인한 인상을 준다. 문법적으로는 1연의 "male"는 명사로서 '불행' 또는 '악' 이라고 옮길 수 있으며 2연의 "Bene"는 부사로 쓰여 '잘'이라고 번역할 수 있다. 하지만 문법을 초월하여 직관을 통한 시적 해석을 통해 볼 때 이 두 단어는 각각 1연의 지배적인 '불행'의 이미지인 '악'을 표현하고, 2연에서는 그 '불행'을 피할 수 있는 지혜 또는 '은총'의 이미지인 '선bene'을 표현하고자 한 것이다. 그러나 이 '선'은 찰나적(이것을 시인은 동사의 시제를 원과거로 써서 암시하고 있음)이니 이 부조화의 대칭을 위해 시인은 2연의 incipit에 "Bene"를 명사가 아닌 부사로 사용한 것이다. 또한 수사학적(retorico)인 면에서 각 연의 마지막 두 행이 똑같이 앙장브망enjambement을 통해(della foglia / riarsa [...] nella sonnolenza / del meriggio) 그 뜨거운 이미지 효과를 한층 더 부각시켜주고 있다. 뿐만이 아니라 어휘 차원(livello lessicale e fonometrico)에서 보면 두 번째 행에서는 물이 골골 흐른다는 것의 의성어인 'gorgoglia'의 기진맥진한 상태의 이미지 표현과 이탈리아어의 경우 귀에 크게 거슬리는 느낌을 주는 's', 'z', 'str' 등으로 이루어진 단어 (*str*o*zz*ato, inca*rt*occi*ars*i, ri*ars*a, *str*ama*zz*ato)들을 간택함으로써 이 시를 통해 전하고자 하는 고통의 느낌을 효과적으로 잘 표현해내고 있다.

몬탈레의 고통스런 현실을 이해하기 위하여 다음으로 읽어보고자 하는 시는 「파리한 모습으로 한 낮을 보내며Meriggiare pallido e assorto」이다. 이는 몬탈레의 첫 시집에 실린 시들 중에서 가장 오래된 (1916년에 창작[10]) 시로써 리구리아 해안의 정경을 잘 그려낸 대표적 작품이다. 태양이 이글거리는 리구리아 해안의 만물이 숨을 멎은 듯 적막한 모습 속에서 시인은 자신의 고독과 외부 세계와의 의사소통의 불가능함을 잘 표현 해내고 있다. 이 시는 폐쇄적인 현실, 외부 세계와 단절된 주인공의 희망 없는, 고통뿐인 삶을 훌륭히 그려내고 있다.

> 뜨겁게 달아오른 밭의 담벼락 아래서
> 파리한 모습으로 한 낮을 보내며,
> 가시덤불 숲 사이에서 흘러나오는
> 검은 새들의 지저귐, 뱀들의 스치는 소리 듣기에 빠져있네.
>
> 갈라진 땅 틈새나 혹은 풀잎 위의
> 붉은 거미들의 행렬을 몰래 본다.
> 때로는 끊기고 또 때로는 교차된다.
> 작은 흙무더기들 꼭대기에서.
>
> 나무 가지들 사이로 바다 물비늘들이
> 멀리서 현란하게 반짝이는 것을 바라보네,
> 그 사이 헐벗은 산꼭대기에서는 매미들의
> 찢어질 듯한 울음소리가 떨려 퍼지네.
>
> 그리고 눈부신 햇빛 속을 걸어가며
> 마치 전(全)인생과 그 인생의 고통이
> 깨진 병 조각들이 꼭대기에 꽂힌
> 만리장성을 이렇게 계속 따라 걷는 것과 같다고
> 고통과 놀라움으로 깨닫는다.

10) Eugenio Montale, *L'opera in versi Edizione critica*, a cura di Rosanna Bettarini e Gianfranco Contini, Torino, Einaudi, 1980, p. 870 참조.

Meriggiare pallido e assorto
presso un rovente muro d'orto,
ascoltare tra i pruni e gli sterpi
schiocchi di merli, frusci di serpi.

Nelle crepe del suolo o su la veccia
spiar le file di rosse formiche
ch'ora si rompono ed ora s'intrecciano
a sommo di minuscole biche.

Osservare tra frondi il palpitare
lontano di scaglie di mare
mentre si levano tremuli scricchi
di cicale dai calvi picchi.

E andando nel sole che abbaglia
sentire con triste meraviglia
com'è tutta la vita e il suo travaglio
in questo seguitare una muraglia
che ha in cima cozzi aguzzi di bottiglia.

(*OS.*, p. 40, 1-17)

처음 세 연에서는 태양이 불타는 시간에 육지와 리구리아 해의 메마르고 황량한 풍경에 주인공이 촉각을 세운다. 한 여름 정오의 폭염 속에서 움직이는 생명체라고는 하나도 없는 것 같은 하늘 아래의 황량한 상황이 그려진다. 그리고 더위에 지쳐 있는 주인공은 근처 덤불 속에서 들려오는 새들이 내는 소리와 뱀이 스쳐 가는 소리를 주의 깊게 들으며, 땅바닥에서 개미들의 긴 행렬을 살펴본다. 이윽고 세 번째 연에서는 쏟아지는 황금빛 햇살에 마치 물고기 비늘을 입은 듯한 바다가 멀리서 잔잔한 은빛 파도를 일으키며 너울대고, 헐벗은 산에서는 매미 울음소리가 무더위에 지친 귀를 더욱 날카롭게 자극한다. 이처럼 해안의 정경이 묘사되던 시는 마지막 연에 이르러 갑자기 주인공의 내면세계의 성찰을 통한 현실 인식이 이루어진다. 눈부신 햇빛 속을 걷다가 주인공은 문득, 이토록 힘겨운 인생이 마치 꼭대기에 깨진 병 조각들을 박아둔 만리장성 밑을, 한없이 권태롭고도 외롭게 따라 걷는 것과 같다는 것을 깨닫는 것이다. 장성 넘어는 새로운 세상이 있을 법한데 유리조각들 때문에 넘지도 못하고 또 다른 출구도 없으니 외부의 세상과 의사소통이 불가능함을 깨닫게 되고, 번뇌에 찬 고독만이 이 시를 가득 메우고 있는 것이다. 넘을 수 없는 만리장성에 아무런 탈출구가 없듯이 주인공의 힘겨운 인생에도 평온이 찾아들 희망이 보이지 않는 것이다.

무더위 속에서 장벽에 갇힌 주인공의 단절된 상황은 바로 인간의 무기력함과 현실에 대한 고뇌의 표현이다. 모든 것이 멈춰버린 듯한 성하盛夏의 정오, 그 정적 속에서 검은 새와 풀 섶을 스치는 뱀들 소리만을 들을 수 있고, 개미들의 행렬과 먼 바다의 파도만을 볼 수 있으니, 바로 이것들이 유일한 생명체들이다. 바다는 무한의 의미를 시인에게 만들어주고 바다 비늘의 은빛은 시인의 가슴속에 '밭orto'과 '고독solitudine'으로부터 벗어날 수 있으며, 안정된 기쁨의 세계를 향해 나아갈 수 있다는 희망의 불꽃을 지펴준다. 그러나 이런 희망의 꿈도 잠시, 마지막 연에서 주인공은 현실 탈출의 불가능성을 깨닫는다.

이 시에서 특별히 많이 사용되고 있는 동사의 부정법(*meriggiare, ascoltare, spiare, osservare* 그리고 *sentire*)은 주어와 인칭 그리고 행위의 순간을 불확정한 상태로 놔두어 보다 높은 시적 효과를 불러일으킨다. 동시에 이 부정법의 사용으로 음절수가 길게 되어 뙤약볕에 만물이 익어 버려 생기를 잃은 듯한 느린 맛을 내는 대에도 좋은 효과를 내준다. 또한 이 시에서도 시어의 음성적인 요소가 내용과 아주 잘 맞도록 활용되고 있다. 제1연의 마지막 두 행은 거의 모두가 의성어들로 이루어져있을 뿐만 아니라 모두 끝에서 두 번째 음절에 강세가 있는 개모음들로 되어 있다. 이러한 시어 선택으로 시가 전하고자 하는 의미들이 대기 중으로 널리 울려 퍼지는 듯한 효과를 낸다. 이러한 예들로는 귀에 거슬리는 음을 내는 시어(ascoltàre, stèrpi, schiòcchi, mèrli, sèrpi) 그리고 새가 모이를 쪼거나 숲을 걸을 때 내는 마른나무 가지가 부러지는(sterpi, schiocchi) 듯한 소리 또는 파충류 (뱀)들이 지나다니며 내는 소리(frusci, serpi)를 잘 전해주는 마찰음 's'가 많이 들어간 어휘들이 있다. 이러한 시어 선택으로 무더위가 주는 유쾌하지 못한 느낌들이 배가되고 있다. 또한 3연의 마지막 두 행의 헐벗은(*ca*lvi) 산꼭대기들 (pi*cchi*)에서 들려오는 귀를 찢는 듯한 매미 울음(*scricchi*) 소리들도 'c'자의 발음 (경음 'ㄲ')으로 성가신 이미지가 시 전체에 쪼아대듯 울려 퍼진다. 이러한 음을 갖는 시어와 시행들은 몸과 정신을 괴롭혀 무기력하게 하는 쓰리고 황량한 풍경과 아주 잘 어울린다고 해석 할 수 있다.

뙤약볕이 내리쬐는 황량한 마을의 모습을 통해 시인의 외롭고도 고통스런 마음을 표현한 유명한 또 하나의 시는 「한 낮의 활짝 핀 빛이여Gloria del disteso mezzogiorno」이다. 이 시는 3연으로 되어있다. 제1연에서는 더위를 피할 수 있는 작은 그림자마저 드리우지 않는 정오("quand'ombra non rendono gli alberi")의 쉴 곳마저 없는 황량한 상황을 그리고 있다. 제2연에서는 그 뜨거운 태양 아래 강줄기마저 말라붙어 갑니다 ("Il sole, in alto, - e un secco greto"). 이렇게 메마른 이미지는 2연 첫 행의 구문상의 분석에서도 충분히 느낄 수 있다. 첫 눈에도 알 수 있듯이 9음절 시행인 이 행은 하이픈을 중심으로 정확히 양분되어 있다. 그렇게 양분된 각 반구(emistichio)는 똑같이 5음절로 다시 나누어 질 수 있다. 또 첫 반구는 두 개의 쉼표로 다시 짧게 부러져 있고, 동사도 없이 계속된 나머지 반구는 짧은 2음절과 'c'의 발음 (경음 'ㄲ')이 주는 ("secco greto") 건조한 느낌을 통해 대지의 황량함은 더욱더 잘 전해지고 있다. 그러나 주인공은 행복한 순간은 돌담 저편에 있다고 믿는다("l'ora più bella è di là dal muretto"). 마지막 연에서는 1, 2연의 그 태양이 온 천하를 불태우니 대지 위엔 그저 황량함만이 가득하다. 그러나 삼라만상이 모두 멈춘 듯 미동하나 없던 상황에서 유일한 생명의 상징이자 희망이라고 할 수 있을 물총새 한 마리가 나타나 그 황량함이 지나면 단비가 내릴 것이라 예언하는 듯하다. 하지만 시인은 그 단비를 기다리는 가운데 행복이 더 크다고 끝을 맺으니 이 속에서 단비에 대한 시인의 희망이 그리 낙관적이지 않다는 사실을 어렵지 않게 읽을 수 있다.

> 한 낮의 활짝 핀 빛이여
> 이때는 나무들이 그림자를 내지 않고,
> 또 너무 많은 빛 때문에 주변에 수많은 모습들이
> 진한 황금빛에 물들어 보인다.
>
> 태양은, 하늘 높이 떠있고 강가를 불태운다.
> 내 인생은 끝나지 않았으니,
> 가장 아름다운 순간은 파리한 일몰 속에 갇힌
> 돌담 저 편에 있네.
>
> 무더위가 주위를 메우고, 물총새 한 마리가
> 생명의 잔해 위를 맴돈다.
> 단비는 이 황량함 저편에 있으나,
> 기다림 속에서 행복은 더 이루어졌네.

> Gloria del disteso mezzogiorno
> quand'ombra non rendono gli alberi,
> e più e più si mostrano d'attorno
> per troppa luce, le parvenze, falbe.
>
> Il sole, in alto, - e un secco greto.
> Il mio giorno non è dunque passato:
> l'ora più bella è di là dal muretto
> che rinchiude in un occaso scialbato.
>
> L'arsura, in giro; un martin pescatore
> volteggia s'una reliquia di vita.
> La buona pioggia è di là dallo squallore,
> ma in attendere è gioia più compita.
>
> (*OS.*, p. 51, 1-12)

지금까지 살펴본 시들과는 달리 아래의 시는 시인이 '행복을 찾았다'("Felicità raggiunta")라고 커다란 소식을 전하며 시작된다. 그런 직후에 그러나 시인은 그 행복을 유지하기가 얼마나 어려운지를 이야기한다. 그것은 마치 칼날 위를 걷고 있는 것과 같고 바람 앞에 놓인 등불과 같으며, 발에 밟힌 살얼음 같다는 표현으로 잃어버리기 쉬운 행복의 속성을 이야기한다. 두 번째 연에서는 행복이 찾아든 처음에는 달콤하고 가슴 설레는 일이지만 머지않아 슬픔과 고통만을 남기고 떠나버리니 첫 행의 행복이 그것을 지킬 힘이 없는 인간에게는 결국 고통의 씨앗이 되고 만다는 내용이다. 이러한 생각에서 인간이 얻고 누리는 행복이란 그저 진정한 것이 아니라 행복의 허울뿐이라는 비관적인 시인의 생각을 알 수 있다.

> 찾아낸 행복이여, 우리, 그대를 향해
> 칼날 위를 걷고 있다.
> 두 눈에 비친 그대는 떨고 있는 불빛이요,
> 발길에 금이 가는 살얼음이라,
> 자, 그러니 그대를 더 많이 사랑하는 이는 그댈 만지지 않아야지.
>
> 만일 그대 고통에 짓눌린 영혼들에 이르러
> 그들을 밝게 해주면, 그대의 아침은
> 달콤하고 또 처마 밑 둥지들에서처럼 설레인다.
> 그러나 집들 사이로 도망치는 풍선 때문에
> 울부짖는 아이를 아무 것도 달래지 못하네.

> Felicità raggiunta, si cammina
> per te su fil di lama.
> Agli occhi sei barlume che vacilla,
> al piede, teso ghiaccio che s'incrina;
> e dunque non ti tocchi chi più tama.
>
> Se giungi sulle anime invase
> di tristezza e le schari, il tuo mattino

> è dolce e turbatore come i nidi delle cimase.
> Ma nulla paga il pianto del bambino
> a cui fugge il pallone tra le case.
>
> (*OS.*, p. 52, 1-10)

시집 『오징어 뼈들』에서 이처럼 행복의 나약함을 노래하고 있는 다른 시로는 「물통Vasca」을 들 수 있다. 이 시에서는 잔잔한 수면 위에 누군가가 돌멩이를 떨어트려 물통의 평화를 깨버린다. 이윽고 잠시 후 다시 찾아든 물통의 맑고 잔잔한 평화가 다른 이의 돌멩이질에 또 다시 힘없이 산산 조각나고 만다는 일상생활 속의 작은 일에 대한 시인의 날카로운 관찰의 산물이다.

> 우리들 중에 누군가가 돌멩이를 던져
> 빛이 쫙 펴져 있는 수면을 깨니,
> 그 부드러운 모습들이 산산조각 나네.
>
> 그러나 여기, 또 다른 이가 있어
> 다시 매끄러워진 둥근 수면에 줄무늬를 일으키네,

> Alcuno di noi tirò ciottolo
> che ruppe la tesa lucente:
> le molli parvenze s'infransero.
>
> Ma ecco, c'è altro che striscia
> a fior della spera rifatta liscia:
>
> (*OS.*, p. 98, 6-10)

몬탈레의 시에서 바다, 물은 자주 인생에 비유되고 있다는 것을 고려한다면 이 시에서는 재로 만들어진 인생의 꿈나무가 부서지듯 힘없이 한 순간에 무너져 내리고 만다.

> 한 그루 구름나무 수면 위에
> 자라더니, 이윽고 재처럼 부서져 버리네.

> Un albero di nuvole sull'acqua
> cresce, poi crolla come di cinigia.
>
> (*OS.*, p. 53, 7-8)

몬탈레는 이토록 메마르고 가슴 아픈 삶을 살아가는 자신의 비애를 그의 다른 한 시속에서 '불안한 내 인생 속에서는 꿀과 쑥이 똑 같은 맛이다'라는 말로써 표현하고 있다.

> 나의 인생이여, [...]
> 그대의 불안한 여정 속에서는 어느덧
> 꿀과 쑥이 똑 같은 맛을 낸다오.

> Mia vita, [...]
> Nel tuo giro inquieto ormai lo stesso
> sapore han miele e assenzio.
>
> (*OS.*, p. 44, 1-4)

다음에 읽어 볼 시는 리구리아 해안에 부는 「미스트랄*Maestrale*」이 구름들을 싹 쓸고 지나간 뒤의 쪽빛 하늘 아래 펼쳐진 맑디맑은 바다의 정경을 그려내고 있다. 시인은 그 맑고 드넓은 바다에 자신의 가엾고 고통스런 인생을 마치 거울 앞에 선 듯 비추어 보며 마음속으로 구원을 청하고 있다. 주인공이 느끼는 이러한 고통스런 삶이 11, 12행 사이의 앙장브망 enjambement (mia / vita turbata)에 의해 강조되고 있으며 연의 마지막 행인 열두 번째 행을 가장 짧은 행(5음절 시행)이 되도록 하여 시각적으로 강한 이미지를 부여하고 있습니다. 더욱이 그 마지막 행을 이루는 두 단어가 "고통 받은 인생vita turbata"이라는 점에서 그 울림이 더더욱 효과적으로 퍼져나가니 온 바다를 뒤덮을 정도라 할 수 있겠다.

> 광활한 바다는 청량함 속에
> 번뜩거리며, 잔잔히 일었다, 또 축복으로 잠드니,
> 그의 광활한 가슴속에 비추어주네 이 내 불쌍한
> 고통 받은 인생을.

> Lameggia nella chiaria
> la vasta distesa, s'increspa, indi si spiana beata
> e specchia nel suo cuore vasto codesta povera mia
> vita turbata.

(*OS.*, p. 96, 9-12)

몬탈레는 또한 아래의 시에서 보듯이 개인적인 인생의 불행에서 한 발 더 나아가 온 세상을 좀먹는 "악il male"을 찾아내고 또 전 우주를 통제하고 있는 장치l'ordegno를 멈추게 할 수 있는 작은 그러나 결정적인 실마리 ("una leva")를 찾고 싶었다고 한다.

> 세상을 좀먹는 악과,
> 우주의 장치를 멈추게 하는
> 조금 휜 봉을
> 찾고 싶었다.

> Volli cercare il male
> che tarla il mondo, la piccola stortura
> d'una leva che arresta
> l'ordegno universale

(*OS.*, p. 75, 10-13)

2.2 현실 탈출의 꿈

젊은 시절부터 불행한 현실로부터의 탈출을 외쳤던[11] 몬탈레의 사상은

11) "Fuggire! Vivere! Andarsene! Se un male esiste è in noi, è in questa nostra altalena tra la vita e la morte; se un male esiste è NOI!" Eugenio Montale, *Quaderno*

첫 시집의 서시에서부터 명백히 나타나 있다. 이 시를 읽을 때는 먼저 서시로서의 중요성은 물론이고 특히 서시의 마지막 연에서 그 탈출을 촉구하고 있다는 것이다. 이것은 몬탈레의 2연 이상으로 이루어진 시의 구조를 살펴볼 때 시인은 거의 항상 마지막 연에서는 성찰을 통한 해당 시의 결론 부분임을 상기할 필요가 있습니다. 따라서 이 시의 마지막 연을 시집 전체에서 주장할 시인의 시학으로도 이해할 수 있다고 필자는 생각하는 바이다. 이러한 점을 염두에 두고 이곳에서는 네 개의 연으로 되어있는 「서시*In limine*」의 3, 4연을 살펴보고자 한다.

> [...]
> 가시덤불은 가파른 담장 이편에 있다.
> 그대 만일 계속한다면 그대를 구해줄 수 있을
> 환상을 아마도 만나리라:
> 미래의 게임을 위해 지워지지 않은
> 행위들과 역사들이 이곳에서 이루어진다.
>
> 우리를 옥조이고 있는 그물 속에서 끊어진 코를
> 찾아, 밖으로 튀어나가, 도망쳐라!
> 가거라, 그댈 위해 기도했노라, - 이제 내 갈증은
> 한결 가벼워 질 것이니, 원한도 가벼워지리.

> [...]
> Un rovello è di qua dall'erto muro.
> Se procedi t'imbatti
> tu forse nel fantasma che ti salva:
> si compongono qui le storie, gli atti
> scancellati pel giuoco del futuro.

---

genovese, in *IL SECONDO MESTIERE Arte, Musica, Società*, a cura di Giorgio Zampa, Milano, Mondadori, 1996, p. 1291.

> Cerca una maglia rotta nella rete
> che ci stringe, tu balza fuori, fuggi!
> Va, per te l'ho pregato, - ora la sete
> mi sarà lieve, meno acre la ruggine ·

(*OS.*, p. 5, 11-18)

3연의 첫 행 "가시덤불은 가파른 담장 이 편에 있다Un rovello è di qua dall'erto muro."의 "가시덤불un rovello"은 고뇌에 찬 인간 상태의 상징으로 볼 수 있으며 이러한 상황이 "담장muro" 이쪽, 즉 주인공이 있는 편에 있다는 것입니다. 그 담 너머에는 새로운 세계가 있을 텐데 앞에서 이미 살펴본 것처럼 깨진 병 조각이 꼭대기에 박힌 "만리장성una muraglia"처럼 여기에서도 넘을 수 없는 가파른 담이 가로막고 있다. 주인공은 만일 시 속의 "그대tu"가 구원을 향해 노력한다 해도 구원의 허상 ("fantasma che ti salva")만을 만날 뿐이라고 예언하듯 말한다. 그러면서도 시인은 포기하지 않고 마지막 연에서 시속의 대화자에게 '우리를 옥죄고 있는 망 속에서' 구멍 난 부분을 찾아 밖으로 '탈출'하라고 권하고 있다. 그러나 시인은 앞에서도 구원의 허상을 예상하고 있듯이, 시속의 대화자에게는 탈출을 권하면서도 정작 자신은 그대로 남아 그를 위해 기도할 뿐이다. 이러한 사실은 탈출에 대한 불확실함, 즉 불가능성을 믿는 것으로 해석할 수 있으니 그의 고통스런 현실과 그러한 현실로부터의 탈출에 대한 거부가 짙게 드리워져 있다는 것이다. 뿐만이 아니라 이 시가 서시라는 점에 다시 한 번 의미를 부여하면서 『오징어 뼈들』 전체에 이러한 부정의 시학을 천명하는 것이라 볼 수도 있을 것이다.

지금까지 살펴본 서시뿐만이 아니라 몬탈레는 첫 시집에서 외부와의 단절을 표현하기 위한 목적으로 "담장muro", "장성muraglia" 그리고 "밭orto" 등과 같은 폐쇄적인 공간의 이미지를 되풀이해서 사용한다. 그런데 이것은 우주의 기계론meccanicismo cosmico적인 감옥 속에 있는 인간의 고통스런 상황을 표현하는 것으로도 이해할 수 있다.[12] 서시에서는 그런 감옥의 메타포로 볼 수 있는 "망rete"으로부터 탈출하기 위해 '끊어진 그물의 코를 찾으라'고 했는데 이제 여기에서 음미해 보고자하는 시 「레몬I limoni」에서는 "대자연의 실수, 세상의 죽어버린 점, 잠기지 않은 고리, 풀어내야 할 실uno sbaglio di Natura, il punto morto del mondo, l'anello che non tiene, il filo da disbrogliare"을 발견해 내고자 주인공은 침묵 속에서 두 눈을 들어 주위를 부지런히 탐색하고 얻어낸 모든 정보들을 통해 해답을 얻고자 머리를 싸매고 노력한다.

> 보게나, 버림받은 사물들이 그들의 마지막
> 비밀을 거의 배반하려는 듯 보이는
> 이 침묵들 속에서,
> 발견할 수 있다고 때때로 기대하는 건,
> 대자연의 실수,
> 세상의 죽어버린 점, 잠기지 않은 고리,
> 진리의 한 가운데로
> 마침내는 우리를 안내해 줄 풀어내야 할 실입니다.
> 시선은 주위를 탐색하고,
> 머리는 조사하고 맞춰보고 풀어도 보네
>
> [...]
> 어느 날 잘못 닫힌 대문을 통해
> 한 정원의 나무들 사이로
> 노란 레몬 빛들이 보일 때,
> 얼어붙은 심장이 풀리고,
> 또 빛나는 황금 빛 나팔들이
> 그들의 노래를
> 우리 가슴속에 울려 퍼지게 한다.

---

12) Eugenio Montale, *Poesie*, a cura di Angelo Marchese, Milano, Mondadori, 1991, p. 17.

> Vedi, in questi silenzi in cui le cose
> s'abbandonano e sembrano vicine
> a tradire il loro ultimo segreto,
> talora ci si aspetta
> di scoprire uno sbaglio di Natura,
> il punto morto del mondo, l'anello che non tiene,
> il filo da disbrogliare che finalmente ci metta
> nel mezzo di una verità.
> Lo sguardo fruga d'intorno,
> la mente indaga accorda disunisce
>
> [...]
> Quando un giorno da un malchiuso portone
> tra gli alberi di una corte
> ci si mostrano i gialli dei limoni;
> e il gelo del cuore si sfa,
> e in petto ci scrosciano
> le loro canzoni
> le trombe doro della solarità.
>
> (*OS.*, p. 10, 22-31, 43-49)

이 시에서 보듯이 주인공은 자연의 신비 속으로 스며들어 그 비밀들, 즉 원인과 결과들을 발견하고 싶어 한다.[13] 우리 인간을 감싸고 있는 이 신비는 절대적 진리는 아니고 우리의 지식 수준에 맞는 하나의 진리("una verità")일 뿐이다. 하지만 흐르는 시간은 우리를 시끄러운 도시의 현실로 돌려보내고, 가을비가 내린 뒤 찾아온 혹독한 겨울은 인생을 고통스럽게 한다. 그러나 반쯤 열린 어느 집 대문 사이로 그 집 정원에 찾아든 노란

13) 몬탈레는 1917년의 글에서 자신과 자연(Natura)의 관계를 다음과 같이 한마디로 명확히 밝힌바 있다. "나에게는 하나의 적이 있는데, 그것은 바로 대자연이다. 내가 그것을 부수든 혹은 그놈이 나를 잡아 삼킬 것이다Non ho che un nemico: la Natura. O la distruggo o m'inghiotte." *Quaderno genovese*, op. cit., p. 1300.

레몬 빛깔을 기적처럼 보게 되니 얼었던 가슴은 다시 녹고 기쁨에 찬 노래들이 주인공의 가슴을 가득 메워준다. 시인은 바로 여기에 희망 한 가닥을 가지고 있는 것이다.

2.3 인간의 무기력함과 '부정의 시학'

다음은 지금까지 살펴본 시들과는 달리 뚜렷하게 리구리아 해안을 배경으로 삼지도 않고 또 그 지역에 관련된 사물(oggetti)들도 등장시키지 않은 다소 추상적, 환상적 성격의 시 「아마 어느 날 아침 차갑고, 유리 같은 공기 속을 걸으면서Forse un mattino andando in un'aria di vetro」를 살펴보고자 한다. 몬탈레의 시들 중에는 드문, 환상적 특성을 띤 이 작품 속에서 시인은 "기적il miracolo"이 일어나고 있는 것을 목격한다.

> 아마 어느 날 아침 차갑고, 유리 같은 공기 속을 걸으면서,
> 뒤돌아보다, 나는 기적이 일어나는 것을
> 술 취한 이의 현기증으로 보리니, 그것은 내 양어깨 위의
> 허무요, 내 등 뒤의 공허라네.
>
> 이후에 마치 화면 위에서처럼, 늘 있는 속임수로
> 나무집 산들이 갑자기 나타나리라.
> 그러나 때는 너무 늦으리, 나는 비밀을 간직한 채
> 뒤돌아보지 않는 사람들 사이로 말없이 사라지리라.

> Forse un mattino andando in un'aria di vetro,
> arida, rivolgendomi, vedrò compirsi il miracolo:
> il nulla alle mie spalle, il vuoto dietro
> di me, con un terrore di ubriaco.
>
> Poi come s'uno schermo, s'accamperanno di gitto
> alberi case colli per l'inganno consueto.
> Ma sarà troppo tardi; ed io me n'andrò zitto
> tra gli uomini che non si voltano, col mio segreto.

(*OS.*, p. 54, 1-8)

첫 째 연에서 주인공은 공기가 유리처럼 맑은 어느 겨울 아침 마치 허공을 걷는 듯 한 분위기 속에서 "기적"이 일어나는 것을 본다. 좋은 느낌으로 시작된 그 기적은 그러나 다름이 아니라 현실의 실체를 알게 되는 것인데 현실은 "공허il vuoto"와 "허무il nulla"로 가득하다고 깨닫는 것이다. 그런데 이 "기적"의 발견은 주인공으로 하여금 술 취한 사람이 제정신을 잃을 때 경험할 수 있는 현기증을 느끼게 한다. 2행의 "기적miracolo"은 4행의 "술 취한 이ubriaco"와 각 운을 이루니 기적이 술을 취한 듯 "기적"의 이미지는 크게 상쇄되고 마는 것이다.[14] 현실이 "허무"라고 깨달은 뒤, 둘째 연의 주인공의 눈에는 마치 영화관의 화면처럼 떠오르는 온갖 사물들("나무들alberi, 집들case, 산들colli")이 "늘 있는 속임수l'inganno consueto"라는 것을 주인공은 깨닫는다. 그러나 주인공은 자신의 이 깨달음을 바로 그 '속임수'의 희생자로 보이는 다른 사람들에게 자신이 발견한 인생의 진실을 알리지 않는다. 주인공은 인생의 진리를 찾으려 하지 않는, 즉 "뒤돌아보지 않는 사람들gli uomini che non si voltano" 사이로 침묵과 함께 사라진다. 따라서 우리는 진리를 밝히기에는 때가 이미 늦었다는 주인공의 생각과 침묵 속에서 인간의 무기력함과 부정적인 현실 읽기를 드러내는 시인의 일관된 사상을 엿볼 수 있다.

고통스런 현실을 거부하고, 탈출 가능성을 찾던 시인은 자신의 무기력함을 토로한다. "행복", "기적"을 경험하지만 이 모두가 찰나적일 뿐 절대적인 것이 되지 못함을 깨달은 시인은 이런 자신의 체험을 다음과 같이 표현한다. "나는 유리 종 아래 사는 것 같았지요. 하지만 본질적인 무엇인가에 가까이 있다고 느끼고 있었습니다. 어떤 얇은 베일, 한 올의 실 같은 것이

14) 이러한 기법을 루페리니는 작시법을 이용한 풍자("ironia metrica")라고 했다. Luperini, *op. cit.*, p. 33 참조. 이탈로 칼비노Italo Calvino도 이와 유사한 평을 했을 뿐만이 아니라 나아가 이 각운으로 제1연 전체가 놀라움에 떨며 어렵게 균형을 이루고 있다고 지적해 냈다 "[...] tutta la quartina resta come in bilico, con una vibrazione sgomenta." Italo Calvino, *Forse un mattino andando*, in *Letture Montaliane in occasione dell'80° compleanno del Poeta*, a cura del Comune e della Provincia di Genova, Genova, Bozzi, 1977, p. 37.

결정적인 무엇인가와 나를 살짝 가로막고 있었습니다."[15] '실 한 올'의 간격만 남길 만큼 본질에 가까이 다가갔으나 마지막 한계를 넘어서지 못하고 다음과 같이 말했다. 내가 그토록 열망했던 "절대적인 표현은 그 베일, 그 실을 끊어내는 것이었을 것이다. 즉 하나의 폭발이며, 공연 같은 세상이 보여주는 위선의 종말일 것이다. 하지만 이것은 하나의 도달할 수 없는 한계였다."[16] 시인이 말하는 이 '절대적 표현'은 바로 모든 난관을 극복하고 현실을 탈출할 수 있는 것이며, 인생의 진리를 설명할 수 있는 것이다. 그것은 또한 시인 몬탈레에게는 인간의 모든 문제를 해결할 수 있을 비책을 일러줄 수 있는 위대한 시일 것이다. 하지만 몬탈레는 자신이 이 '절대적 표현'을 갖고 있지 못하다고 생각한다. 따라서 바로 앞에서 읽은 시에서처럼 그는 침묵할 수밖에 없었다. 이러한 심정을 「무형의 우리 영혼을 모든 면에서 정의 내려줄 수 있는 말을 우리에게 묻지 마오Non chiederci la parola che squadri da ogni lato」라는 시에서도 잘 노래하고 있다.

> 무형의 우리 영혼을 모든 면에서 정의 내려줄 수 있는
> 말을 우리에게 묻지 마오, 그리고 불도장으로
> 그 영혼을 천명하고 먼지 낀 초원 한가운데
> 버려진 한 송이 사프란처럼 빛날 수 있게 하소서.
>
> 아, 확신에 차 가버리는 그 사람은,
> 다른 이들과 자신에게 친구라 생각하고,
> 또 그의 그림자는 이글거리는 태양이
> 껍질 벗겨진 담벼락위로 내리 찍는 것에 개의치 않는구나!

---

15) "Mi pareva di vivere sotto a una campana di vetro, eppure sentivo di essere vicino a qualcosa di essenziale. Un velo sottile, un filo appena mi separava dal *quid* definitivo." Eugenio Montale, *Intenzioni. Intervista immaginaria*, in *Sulla poesia*, op. cit., p. 564.

16) "L'espressione assoluta sarebbe stata la rottura di quel velo, di quel filo: una esplosione, la fine dell'inganno del mondo come rappresentazione. Ma questo era un limite irraggiungibile." *Ibid.*

그대에게 여러 세상을 열어 보여 줄 수 있는 공식을 우리에게
묻지 마오,
한줄기 나무 가지처럼 그렇게 뒤틀리고 말라빠진 몇 마디뿐이라오
오늘 우리가 그대에게 말할 수 있는 것은 오로지,
우리는 존재하지 않는다는 것이며, 우리는 원하지 않는다는
것입니다.

Non chiederci la parola che squadri da ogni lato
l'animo nostro informe, e a lettere di fuoco
lo dichiari e risplenda come un croco
perduto in mezzo a un polveroso prato.

Ah l'uomo che se ne va sicuro,
agli altri ed a se stesso amico,
e l'ombra sua non cura che la canicola
stampa sopra uno scalcinato muro!

Non domandarci la formula che mondi possa aprirti,
sì qualche storta sillaba e secca come un ramo.
Codesto solo oggi possiamo dirti,
ciò che non siamo, ciò che non vogliamo.

(*OS.*, p. 39, 1-12)

이 시는 시집의 제목과 동일한 이름을 가진 장(sezione) 「오징어 뼈들」의 첫 번째 작품이다. 앞에서 이미 살펴보았듯이 서시에서 탈출을 재촉한 시인은 뒤늦게 현실의 실체를 알게 되었으나 침묵할 수밖에 없었고 이제 "우리[시인]들"에게 "절대적 표현"을 묻지 말라고 한다. 이 시를 통해 시인이 주는 강력한 부정의 의지는 첫 행의 시작부터 내려진 부정 명령이 마지막 연의 첫 행에서 되풀이되고 있는 점을 통해서도 충분히 이해할 수 있다. 아직 현실에 대한 확신이나 객관적인 인식도 그리고 긍정적인 가치도 갖고 있지 못한 우리를 완벽하게 깨우쳐줄 "말la parola"(che squadri da ogni lato

/ l'animo nostro informe)과 9행의 "공식la formula"(che mondi possa aprirti)은 바로 위의 산문에서 몬탈레가 말하고 있는 "절대적 표현l'espressione assoluta"이라고 이해할 수 있다.[17] 바로 이런 완벽한 것을 우리에게 묻지 마라는 두 개의 부정 명령은 마지막 행의 이중부정("non siamo [...] non vogliamo")에 의해 또다시 강조되고 있으며 나아가 시인은 두 "non"을 이탤릭체로 표기하여 그 부정성을 재삼 강조하고 있다. 시인은 자신이 줄 수 있는 것은 오로지 나무 가지처럼 뒤틀리고 말라비틀어진 몇 음절, 몇 마디일 뿐이라고 고백한다. 그리고 제10행은 단어의 첫 철자가 마찰음 's'로 반복(l'allitterazione della s)되는 단어들(si...storta sillaba e secca...)로 이루어졌음을 알 수 있다. 이렇게 귀에 거슬리는 마찰음의 반복을 통해 시인은 부드럽고 조화로운 완전한 시를 쓰지 못한다는 시인 자신의 무기력함을 강하게 표현하고자 하는 것이다. 이러한 자신의 무기력함을 몬탈레는 시인인 '나'는 진리를 알릴 수 있는 위대한 시를 쓰지 못하고 그의 시는 단지 '말더듬이'("il mio balbo parlare")[18]라고 말한다. 이에 멈추지 않고 시인은 자신이 가지고 있는 것은 오로지 '사전의 낡아빠진 철자들'("le lettere fruste dei dizionari")[19] 그리고 '거리의 여자들이 원하는 이에게 몸을 주듯' 그렇게 보잘 것 없는 말("Non ho che queste parole / che come donne pubblicate / s'offrono a chi le richiede")[20]들과 지금이라도 학생들이 훔칠 수 있을 그런 맥없는 문장들("non ho che queste frasi stancate / che potranno rubarmi anche domani / gli studenti")[21]뿐이라고 고백한다.

오래 전부터 '인생은 잔인한 것'[22]이라고 여기며 '자신의 인생을 메마른

17) 이 "절대적 표현"은 시인에게는 또한 자연과 예술이 서로 잘 어우러질 수 있는 소금기 벤 시어들이기도 하다("io che sognava rapirti / le salmastre parole / in cui natura ed arte si confondono", *OS.*, p. 77, 6-8).

18) *Ibid.*, 5행.

19) *Ibid.*, 11-12행.

20) *Ibid.*, 15-17행.

21) *Ibid.*, 18-20행.

22) "인생은 헛되다기보다 잔인하다[...] la vita è crudele più che vana" (*OS.*, p. 102, 48).

비탈길과 산사태'에 비유한[23] 시인은 마침내 세상의 모든 이치를 깨닫고 체념한 듯 '밀려오는 파도치기에 떠밀린 오징어 뼈가 조금씩 닳아 없어지듯'[24] 그렇게 되길 차라리 소망하였다. 결국 시인은 다음과 같은 시구에서 자신의 꿈을 이야기 할 뿐이다.

> 나는 그저 거칠고 본질적인 나 자신을 느꼈으면 싶었다.
> 마치 그대[바다]가 감싸는, 염기에 찌든
> 자갈들처럼

> Avrei voluto sentirmi scabro ed essenziale
> siccome i ciottoli che tu volvi,
> mangiati dalla salsedine[25]

Ⅲ. 맺는 말

필자는 본고의 앞부분에서 몬탈레의 가슴속에 각인 되어 남아있던 그의 어린 시절 체험을 소개한 바 있다. 감수성이 아주 발달해 있던 소년 시절에 이미 자신의 무기력함을 강하게 느껴본 적이 있는 젊은 몬탈레에게는 개인적인 형편과 사회적 환경들이 꽤 오랫동안 인생의 진로를 위한 선택에 어려운 요인들이 되었다. 건강이 좋지 않아 원하던 인문계 고등학교로의 진학을 포기해야 했다. 뿐만 아니라 음악에 흠뻑 빠져 당대 그 지역에서 상당한 명성을 얻었던 스승으로부터 자질을 인정받아 바리톤으로서 지도를 받고 있던 중 스승의 갑작스런 타계로 또 한 번의 진로에 대한 좌절감을 맛봐야만 했다. 이즈음 1915년 5월 이탈리아는 전쟁에 가담한다. 그러나 병역을 치러야 할 나이의 몬탈레는 두 차례나 신체검사에서 면제도 아닌 재심 판결을 받고 이러지도 저러지도 못하고 세 번째 검사 통보만을 기다린다. 이

---

23) "Mia vita e' questo pendio [...] lento franamento" (ivi, p. 71, 13-15).
24) "Oh allora sballottati / come l'osso di seppia dalle ondate / svanire a poco a poco" (ivi, p. 132, 26-28).
25) Ivi, p. 75, 1-3.

러한 젊은 시절의 상황들 속에서 몬탈레는 자신은 "희망 없는 사람uomo finito"이자 "실패자un *fallito*"[26]라고 생각하기도 한다.

이렇게 일상생활 속에서 싹트고 자라난 몬탈레의 현실에 대한 부정적 시각은 그의 문학 세계 속에서 하나의 독특한 시학을 이루어내기에 충분하게 된다. 그의 이 '부정성'은 무엇보다도 현실의 질서 속에, 즉 "인생의 불행"이 기준인 우주의 운명론적 구조 속에 있는 것이다. 반면에 "행운"은 마치 신의 "무관심"에서 기인한 실수인 듯 살짝 열린 틈새로 새로운 세계를 볼 수 있는 아주 드물게 일어나는 "기적" 같은 것이다. 그런데 이 기적마저도 찰나적일 뿐인지라 완전한 현실 탈출은 불가능하다는 사실을 깨닫고도 그 현실 속에서 무기력하게 살아가야 하는 시인에게 이 인생의 현실은 너무도 비극적일 수밖에 없다. 그러하기에 '인생의 불행과의 만남'은 "이상주의적 그리고 실용주의적 낙관론에 반하는 스토아학파적 고뇌risentimento의 윤리를 재구성riformulare하기 위한 출발점이다. 뿐만이 아니라 일상적인 생활 속에 감추어져있는 진실한 세계를 향한 '돌파구varco'를 발견하고자 하는 것이다. 이러한 측면에서 볼 때 이 '인생의 불행과의 만남'은 '돌파구'에 대한 진지한 연구의 윤리를 재구성하기 위한 출발점"[27]이기도 한 것이다.

필자는 몬탈레의 이 부정의 시학은 이탈리아뿐만이 아니라 20세기 대부분의 사회와 문화에 커다란 영향을 끼친 정신적 동요와 긴장 상태를 표현한 것이라고 생각한다.[28] 즉 19세기말에 있었던 급속한 산업 발달과 함께

---

26) *Quaderno genovese*, op. cit., p. 1291 참조.

27) AA.VV., 『La nuova enciclopedia letteratura garzanti』, Milano, Garzanti, 1992, p. 634.

28) 이 시기에 20세기 영-미 시인을 대표하는 토마스 스터언 엘리엇Tomas Stearns Eliot (1888-1965)의 『황무지The waste land (1922)』가 발표된 것과 두 시집의 제목과 나아가 주제의 공통적인 면을 고려할 때 같은 시기에 집필되고 출간된 것이 우연이라고만 보아 넘길 수는 없을 것입니다. 더우기 『게론천Gerontion (1920)』(엘리엇이 황무지의 서시로 첨부 하고자 에즈라 파운드Ezra Pound (1885-1972)에게 의견을 물었으나 파운드의 반대의사로 서시가 되지 못함), 『황무지The waste land (1922)』, 『텅 빈 사람들The hollow men (1925)』(황무지의 주제를 그대로 다룬 시편들로 그중 몇 장은 황무지의 초고에서 제외되었다가 이 시집에 포함됨) 발표. 이창배, 『T.S. 엘리엇 연구- 인간

나타난 가치관의 변화와 황폐한 인간의 현실을 자각하고 표현한 것이다. 그리고 양차 세계대전시 이탈리아에 만연해 있었던 파시즘 정권(뭇솔리니 Benito Mussolini는 1922년 파시즘 정부 세움)에 대한 지식인의 윤리적, 실존주의적 고뇌를 예술적으로 표현한 것이다. 크게 이 두 가지 측면에서 몬탈레의 '부정의 시학'이 갖는 의미를 해석해 봄으로써 결론에 대신하고자 한다.

참고문헌

Eugenio Montale, *L'opera in versi Edizione critica*, a cura di Rosanna Bettarini e Gianfranco Contini, Torino, Einaudi, 1980.

Eugenio Montale, *Ossi di seppia*, Milano, Mondadori, 1991.

Eugenio Montale, *Ricordo di una spiaggia*, in *Prose e racconti*, Milano, Mondadori, 1995, pp. 657-61.

Eugenio Montale, *Quaderno genovese*, in *IL SECONDO MESTIERE Arte, Musica, Societa'*, a cura di Giorgio Zampa, Milano, Mondadori, 1996.

Eugenio Montale, *Sulla poesia*, Milano, Mondadori, 1997.

AA.VV., *Letture Montaliane in occasione dell'80o compleanno del Poeta*, a cura del Comune e della Provincia di Genova, Genova, Bozzi, 1977,

AA.VV., *La nuova enciclopedia letteratura garzanti*, Milano, Garzanti, 1992.

Romano Luperini, *Storia di Montale*, Roma-Bari, Laterza, 1992.

Giacomo Leopardi, *Canti*, a cura di Franco Gavazzeni, Milano, Rizzoli, 1999.

Giuseppe Marcenaro, *Eugenio Montale*, Milano, Mondadori, 1999.

Eugenio montale, *Poesie*, a cura di Angelo Marchese, Milano, Mondadori, 1991.

Carmelo Sambugar / Doretta Ermini, *Lineamenti di storia e di letteratura italiana ed europea* vol. 3°, Firenze, La Nuova Italia, 1995.

김효신, 김명배 공역, 『Eugenio Montale *Portami il girasole* 내게 그 해바라기 가져다주오』, 이탈리아 문화원, 서울, 1998.

과 문학』, 민음사, 서울, 1993. p. 129 내용을 요약하였음.

이창배, 『T.S. 엘리엇 연구- 인간과 문학』, 민음사, 서울, 1993. p. 129.
한형곤 역, 『몬탈레 선집』, 범우사, 서울, 1975.
한형곤, 『이탈리아문학의 이해』, 거암, 서울, 1984.

5. 몬탈레의 *Mottetti* 연구

들어가는 말

본고에서는 지면을 통해 지금까지 국내에 알져진 몬탈레와 관련된 몇 가지 사항들에 있어서의 오류와 오해를 바로 잡고, 그의 시문학에 결정적인 도약의 시기가 되었던 피렌체 시절에 있었던 몇 가지 사실에 대하여 보다 면밀히 살펴보고자 한다.

피렌체는 몬탈레의 고향 제노바보다는 전통에 빛나는 이탈리아 문화의 중심지였다. 따라서 당대의 수많은 지성인들과의 교류가 가능했던 피렌체에서의 생활은 당시 이탈리아와 세계가 처해있던 문제들과 함께 몬탈레에게 커다란 고통을 주며 고뇌에 빠져들게 했고 이러한 부분들이 그의 두 번째 시집 속에 담겨지게 되었다.

비록 몬탈레의 시 쓰기가 주로 사실에 바탕을 두고 이루어졌다는 것은 알려진 내용이지만, 두 번째 시집 속에는 쉽게 풀리지 않는 많은 부분들이 있다. 많은 시인들이 그렇듯 몬탈레의 시들 속에도 감춰지고 때로는 중의적인 의미와 특성들을 내포하고 있는데, 본 연구가로서는 특히 시적 여인에 관한 부분이 그렇다. 때마침 이러한 문제 해결에 도움이 될 수 있는 좋은 자료 세상에 알려지게 되었는데 다음과 같다. 몬탈레가 자신의 대표적인 '시적 여인l'ispiratrice poetica' 중 한 명으로 알려진 어르마 브랜디스Irma Brendais에게 보낸 편지들을 모은 서간문집 『클리찌아에게 보낸 편지*Lettere a Clizia*』[1]가 2006년에 발행된 것이다. 이 편지들은 몬탈레가 그녀에게 쓴

---

1) 몬탈레가 어르마 브랜디스 Irma Brandeis에게 보낸 편지들이 1983년 10월 12일 브랜디스 자신의 손으로 뷧세 도서관의 관장을 역임한 알렉산드로 본산티Alessandro Bonsanti에게 전해졌고, 본산티는 이것을 자신이 빗쉐에 1975년 10월에 설립한 현대 문헌보관소에 맡겼다. 이 전달과정에서 브랜디스는 한 가지 당부를 하였는데 자신이 전해준 편지들을 어떠한 경우에도 적어도 20년 이상 지난 뒤에 공개해야 한다고 하였다. 이 서간문집에는 1933년 7월 31일부터 1939년 12월 11일까지의 서신 154통과 브랜디스 자신이 쓴 두 편

편지들로 그들의 연인 관계가 이뤄진 1933년부터 1939년까지의 것이다. 몬탈레의 두 번째 시집에 담겨있는 시들이 쓰여진 시기가 1928년에서 1939년까지 라는 점을 염두에 두며, 특히 시집의 *Mottetti* 장의 20편에 이르는 모든 작품들이 1934년과 '37, '38, '39년 작품임을 고려할 때 『클리찌아에게 보낸 편지』를 통한 새로운 시 읽기의 가능성을 시도해 보고자 한다.

Ⅰ. E. 몬탈레

몬탈레는 이탈리아 서북부의 역사와 전통을 자랑하는 항구도시 제노바에서 부친 도메니코(Domenico, 1855-1931)와 어머니 주셉피나 릿치Giuseppina Ricci(1862-1942)사이에서 5남 1녀 중 막내로 태어났다.[2] 부친은 사촌들(Domenico 와 Lorenzo)과 함께 "G.G. Montale & C"라는 화학물품 무역회사를 운영하고 있었다. 부친은 트리에스테의 스베보Italo Svevo와도 오랫동안 무역 거래를 하였다.[3] 막내로 태어난 몬탈레는 어려서부터 허약한 체질로 부모님의 사랑과 염려를 늘 함께하며, 비교적 넉넉한 집안 형편 덕분에 초등학교 이후인 1908년 1월 17일부터 사립학교Istituto tecnico Vittorino da Feltre와 공립학교Istituto tecnico Vittorio Emanuele에 다니다 여러 차례 기관지폐렴이 발병하여 중퇴한다. 이후 몬탈레는 건강상의 이유로 인문계고등학교 liceo classico로 진학하지 못하고 부모의 결정에 따라 상업계고등학교로 진학하여 1915년에 졸업il diploma di ragioniere하였다. 몬탈레는 이후 대학에

의 글이 담겨있는데, 한 편은 1935년에 쓰여 진 것으로 추정되는 2월 21일자 몬탈레에게 보낸 편지이고 다른 한 편은 1979년 8월에 쓴 것으로 여겨지는 '독자에게 보내는 편지 *Al lettore da I. B.*'이다. Cfr. Montale, Eugenio. *Lettere a Clizia*(a cura di Rosanna Bettarini, Gloria Manghetti e Franco Zabagli). Milano: Mondadori. 2006. p. XLIII.

2) 1896년 10월 12일 밤 11시에 태어난 몬탈레는 가족과 함께 1913년 까지 제노바의 Corso Dogali 5번지에서 살았다. 형제로는 살바토레Salvatore (1885-1972), 우고Ugo (1887-1963), 에르네스토Ernesto (1889-태어난 직후 사망), 알베르토Alberto (1890-1978), 마리안나Marianna (1894-1938)가 있었다.

3) 이 사실을 몬탈레는 1927년 밀라노에서 우연히 처음으로 만난 스베보와의 대화를 통해 알게 되었다. Cfr. Nascimbeni, Giulio. *Montale Biografia di un poeta.* Milano: Longanesi & C. 1985. pp. 68-69.

가지 못하였고 "상고졸업장ragioniere"을 갖게 된 것에 큰 불만을 가지고 있었다.4)

몬탈레는 어린 시절부터 바로 손위의 누나이자 유일했던 마리안나Marianna로부터 정신적 도움을 크게 받았으며, 자신도 그녀를 선생님이자 보호자, 안내자로 여겼다. 그녀는 또한 몬탈레로 하여금 형제들 중 유일하게 고등교육을 제대로 받지 못한 것에 대해 느끼던 열등감을 떨쳐버릴 수 있도록 도와주었다고 훗날 회고하였다. 사실 마리안나는 사범학교를 졸업Il Diploma alla Scuola Normale 하였고 또한 제노바대학 문학 철학부에서 철학을 공부하였다. 젊은 시절 몬탈레는 그녀가 조언하는 작가들의 작품을 읽고 그들에 대하여 함께 토론하였다. 대학 진학을 하지 못한 몬탈레는 문학과 음악에 관심을 갖고 제노바시의 도서관들5)에서 독서에 매진하고, 바리톤 시보리Ernesto Sivori 선생의 음악수업을 받으며 자신의 천재성에 강한자극을 가하기 시작했다.

몬탈레는 형들과는 달리 허약한 체질로 군 신체검사에서도 세 번 이나 보류판정을 받게 되는데 정신적으로 그에게는 이 또한 상당한 스트레스로 작용하였다. 제1차 세계대전이 점차 이탈리아에도 심각한 영향을 끼쳐오던 분위기에 몬탈레도 1917년 8월 드디어 입대를 하게 되어 노바라Novara에 있던 제23보병연대에 배치되었다. 같은 해 가을 몬탈레는 파르마Parma에서 단기간에 걸친 보병하사관 교육을 받게 되는데 그곳에서 솔미Sergio Solmi (Rieti1899-Milano1981)를 우연히 처음 만나게 된다. 이때부터 시작된 솔미와의 우정은 평생토록 유지된다. 하지만 1918년 1월 몬탈레와 솔미는 다른

4) Malato, Enrico(diretta da). *Storia della letteratura italiana*. vol. IX. Il Novecento. Roma: Salerno editrice. 2000. pp. 550-51. 당시 이탈리아의 교육제도에 따르면 대학에 진학하기위해서는 문과, 이과를 불문하고 학업 수준과 양이 가장 높은 인문계고등학교(liceo classico)를 졸업해야 했다.

5) Biblioteca civica, la Societa' di Letture e Conversazioni Scientifiche, la Biblioteca Universitaria degli Studi di Genova(1917년 5월부터), il Teatro Carlo Felice, 카페 Lido d'Albaro 그리고 Caffe' Diana 등에서 제노바 시절의 몬탈레는 독서에 열중하고 문인들과 교류하였다.

곳으로 부임하게 되는데 몬탈레는 비첸자Vicenza 근처의 스키오Schio에 있던 보병 제158연대로 배치되어 트렌티노Trentino주의 발모르비아Valmorbia 전선에서 싸우게 된다. 반면 솔미는 콜랄토Collalto 전선으로 간다. 종전 후 몬탈레는 란초 토리네제Lanzo Torinese[6]에 있는 오스트리아 포로수용소에 배치되고 그곳에서 가끔 규정을 어기고 음악과 벨칸토에 대한 열정을 가지고 있던 몇 몇 포로들을 데리고 토리노의 오페라하우스Teatro Regio di Torino에 가곤했다. 이처럼 몬탈레의 음악에 대한 관심은 평생토록 한결같았으며 그의 작품에도 크게 영향을 끼친다.[7]

오랜 역사와 풍부한 문화적 배경을 자랑하는 이탈리아 반도는 로마 제국의 멸망 이후 약 1400년 동안 크고 작은 지역들로 나뉘어 오다 1871년 마침내 외세를 벗어나 오랫동안 염원해오던 통일국가를 이루고 20세기를 맞이하였다. 주지하듯 세계적으로 20세기는 그 이전에 비하여 훨씬 많은 지식인들이 활동하였고 수많은 업적을 남긴 시대였다. 산업혁명 이후부터 시작된 물질문명의 급속한 변화는 유럽의 열강들로 하여금 넘치는 자국의 힘을 과시하려는 듯 세계를 상대로 팽창정책을 펴게 하였으며, 이러한 움직임은 특히 20세기 전반기에 이르러 절정에 달하게 된다. 이로 인하여 세계대전과 제국주의와 같은 반인륜적이며 반민주적인 정치, 사회 현상이 전 세계에 만연하게 된다. 이탈리아 또한 예외가 아니어서 국민들은 정신적으로 극도의 불안과 초조로 매우 궁핍한 생활을 하게 되었고 대부분의 지성인들은 이러한 상황 하에서 무기력함을 느낄 수밖에 없었으며 최고의 지성인이라고 할 수 있는 자들조차도 자신의 목숨을 걸고 당시의 정치, 사회적 위기상황에 맞서는 사람들은 극히 소수에 지니지 않았다.[8]

---

6) 토리노로부터 스투라Stura강을 따라 북쪽으로 약 30km 떨어진 곳에 위치함.

7) 현재까지 발표된 국내학자들의 몬탈레에 대한 논문이나 서적들에서 몬탈레의 가정형편, 건강, 학업, 음악, 군대생활에 대한 오류가 지속적으로 발견됨에 따라 본고가 이를 바로 알리는데 도움이 되고자 시인에 대한 다소 긴 전기적 사실들을 쓰게 되었다.

8) 세그레에 의하면 "1931년 독재정권에 대한 충성 맹세를 거부한 대학교수들은 전체 1200명 중 12명뿐이었다." (Segre, Cesare. *La letteratura italiana del Novecento*. Roma- Bari: Laterza. 1998, p. 22.)

몬탈레는 이러한 용기 있는 지성인들 중 한 명으로 평가된다. 그는 1896년 제노바에서 태어나 변화무쌍한 시대에 청년기를 보내며 타고난 지성과 감성으로 시대를 꿰뚫어보던 문인이다. 그는 지성인으로서 현실정치에도 뚜렷한 의사를 표명하였다. 1925년 크로체가 주창하고 250명의 지성인들이 함께한 반파시즘 선언에 서명하는 등 심각한 위기에 빠져있던 인간들의 시대적 고통을 깊이 각성하며, 날카롭고도 정제된 언어로 그 실상을 고발하고 인간이 직면해있는 위기로부터 벗어날 수 있는 탈출구를 끊임없이 찾고자 노력하였다. 이러한 측면에서 지속적으로 현실에 관심을 가졌던 몬탈레는 수많은 시, 산문 그리고 비평문을 통해 지식인의 소임을 다해내고자 몸부림 쳤던 인물이었다. 이러한 그의 자세와 탁월한 문학적 업적은 국내외에서 인정받아 1967년 이탈리아 대통령으로부터 종신상원의원으로 서임되었고 1975년에는 노벨문학상으로 빛나게 되었다.

우리 학계에는 주로 시인으로만 알려진 몬탈레는 총 여섯 편의 시집을 출간하였을 뿐만 아니라 많은 중편, 단편소설과 국내외의 문학, 음악, 미술 등 다양한 분야에 대한 평론들을 남겼다. 특히 평론가로서의 스베보의 발견은 매우 높이 평가되고 있다.[9] 그의 시문학 작품은 형식과 주제 면에서 전기와 후기로 구분되는데 1925년 발표된 첫 시집 『오징어 뼈*Ossi di seppia*』와 『기회들*Le occasioni*』(1939년) 그리고 『폭풍우와 기타*La bufera e altro*』(1956년)를 전기 작품으로 『사투라*Satura*』(1971)부터 『1971년과 72년의 일기 *Diario del '71 e del '72*』(1974), 『4년 동안의 노트*Quaderno di quattro anni*』(1977)를 후기 작품으로 나눌 수 있다.

*Mottetti*를 담고 있는 『기회들』은 함께 전기 작품으로 분류되고 있는 첫 시집과는 많은 변화가 있음을 알 수 있다. 『오징어 뼈』는 다섯 개의 장으로 이루어졌으며 주요 테마는 바다, 고향의 헐벗고 황폐한 풍경이라고 할 수

---

9) 세그레도 일찍이 20세기 10대 평론가로 언급한 바 있으며, 멘갈도는 몬탈레를 크로체Croce, 보르게제Borghese, 솔미Solmi, 데베네뎃티Debenedetti, 콘티니Contini와 함께 20세기 전반기 이탈리아 최고의 문학 비평가로 꼽고있다. Cfr. Mengaldo, Pier Vincenzo. *Profili di critici del Novecento*. Torino: Bollati Boringhieri. 1998. p. 149.

있다. 고향 바다인 리구리아Liguria는 고통스럽고 부정적인 실존의 상징이자 현혹적이며 이해할 수 없는 현실에 대한 상징이다. 20세기 많은 예술가들과 공조하여 이 작품 속에서 한편으로는 고통과 위기 속의 인간을 구원해줄 '기적'을 항상 염원함에도 불구하고, '삶의 불행'의 모든 고통을 자신에게서 느끼는 위기의 존재로서 인간을 표현한다. 반면에 두 번째 시집『기회들』은 1927년 고향을 떠나 피렌체로 옮겨간 시인의 실제 삶과 같이 리구리아 바다를 떠나 시인의 여러 느낌들과 기억을 가동하게 하는 우연한 순간과 상황들, 즉 '기회'에 대해 노래한다. 첫 시집에서는 주로 시적 주인공이 '나'가 되어 보고, 느끼고, 생각하고 행동하지만, 두 번째 시집에서는 시적 주어가 '너'를 등장시켜 대화하며 관심의 초점이 적어도 외향적으로 이동하게 된다. 뿐만이 아니라, 이 '너'의 상당수가 시적 여인들이라는 것을 알 수 있으며, 이들은 작품 곳곳에 등장하여 매우 중요한 역할을 한다. 네 편의 장으로 이뤄진 이 시집에서 이 여인들은 특히 어두운 세상에서 빛으로 가득한 전령, 구원자 그리고 악마이자 천사의 속성을 가진 것 같은 모습으로 나타난다.[10] 이것은 상징주의와 우연의 일치이긴 하나 일종의 T.S. 엘리엇의 '객관적 상관물'의 사용 기법을 이용한 시 쓰기가 이 작품 속에서 성숙되고 세련된 모습으로 나타난 것이라고 할 수 있다.[11]

Ⅱ.『기회들』과 *Mottetti*

몬탈레의『기회들』은 1928년에서 1939년 사이에 쓴 시들을 모아 1939년 에이나우디Einaudi 출판사에서 발행되었다. 이 후 1940년에 출판된 두 번째 판본은 4편이 추가되었고, 최종판인 아홉 번째 판본이 만들어지는 1960년까지는 시집에 담긴 시의 편수에는 변화 없이 작은 수정 보완만 이루어진다. 다만, 세 번째 판본에서 *Mottetti* 장(sezione)의 한 편인「발코니*Il balcone*」를

10) Ii, Sangyeob. *Una lettura de L'angelo nero di Eugenio Montale*. in *Archivi del Nuovo* n.6/7. Bologna: Clueb. 2001. pp. 141-47.

11) 이상엽.「20세기 시의 국제성과 이탈리아의 현대시」.『이탈리아어문학 제21집』. 한국이탈리아어문학회. 2007. p. 123.

시집 전체의 서시로 놓고 헌사의 역할을 하도록 한다는 주석이 처음으로 등장하였다.[12] 전체 58편의 시를 담고 있는 『기회들』은 1949년 몬다도리 Mondadori 출판사에서 발행된 판본에서부터 '어르마 브랜디스 I. B.'[13]에게 헌사 되었음을 명시하고 있다.

앞서 언급하였듯이 『기회들』은 1928년에서 1939년까지 쓴 시들을 모은 시집으로 그 유기적 관계의 일관성과 특징을 알게 해주듯 콘티니Gianfranco Contini는 "사랑의 시가집Canzoniere d'amore"이라고 했다. 몬탈레의 시적 여인들은 모든 시집에 걸쳐 등장한다. 이 시적 여인들은 환상의 인물이 아니라 시인이 구체적인 실제 생활에서 알게 된 사람들이다. 뿐만이 아니라 시 속에 등장하는 여인들의 순서는 대부분이 개인적인 경험들의 순서에 일치한다. 이러한 여인들의 숫자는 대략 15명에 이른다.[14] 이들 중에서 가장 중요한 여인은 출현 빈도수와 몬탈레 시론에 끼친 영향을 고려할 때 둘이라고 볼 수 있는데 그들이 바로 '모스카Mosca'와 '클리찌아Clizia'라고 할 수 있다. 몬탈레는 이들을 각각 1927년과 1933년에 알게 되었다.

본인은 몬탈레의 『기회들』을 통해 몇 가지 흥미로운 사실에 관심을 갖게 되었다. 그것은 몬탈레가 평생토록 함께한 여인인 본명이 탄지Drusilla Tanzi이며, 훗날 몬탈레에 의해 모스카로 불려진 그녀가 등장하는 작품이 이 시집에는 한 편도 없다는 사실이다. 몬탈레는 탄지를 두 번째 시집에 수록된 작품들을 쓰기 시작한 피렌체 시절 초기인 1927년에 만났다. 이후 지속적으로 관계를 유지해오다가 시집이 발간되는 1939년 4월 동거를 시작하고, 1962년 7월 23일 결혼을 하게 된 여인이라는 점을 고려할 때 『기회들』속의 탄지의 부재는 주목할 만하다. 반면에 이 두 번째 시집 속에는 시인이 시집 전체를 헌사하고 있으며, 시집의 핵심적인 장이라고 할 수 있는

---

12) Montale, Eugenio. *L'opera in versi*. a cura di R. Bettarini e G. Contini. Torino: Einaudi. 1980. p. 895.

13) 본 논문(p. 8)의 2.3절 참조.

14) Esterina Rossi, Paola Nicoli, Annetta (Anna degli Uberti), Dora Markus, Gerti Tolacci, Liuba Blumenthal, Clizia, Mosca, Volpe, Laura Papi, Mushka Von Nagel, Adelaide Bellingardi, Carla Fracci, Maria Bordigoni, Gina Tossi 등.

*Mottetti*의 거의 모든 시들의 시적 여인이 클리찌아라는 사실이다. 본 연구가는 지금까지 시인의 삶과 작품에 대한 연구를 통해 이해한 바로는 몬탈레는 시인 특유의 감수성을 가지고 매우 정교하고 치밀하며 세련된 작품들을 남겼고 삶 또한 그러했다고 믿는다. 그러한 시인이 두 번째 시집에서 보여준 모스카에 대한 뜨거운 침묵은 매우 의아한 것이었으며 그 이유에 대한 궁금증은 늘 커져만 갔다. 이러한 때에 몬탈레가 한 여인, 브랜디스에게 보낸 편지들이 최근에 세상에 공개된 것이다. 바로 이 *Mottetti*의 시들이 쓰인 시기와 일치하는 1933에서 '39년까지의 시인의 서간문을 통해 몬탈레가 브랜디스를 처음 만난 시기가 지금까지 이탈리아 학계에 알려진 바와는 조금 다르다[15]는 사실도 알게 되었다. 이 새로운 자료가 담고 있는 여인을 향한 시인의 마음과 현실에 대한 고뇌는 이 문헌을 통하여 그 동안 알려진 것과는 훨씬 다른 수준으로 느낄 수 있다. 특히 브랜디스가 몬탈레의 서간문들과 함께 독자를 염두에 두고 쓴 편지를 통해서도 몬탈레와 탄지와의 관계 그리고 브랜디스의 관계가 시속에 어떻게 스며들어있는지 또 어떤 영향을 끼쳤는지 생각해볼 수 있는 기회가 되리라 믿는다.

2.1 Mottetto와 *Mottetti*

'못텟토Mottetto'는 원래 프랑스의 다성 음악 장르였으며 13세기 경 이탈리아에 전해진 것으로 알려져 있다. 문학적으로는 다양한 방식으로 지어진 시로서 2, 3, 4, 5행 또는 8행으로 되어 있으나 한 마디로 그 형식을 정의하기는 쉽지 않다. 이탈리아의 언어학, 문헌학, 작시법 및 수사학 분야의 대표적인 연구가들[16]에 따르면 이 용어는 경구, 금언, 주장, 생각과 같은 의미를

---

15) 몬탈레의 수많은 연구가들 중에서도 몬탈레의 전기에 가장 정확한 연구결과를 발표하였고 몬탈레 사후 거의 모든 연구들에서 인용되고 있는 대표적인 학자인 마르코 포르티Marco Forti, 줄리오 나심베니Giulio Nascimbeni와 조르지오 잠빠Giorgio Zampa는 브랜디스가 처음 몬탈레를 방문한 것이 1933년 봄이라고 하였고 이후 모두가 이들의 말을 인용하였으나 최근에 출간된 문헌에 의하면 1933 여름이라고 한다. Cfr. Nascimbeni, Giulio. *Montale Biografia di un poeta*. Milano: Longanesi. 1986. p. 92.

16) G. Beltrami, Pietro. *La metrica italiana*. Bologna: il Mulino. 1991. pp. 293-94.

내포하고 있는 것으로 이해한다. 또한 이탈리아 문학에서는 매우 드물게 사용된 형식이지만 13세기 후반의 카발칸티Guido Cavalcanti의 작품과 14세기 초의 프란체스코 다 바르베리노Francesco da Barberino의 작품 그리고 몬탈레의 작품을 그 유명한 예로 들고 있다. 학자들은 이구동성으로 몬탈레의 *Mottetti*를 형식과 내용면에 있어서 가장 복합적인 면모를 보여주는 작품으로 평가하고 있다. 특히 이탈리아 문학연구에 있어서 20세기 최고 중 한 명이라고 할 수 있는 이셀라Dante Isella는 이 시들이 "몬탈레 시문학의 극치를 보여주는 순간들 중 하나"[17]로 평가하고 있다.

몬탈레의 시집에서 중요한 의미를 갖는 장들인 첫 시집의 *Ossi di seppia* 장, 세 번째 시집의 *'Flashes' e dediche* 장과 마찬가지로 시집의 구조적 측면에서 볼 때 *Mottetti*는 두 번째 시집의 중앙에 위치하고 있다. 이는 전기 시집 모두에서 나타나는 연속성을 통해 그 장의 높은 위상을 표현하는 것으로 볼 수 있다. 또한 시인은 1933년에 쓴 *Mottetti*의 한 편의 시를 선택하여 시집 전체의 서시로 정하였다는 점도 '못텟티' 장의 중요성을 더해준다. 몬탈레가 선택한 서시 「발코니」는『기회들』의 발코니로 생각하게 하여 "기회들"의 입구 또는 "기회들"을 바라볼 수 있는 곳임을 암시하는 듯하다.

몬탈레는 자신이 훌륭한 시인으로 평가한 스페인 낭만주의의 대표적인 시인 구스타보 아돌포 베케르G. A. Bécquer의 시구 "화산위의 꽃 *sobre el volca'n la flor*"을 *Mottetti* 장을 시작하기 직전에 인용하며 그의 시학을 상기하고 있는듯한데 베케르의 시*Las Rimas*와 몬탈레의 시들이 갖는 유사한 면들이 느껴지는 것도 우연한 일만은 아닌 것 같다.[18]

Lavezzi, Gianfranca. *Manuale di metrica italiana*. Roma: La Nuova Italia Scientifica. 1996. pp. 196-97. Beccaria, Gianluigi (diretto da). *Dizionario di Linguistica e di Filologia, Metrica, Retorica*. Torino: Einaudi. 1996.

17) Montale, Eugenio. *Mottetti* (a cura di Dante Isella). Milano: Adelphi. 1992. p. 17.

18) 구스타보 아돌포 베케르Gustavo Adolfo Bécquer(세비야 1836 - 마드리드 1870). 20세기 스페인 최고의 문학평론가라 할 수 있는 다마소 알론소Damaso Alonso (1898-1989)는 베케르의 시문학을 "단 한 번의 날갯짓으로 마음속 깊은 곳에 어떤 화음을 일깨웠고 그 목소리는 가슴속을 메아리로 가득 차게 하였다"고 평가한다. 그는 스페인 문학연구

2.2 몬탈레의 여인: 탄지Drusilla Tanzi와 브랜디스Irma Brendais

몬탈레의 시적 여인들 중에서 가장 중요한 인물은 탄지와 브랜디스라고 생각한다. 이 여인들이 몬탈레 개인의 삶과 작품들 속에서 차지하고 있는 질적, 양적 측면에서의 위상을 고려 해볼 때 이러한 판단을 내릴 수 있다.

성인이 된 몬탈레는 1925년 무렵부터 독립하여 고향 제노바를 떠나고자 밀라노와 피렌체 등에서 열심히 구직활동을 하였다. 그러나 당시 이탈리아의 경제 및 정치 사회분야도 파시스트들의 영향을 크게 받고 있었기에 파시스트 당원이 아닌 몬탈레에게 구직은 쉬운 일이 아니었다. 그러나 첫 시집을 발표한 뒤 이미 이탈리아 문단으로부터 상당한 관심을 끌게 되었고 또한 매형 비뇰로Luigi Vignolo의 도움으로 1926년 10월 7일 비아렛조에서 피렌체의 한 출판사측과 면접을 치를 수 있었고 11월 1일부터 출근하는 것으로 되어있었다. 그러나 처음 약속보다는 늦어진 1927년 몬탈레는 드디어 벰포라드Bemporad 출판사에 입사하게 되어 피렌체로 가게 되었다. 1927년 2월 초 피렌체에 도착한 몬탈레는 누나와 지인들의 조언에 따라 매우 싼(19리라) 콜롬비니Colombini여관[19]에 들려고 했으나 빈 방이 없어서 임시로 여관 앞의 한 조산원에 방을 얻어 머물다 콜롬비니로 간다. 1927. 2. 4일자로 제노바에서 데베네뎃티에게 쓴 편지가 보관되어 있고, 솔미에게 보낸 8일자 편지가 피렌체의 벰포라드(R. Bemporad & Figlio) 출판사의 기안용지를 이용하여 쓰여졌다.[20] 따라서 학자들은 몬탈레가 2월 6, 7, 8일 중 어느

가들에 의해 19세기 스페인 최고 시인이자 후대의 시인들에게 가장 큰 영향을 끼친 시인들 중 한 사람으로 평가되고 있다. 베케르의 본명은 '구스타보 아돌포 도밍게스 바스티다Gustavo Adolfo Dominguez Bastida'이다. 그는 세계에 대한 진정한 이해는 과학이 아닌 문학의 역할이라 믿었으며, 이전에 보여주던 문학의 장식적이고 초월적인 영역을 탈피하고 시에 있어서의 낭만적 감수성과 우연성을 중요시하였다. 그는 자신의 시속에서 '간결한 시구로 인간 내면의 신비한 영역에 대한 탐색을 특징으로 하며, 여인과 시의 중의적 표현'을 즐겨 썼다. (고려대학교 스페인 라틴아메리카연구소. 『스페인 문학사』. 고려대학교출판부. 2008. pp. 479-88).

19) Pensione Colombini, 7 di via del Pratellino, Firenze.

20) Zampa, Giorgio. *Cronologia* in *Montale Tutte le poesie*. Milano: Mondadori. 1990. p. LXIII.

날 벰포라드 출판사에서 처음으로 일을 시작한 것으로 추측한다. 그러나 회사의 제정상태나 열악한 출판사의 작업시스템, 일방적인 월급 삭감 그리고 사업주의 정직하지 않은 태도와 업무 이행 강요 등으로 매우 고된 일상의 나날을 보내야 했다.

한편 1881년 피렌체에서 태어난 탄지를 몬탈레는 1927년 여름 처음으로 만나게 된다. 1927. 6. 20일 몬탈레가 이탈로 스베보에게 편지를 쓴 내용 중에 마테오 마랑고니의 부인인 드루실라 탄지[21]를 알고 있는데 매우 지적인 그녀가 스베보의 작품을 아주 좋아한다고 한 기록이 남아있다.[22] 1928년 6월 벰포라드로부터 실직한 뒤 영국 문학 작품을 중심으로 번역과 문예지에 원고를 써주며 살아가던 그는 다행스럽게도 그의 역량을 알아본 지인들의 추천으로 1929년 가비넷토 뷧쇠Gabinetto Vieusseux의 관장으로 취임하게 되었다. 레오파르디와 만초니 등 이탈리아 최고의 문인들이 방문했을 뿐만이 아니라 유럽의 여러 나라와 미국에서도 많은 유명 인사들이 방문하고 또 서적을 대출하였던 곳[23]으로 몬탈레는 이 자리를 매우 영예로운 것

---

21) 피사대학 교수로 예술 평론가였던 전남편 맛테오 마랑고니 Matteo Marangoni가 죽자 1962년 7월 23일 몬탈레와 탄지는 결혼한다. 탄지는 1965년 10월 20일 죽어 피렌체 인근의 작은 마을 에마Ema의 산 펠리체 공동묘지에 안장되며, 몬탈레는 1981년 9월 12일 밀라노에서 생명을 다하고 15일엔 아내 곁에 묻힌다.

22) 몬탈레가 이미 결혼한 탄지를 알게 되고 그들의 관계가 상당한 깊이로 지속될 수 있었던 것은 지적인 욕구가 매우 강했던 몬탈레가 비평가로서 전혀 알려져 있지 않은 『제노의 의식*Coscienza di Zeno*』을 읽고 당시로서는 처음으로 스베보의 문학성을 세상에 알린 직후였다. 그러한 몬탈레에게 피렌체에서 태어났으나 원래 트리에스테 출신의 피를 이어받아서인지 보통 사람으로서는 드물게 탄지가 스베보의 작품을 좋아했다. 몬탈레는 이러한 탄지의 지적인 면에 매력을 느꼈고 이것이 두 사람의 만남에 좋은 계기가 되었던 것 같다. 이후 이러한 문학적 공감은 두 사람간의 소통의 매체가 되었을 것이며, 시간이 흘러 피렌체에 도착한 뒤 오랫동안 여관에 묵고 있던 몬탈레는 그녀의 집으로 세를 얻어 이사를 하게 되기에 이른다.

23) Giovan Pietro Vieusseux가 1820년 1월 25일 피렌체에 세운 도서관으로 정치, 행정, 교육, 문학 그리고 과학 분야에 정진하던 당대의 수많은 명사들이 즐겨 찾던 곳이었다. 1827년 9월 19세기 이탈리아 최고의 시인 레오파르디와 만초니가 함께 만났던 곳이기도 한 뷧쇠를 방문하던 사람들 중에는 영국, 미국, 프랑스, 독일, 러시아, 폴란드, 스위스인들이 등이 있었다. 졸라는 1895년 한 친구(Ruyters)에게 이곳을 소개하기를 외국 작가와 예술가들에게는 반드시 방문해야 할 곳이라고 했을 정도이다. 방문자들 중에는

으로 생각하며 최선을 다해 직책을 수행했다. 1929년 3월 26일자 공식 서류에 따라 임명이 확정되었고, 몬탈레가 4월 1일자로 누나 마리안나에게 보낸 편지에서 "오늘 뷧쇠에서 일했어요"라는 내용을 고려할 때 그날을 첫 출근일로 볼 수 있다.[24] 피렌체로 생활터전을 옮긴 이후 줄곧 여관에 머물다가 1929년 여름 맛테오 마랑고니Matteo Marangoni와 드루실라 마랑고니Drusilla Marangoni 부부의 집[25]의 반 지하 방에 월세로 들어간다. 이후 몬탈레의 안정된 생활이 시작되고 피렌체에서의 많은 문우들과의 교류활동을 하게 된다. 그러나 파시스트 정권하에 있던 그 시절 파시스트 정권은 몬탈레에게 오랫동안 압력을 가하며 입당을 촉구해왔으나, 한결같이 이 제안을 거부해오던 몬탈레는 마침내 1938년 12월 1일자로 관장직을 잃게 된다. 이후 1939년 4월 몬탈레는 약 12년간 알고 지내오던 15세 연상의 탄지와의 동거를 결정하고 두 사람은 두카 디 제노바 거리로 이사한다.[26]

2.3 *Mottetti*[27]의 시적 여인: Clizia

어르마 브랜디스는 1905년 뉴욕의 한 부유한 집안에서 태어났다. 그녀는 이탈리아, 프랑스, 영국 문학연구가였으며 번역가이자 작가이기도 했을 뿐만 아니라 1932년부터는 뉴욕의 사라 로렌스 칼리지Sarah Lawrence College N.Y.에서 이탈리아어와 이탈리아문학을 강의했다. 또한 컬럼비아 대학Columbia University에 다니며, 중세와 미래파Futurismo에 대한 지속적인 관

쇼펜하우어, 스탕달, 베를리오즈, 리스트, 도스토예프스키, 지드, 마크 트웨인, 졸라, 제임스, 헉슬리, D. H. 로렌스 등 많은 지성인들이 있다. Cfr. http://www.vieusseux.fi.it/cenni_storici/cenni_storici.html

24) Zuffetti, Zaira (a cura di). *Lettere da casa Montale* (1908-1938). Milano: Ancora. 2006. p. 633.

25) Via Benedetto Varchi, 6, Firenze.

26) Viale Duca di Genova 38/A (현재의 viale Giovanni Amendola).

27) 못텟티의 시들의 특징을 고려하여 몬탈레는 바즐렌Bobi Bazlen에게 보낸 1939년 5월 31일자 편지에서 자전 소설(un "romanzetto autobiografico")이라고 했고, 이셀라는 '연가집 속의 연가집'(un "canzoniere nel canzoniere")이라고 표현했다. Cfr. Montale, Eugenio. *Le occasioni* (a cura di Dante Isella). Torino: Einaudi. 1996. pp. 75-76.

심을 가졌다. 그녀는 1931년 페레로Leo Ferrero를 통해 『오징어 뼈』를 알게 된 뒤[28], 1933년 피렌체의 뷧쇄로 몬탈레를 직접 찾아왔다. 이렇게 시작된 그들의 아름다운 관계는 1939년까지 서신과 그녀의 이탈리아 방문으로 뜨겁게 지속되었다.

얼마 전까지 이탈리아 학계에서는 몬탈레에 가장 정통한 학자들이라 할지라도 모두가 브랜디스와 몬탈레의 첫 만남의 시기에 대해 정확하게 알고 있지 못했다. 잠빠Giorgio Zampa, 포르티Marco Forti, 나심베니Giulio Nascimbeni는 모두 어르마 브랜디스가 1933년 봄에 몬탈레를 처음 방문했다고 했으며,[29] 더욱이 저명한 학자들에 의해 방대한 분량의 정보를 담아 최근에 살레르노 출판사에서 발행된 이탈리아문학사에서는 그녀의 몬탈레 방문의 해를 1932년과 1933년 사이에서 확신하지 못하고 있다.[30] 그러나

---

28) 레오 페레로(Leo Ferrero, Torino 1903-Santa Fe, New Mexico, 1933)라는 이름은 요절한 탓인지 이탈리아의 주요 문학사전들에는 실려 있지 않다. 하지만 그와 교류가 있었던 문학가와 작가들은 그의 문학적 열정과 비평적 재능에 관심을 가진 자가 적지 않았는데 몬탈레도 이들 중 하나이다. 이탈리아의 소설가, 시인, 극작가로 몬탈레와는 문예지 "솔라리아Solaria"를 위해 함께 일하기도 했다. 예술사에 대한 연구로 1926년 피렌체대학을 졸업하고, 런던, 파리를 거쳐 1931년 뉴욕 타임 메거진(New York Time Magazine)에 글을 쓰기도 했고 1932년에는 예일대학에서 공부할 수 있도록 록펠러재단으로부터 장학금을 받았다. Cfr. http://www.fondazioneprimoconti.org/archivio/fondi/ferrero_leo.html. 브랜디스는 1931년에 바로 이 페레로로부터 몬탈레의 시를 접하게 되었다고 밝히고 있다. Cfr. Montale, Eugenio. *Lettere a Clizia*, (a cura di Rosanna Bettarini, Gloria Manghetti e Franco Zabagli). Milano: Mondadori. 2006. p. 279.

29) "1933, in primavera Irma Brandeis [...] si reca a salutare Montale al Gabinetto Vieusseux" (Montale, Eugenio. *Cronologia*. in *Tutte le poesie*. (a cura di Giorgio Zampa). Milano: Arnoldo Mondadori. 1990. p. LXVIII), 포르티는 Zampa의 연구 자료를 받아들이고 있다고 하였다(Forti, Marco. *Per conoscere Montale*. Milano: Mondadori. 1986. p. 64). 나심베니는 "[...] Clizia, cioe', l'americana Irma Brandeis, una giovane italianista che Montale aveva conosciuto al Vieusseux nella primavera del '33". (Nascimbeni, Giulio. *Montale Biografia di un poeta*. Milano: Longanesi. 1985. p. 92).

30) "Montale incontro' invece l'italianistica americana [...], Irma Brandeis(1905-1999), la famosa Clizia dei suoi versi, nel 1932 o '33 a Firenze" (Malato, Enrico (diretta da). *Storia della letteratura italiana*. vol. IX. Il Novecento. Roma. Salerno editrice. 2000.

이제 이러한 연구 결과들이 명백한 오류임이 밝혀졌다. 그것은 2006년에 출판된 서간문집을 통해서 브랜디스는 자신이 몬탈레를 처음 방문한 여행 시기를 1933년 여름인 6월 24일과 9월 14일 여행에서 임을 일기에 밝히고 있기 때문이다.

> June 24-September 14, 1933
> The ever blest lapse. S.S. Rex (all manner of horror) to Italy and from with Giovanna. [...] Don't write about most of it, but remember the Palio. [...] But what happened this summer should be stated in Eugenio Montale's name. [...][31]

『기회들』에 등장하는 브랜디스는 두 번째 시집의 가장 중요한 시적 영감이었을 뿐만 아니라 몬탈레 시문학의 절정을 보여주는 세 번째 시집『폭풍우와 기타*La bufera e altro*』의 대부분의 시에서 절대적 역할로 진가를 보여주며 이후의 거의 모든 시집에서도 이어간다. 포르티가 말했듯이 클리찌아는 "절대적인 의미에서 몬탈레 시문학의 가장 중요한 시적 여인"이라고 할 수 있다.[32] 하지만 몬탈레의 시에서 'Clizia'라는 이름이 실제로 처음 표기된 것은 세 번째 시집의 "히틀러의 봄*La primavera hitleriana*"이다.[33]

몬탈레는 "히틀러의 봄"이라는 시의 제목 아래에 단테가 퀴리니Giovanni Quirini[34]에게 쓴 것으로 알려진 소네트의 한 행 "태양을 보려고 돌아서는

---

p.555).

31) Montale, Eugenio. *Lettere a Clizia*, (a cura di Rosanna Bettarini, Gloria Manghetti e Franco Zabagli). Milano: Mondadori. 2006. p. XIII.

32) *Si tratti soprattutto di colei che si conviene chiamare Clizia [...], la sua massima ispiratrice in assoluto cui si riferiscono tutti i "Mottetti" delle Occasioni [...].* Forti, Marco. *Il nome di Clizia*. Milano: All'Insegna del pesce d'oro. 1985. p. 57.

33) 몬탈레의 시집에서는 모두 열 번 등장하는데 각각『폭풍우와 기타』에서 2번,『사투라』에서 2번,『4년 동안의 노트』에서 2번,『기타 시들』에서 4번 나타난다. Savoca, Giuseppe. *Concordanza di tutte le poesie di Eugenio Montale*. vol. I. Firenze: Leo S. Olschki. 1987. p. 139. 4연으로 쓰여 진 "히틀러의 봄"은 창작시기가 둘로 나뉘는데 1-3연은 1939년, 4연은 1946년으로 알려져 있다.

여인(*Ne' quella ch'a veder lo sol si gira* ...)35)이라는 시구를 인용하고 있다. 이탈리아 문학에서 이러한 여인은 바로 오비디우스의 『변신』에 나오는 신화적 인물 '클리찌아Clizia'36)를 연상하게 한다. 이러한 사실을 염두에 둔 듯 몬탈레는 단테의 이 시구를 인용하면서 자신의 시작품 속에서 처음으로 'Clizia'를 등장시킨다.37) 시인은 *Mottetti*의 거의 모든 시에서 자신이 애틋한 마음으로 한 여인에게 사랑과 그리움을 애절하게 표현하지만 그녀의 이름을 클리찌아라 칭하는 것이다. 몬탈레는 이를 통해 자신의 표현에 대한 그녀의 반응을 마치 항상 태양을 따라 얼굴을 돌리는 여신에 비유함으로써 자신이 얼마나 외로운 사랑에 괴로워하고 있는지를 이해할 수 있게 한다. 이는 단테의 소네트와의 연계뿐만이 아니라 『신곡』의 「천국편」에서의 베아트리체의 모습을 느끼게도 하는 것38)이어서 몬탈레 특유의 작품의 맛과 시적 여인의 역할은 독자의 능력에 따라서만 느낄 수 있다. 나아가 이러한 면들은 *Mottetti*의 1, 2, 3번 작품의 저작 시기와 시적 여인 그리고 그 특징적 모습이 이탈리아 기원기의 시문학 전통인 청신체파의 시학과도 유사한 면모를

---

34) 14세기 베네치아인으로 최초의 베네치아 서정시인으로 평가되고 있다. 단테를 찬미한 시인이며 친구이기도 하다. 시작활동은 주로 1317년에서 1327년까지 이뤄졌으며 121편의 시가 전해지는데 주제와 어휘 면에서 모두 단테의 가르침에 깊이 영향을 받은 것으로 보인다. AA. VV.. *Enciclopedia della Letteratura*. Milano: Garzanti, 2000. p. 863.

35) Dante Alighieri. *Rime* (a cura di Gianfranco Contini). Torino: Einaudi. 1995. p. 267. vv.9-10 (*Nulla mi parve mai piu' crudel cosa* 로 시작하는 74번 작품).

36) 그리스 로마 신화에서 클리찌아는 바다의 신(Oceano)의 딸로서 태양신(Sole)으로부터 사랑받다가 태양신이 레우코토에(*Leucotoe*)에게 마음을 빼앗겨버리게 되자 태양신으로부터 버림받게 된다. Cfr. Grimal, Pierre. *Mitologia greca e romana* (ed. italiana a cura di Carlo Cordie'). Milano: Garzanti. 2001. 오비디우스. 『변신이야기 1』. 이윤기 옮김. 서울: 민음사. 2004. pp. 164-69.

37) *in alto, Clizia, e' la tua sorte, tu* (*OV.*, p. , v.33)

38) "베아트리체는 왼쪽으로 몸을 돌려,/ 독수리도 그렇게 응시하지 못할 정도로/ 뚫어지게 태양을 바라보고 있었다. [...] 베아트리체는 영원한 바퀴들에다 / 눈을 응시하고 있었고, 나는 태양에서/ 거둬들인 눈빛을 그녀에게 고정하였다." Cfr. Dante Alighieri. *Paradiso*. I 46-48, 64-66. in *Commedia* (a cura di Emilio Pasquini e Antonio Qualio). Milano: Garzanti. 1987. pp. 776-78.

가지고 있음을 느끼게 한다.

『클리찌아에게 보낸 편지』를 통해 지금까지 알려진 *Mottetti*의 1, 2, 3번 작품의 시적 여인에 대한 새로운 사실을 눈여겨 볼 수 있다. 지금까지는 이 시들의 시적 여인이 파올라 니콜리Paola Nicoli라고[39] 보았으나, 새로운 사실은 브랜디스라는 것이다. 지금까지 여러 학자들이 처음 세 시의 시적 여인으로 니콜리를 주목한 것은 개개인의 심도 깊은 연구와 시인과의 직접적인 대화 등을 통해서라고 알고 있는데 적어도 몬탈레는 브랜디스에게 보낸 편지에서 지금까지 학자들이 주장해온 것과는 다른 내용을 분명하게 보여주고 있다.[40]

몬탈레가 이전에 여러 경우에 설명한 자신의 해명과는 다소 다른 면들을 보이고 있는데 이는 중첩된 이미지를 가진 시적 여인의 특징으로 이해할 때만이 시의 올바른 이해가 가능하다.

1938년 뷧쇠 관장직 파면에 대한 위기감이 팽배하였는데 정신적 지주라고 할 수 있는 누나 마리안나 몬탈레가 1938년 10월 15일 44세의 나이에 세상을 떠났다. '38년 12월 1일자로 관장직 파면 통보받음. 1938년 몬탈레는 가비넷토 뷧세의 관장직을 잃고 번역 활동으로 약간의 수입을 얻는 정도였다. 이탈리아에서 유태계 압박을 목적으로한 인종차별법legge razziale

---

39) "[...] Clizia [...], la sua massima ispiratrice in assoluto cui si riferiscono tutti i *Mottetti* delle *Occasioni* (con l'esclusione dei primi tre ispirati dalla gia' ricordata Paola Nicoli)[...]". Cfr. Forti, Marco. *Il nome di Clizia*. Milano: All'insegna del pesce d'oro. 1985. p. 57. 포르티의 견해에 이셀라도 함께 한다. Cfr. Montale, Eugenio. *Le occasioni* (a cura di Dante Isella). Torino: Einaudi. 1996. p. 77.

40) "Dei Mottetti il 1° e' tuo, come e' facile capire; il° 2° e il 3° [...], posso illudermi che tutti e tre i mottetti siano scritti per te." (Cfr. pp. 115-16. 1934년 12월 10일 몬탈레가 브랜디스에게 보낸 편지중). "Mi sono preso filosoficamente la tua furiosa predica del 26 Dic., about la genesi dei Mottetti. Ecco: i famigerati Mottetti furono scritti *prima* di avere conosciuta I.B. Di quella redazione sopravvisse solo il Mottetto 3° ; nel Mottetto n° 2 l'immagine di I.B. [...] ando' a coincidere con M.R.S. nata a Genova, "Citta' di San Giogio e del Drago". [...] ma siccome quel verso finale fu scritto *after* having met I.B., e' probabile che ti appartenga anche il senso specifico. Il 1° Mottetto e' invece interamente tuo [...]" (Cfr. p.122. 1935년 1월 15일자 편지중).

이 공포되자 이탈리아에 와있던 유태인의 후손이었던 브랜디스는 미국으로 돌아가는데[41] 이때 이미 이탈리아 또한 다른 유럽 국가들처럼 사회적으로는 파시스트들에 의해 독재적으로 이끌려가던 공포스러운 분위기였다. 1939년 9월 1일 드디어 제2차 세계대전이 발발하기에 이른다.

1939년 4월 모스카와 동거를 위해 이사함으로서 클리찌아가 있는 미국행을 단념한 것으로 이해할 수 있지만 정신적 고통이 끝난 것은 아니었다. '39년 5월 1일 바즐렌에게 보낸 편지에서 몬탈레는 "최근 두 달동안 두 번이나 자살을 생각했다. 지금은 정말 미칠 것 같다"고 했는데 이는 그가 겪었던 정신적 고통의 정도가 어느 정도였는지를 알 수 있게 해준다.[42]

Ⅲ. 결 론

*Mottetti*의 1, 2, 3번 작품의 시적 여인은 *Mottetti* 전체의 도입부처럼 니콜리와 클리찌아 의 중첩된 모습을 담고 있는데 이는 4번째 시부터 확실해지는 시적 여인 클리찌아가 몬탈레 시문학의 가장 중요한 시적 여인으로서 자리 잡기위한 여명기이자 다채로운 모습의 정체성을 발견할 수 있는 초기 모습이다. *Mottetti*의 1, 2, 3번 작품은 모두 1934년에 창작되었다. 두 사람간의 사랑이 불타오르던 이 시기에 쓴 그의 시들 속에서 브랜디스를 간과 할 수는 없었을 것이다. 네 번째 시집 *Satura*의 *'Il tu'*에서 표현하듯 시인은 수많은 답변들에 우회적으로, 부분만을 말하고 여백을 훨씬 더 크게 남겨 독자와 연구가들에게 고통과 기쁨을 선사하고 있다. 이탈리아 문학에서 지상의 현실 속 여인 Bice, Laura가 단테와 페트라르카의 펜을 통해 영원한 여인,

---

41) 1938년 인구조사에 의하면 당시 이탈리아에는 모두 2985명의 유태계가 있었다. 이들 중 오스트리아계의 유태인이 압도적인 숫자인 743명이었다. De Felice, Renzo. *Storia degli ebrei italiani sotto il fascismo*. Torino: Einaudi. 1993. p. 8.

42) Montale, Eugenio. *Cronologia* in *Tutte le poesie*. a cura di Giorgio Zampa. Milano: Arnoldo Mondadori. 1990. p. LXXI. ("Naufraga completamente il progetto America al quale la mia disoccupazione teneva le porte ancora aperte. Ho evitato due suicidi in due mesi e mi sento proprio impazzire".

구원의 가능성을 가진 여인 'donna-angelo'가 되었듯, 현실 속에서는 함께 할 수 없는 먼 곳 뉴욕에 살며 끝없이 그리워하는 어르마는 몬탈레의 시를 통해 '기회'의 여인으로 승화된 것이다. 즉 현실의 고통으로부터 구원해줄 수 있을 여인의 모습으로 형상화된다.

단테가 거리에서 우연히 마주친 베아트리체를 평생토록 마음속에 두고 그녀의 죽음 이후 인간의 덧없음을 생각하고 철학과 신학에 대해 보다 심도 있는 성찰을 하였다. 그러고 나서 처음으로 편찬한 작품이 『새로운 삶』이었으며 그 안의 시적 여인은 베아트리체이고 그녀는 단테의 걸작 『신곡』에서도 가장 중요한 시적 여인으로 나타난다. 페트라르카 또한 젊은 시절 우연히 보았던 여인 라우라를 자신의 대표작 『칸초니에레』에서 수많은 비유와 상징들을 통해 아름답고도 애절한 사랑을 노래한다. 14세기의 단테와 페트라르카적 시적 여인이 20세기 몬탈레의 시문학에서는 바로 '클리찌아'인 것이다. 몬탈레의 *mottetti*들은 그 대표적인 것들로 우연히 찾아와 알게 된 여인 어르마에 대한 그리움과 사랑의 향기로 가득한 시들이다. 이 시들 속에서 시어와 내용은 물론이고 형식적인 면에서도 애틋한 마음에 '무심한 여인*donna dispietata e disdegnosa*'을 표현한 청신체적인 모습들이 느껴진다.

참고문헌

AA. VV.. *Enciclopedia della Letteratura.* Milano: Garzanti. 2000, p. 94.

Beccaria, Gianluigi(diretto da). *Dizionario di Linguistica e di Filologia, Metrica, Retorica.* Torino: Einaudi. 1996.

G. Beltrami, Pietro. *La metrica italiana.* Bologna: il Mulino. 1991, pp. 293-94.

Dante Alighieri. *Paradiso* I 46-48, 64-66. in *Commedia* (a cura di Emilio Pasquini e Antonio Qualio). Milano: Garzanti. 1987, pp. 776-78.

______. *Rime* (a cura di Gianfranco Contini). Torino: Einaudi. 1995. p. 267.

De Felice, Renzo. *Storia degli ebrei italiani sotto il fascismo.* Torino: Einaudi. 1993, p. 8.

Forti, Marco. *Il nome di Clizia*. Milano: All'Insegna del pesce d'oro. 1985, p. 57.

Grimal, Pierre. *Mitologia greca e romana* (ed. italiana a cura di Carlo Cordie'), Milano: Garzanti. 2001.

Ii, Sangyeob. *Una lettura de L'angelo nero di Eugenio Montale*. in *Archivi del Nuovo* n.6/7, Bologna: Clueb. 2001,

Lavezzi, Gianfranca. *Manuale di metrica italiana*. Roma: La Nuova Italia Scientifica. 1996, pp. 196-97.

Malato, Enrico(diretta da). *Storia della letteratura italiana*. vol. IX. Il Novecento. Roma: Salerno editrice. 2000, p.555.

Mengaldo, Pier Vincenzo. *Profili di critici del Novecento*. Torino: Bollati Boringhieri. 1998. p. 149.

Montale, Eugenio. *L'opera in versi*. a cura di R. Bettarini e G. Contini. Torino: Einaudi. 1980, p. 895.

______, *Tutte le poesie.* a cura di Giorgio Zampa. Milano: Arnoldo Mondadori. 1990. p. LXVIII.

______, *Mottetti* (a cura di Dante Isella). Milano: Adelphi. 1992, p. 17.

______, *Le occasioni* (a cura di Dante Isella). Torino: Einaudi. 1996, pp. 75-76.

______, *Il secondo mestiere*. to. I, Milano: Mondadori. 1996.

______, *Lettere a Clizia*. (a cura di Rosanna Bettarini, Gloria Manghetti e Franco Zabagli). Milano: Mondadori. 2006.

Nascimbeni, Giulio. *Montale Biografia di un poeta.* Milano: Longanesi. 1985.

Savoca, Giuseppe. *Concordanza di tutte le poesie di Eugenio Montale*. vol. I. Firenze: Leo S. Olschki. 1987. p. 139.

Segre, Cesare. *La letteratura italiana del Novecento*. Roma-Bari: Laterza. 1998, p. 22.

Zuffetti, Zaira. (a cura di). *Lettere da casa Montale* (1908-1938). Milano: Ancora 2006, p. 633.

오비디우스. 『변신이야기 1』. 이윤기 옮김. 서울: 민음사. 2004, pp. 164-69.

고려대학교 스페인 라틴아메리카연구소. 『스페인 문학사』. 고려대학교출판부. 2008, pp. 479-88.

http://www.vieusseux.fi.it/cenni_storici/cenni_storici.html

http://www.fondazioneprimoconti.org/archivio/fondi/ferrero_leo.html

6. 에우제니오 몬탈레의 시학 일별

I. 몬탈레의 삶과 작품

에우제니오 몬탈레(Eugenio Montale)는 적어도 다음과 같은 점을 고려할 때 20세기 이탈리아 문학사에서 가장 중요한 시인으로서의 위치를 차지한다 할 수 있겠다.

몬탈레는 시어와 시의 형식에 있어서 이탈리아 문학의 전통을 이어오면서도 동시에 새로운 세상 읽기에 적합한 시어와 형식을 고안해 냈으며, 새로운 관점을 가졌고 주제에 있어서도 이탈리아 적 굴레를 넘어 유럽 최고 수준의 시를 썼다. 20세기 서구 사회에 숨 가쁘게 밀어닥친 온갖 시대적 변화와 이데올로기를 체험하고 인간의 보편적 관심인 삶에 대한 의문을 일관되게 성찰하였다. 삶의 정체와 본질을 깨닫는 것을 진실, 진리로 생각하였는데 이 진리에 가까이 가기 위한 유일한 수단으로써 그는 시를 썼던 것이다.[1] 몬탈레의 이러한 시와 시 쓰기는 동시대의 시인들뿐만 아니라 이후의 수많은 젊은 시인들에게 실로 지대한 영향을 끼쳤다고 할 수 있다.

이러한 몬탈레의 전 생애를 살펴볼 때 그에게는 세상을 이해하고자 한 꿈이 있었으니, 꿈을 꾸고, 그 꿈을 실현하고자 단련한 그리고 이를 토대로 그의 많은 생각을 펼쳐본 세 도시는 시인에게는 중요한 의미를 갖는다 하겠다. 그를 시인으로서 태어나게 하고 모든 감성의 젖줄이 되어준 리구리아 해안의 제노바(Genova), 젊은 시절 당시 이탈리아 문학계의 주요 흐름들

---

1) 《나는 [열리지 않을] 불가능의 문들을 끝없이 두드리며 시적 자서전을 쓴 시인입니다. 저는 감히 제 시에서 신화를 이야기 하고자 하려는 것은 아닙니다, 그 대신 제 시속에는 삶이 무엇인지 알려는 열망이 있습니다. 저는 쇼펜하우어의 영향을 받아 처음엔 회의적이었죠. 하지만 완숙기의 시들에서, 삶은 우리에게 감추고 있는 어떤 의미를 가지고 있다고 확신하였기에 나는 벽의 반대쪽에 있을 수 있는 것을 보고자 노력 하였습니다. 나는 애타게 응답을 기다리는 사람처럼 간절하게 두드렸습니다》(1965년 2월 스위스 로잔의 한 신문 la Gazetta de Lausanne사 기자의 인터뷰에서).

을 접하고, 수많은 문우들과 함께 할 수 있었던 피렌체(Firenze)는 몬탈레가 원숙한 시인으로 성장할 수 있도록 해준 곳이라 할 수 있겠다. 그리고 세 번째 도시로는 시인 몬탈레가 처음으로 경제적 안정을 누릴 수 있었던 밀라노(Milano)를 들 수 있다. 시인은 이곳에서 기자 생활을 하며 보다 넓은 세계를 경험하고 새로운 세상 읽기와 글쓰기를 시도한다. 이러한 점들을 고려하여 이 소고의 본론에 들어가기에 앞서 나는 인간 몬탈레와 시인으로서의 그를 이해하는 첫 걸음으로 세 도시에서의 몬탈레의 삶과 그것의 문학과의 관계를 간략히 살펴보고자 한다.

1.1 제노바 시절(1896~1927. 3)

몬탈레는 1896년 10월 12일 이탈리아의 북서해안 리구리아 지방의 제1의 도시인 제노바에서 4남 1녀중 막내로 태어났다. 부친 (도밍고 몬탈레 Domingo Montale)이 화학 물품 등을 수입하는 회사를 운영하고 있던 몬탈레의 집안은 경제적으로 안정된 편이었다. 1905년 도밍고 몬탈레는 리구리아 해안의 몬테롯소(Monterosso)에 작은 별장을 짓는데 이후 시인의 가족은 매년 여름을 이곳에서 보내게 된다. 제노바와 몬테롯소의 바닷가에서 보낸 이 어린 시절의 체험들은 그의 시들, 특히 첫 시집에 지배적인 배경이 된다. 초등학교를 마친 뒤 기술학교에 진학한 몬탈레는 건강상의 이유로 3학년 때에 정규학업을 중단하게 된다. 그러나 몬탈레는 계속해서 독학으로 많은 독서를 하게 되며 이 시기에 또한 자신의 음악, 특히 성악에 대한 관심과 열정을 발견한다. 이후 1915년 당대 유명했던 에르네스토 시보리(Ernesto Sivori)의 사사를 받아 바리톤으로서 수련하던 중 스승의 갑작스런 죽음으로 음악 공부를 그만두게 된다. 그러나 몬탈레의 이때의 음악에 대한 관심과 열정은 그의 많은 시들 속에서 어렵지 않게 찾아 볼 수 있으며, 나아가 그는 코리에레 델라 세라(Corriere della Sera)에 수많은 음악과 음악가에 대한 평을 쓰기도 한다. 1916년 몬탈레는 자신의 최초의 시이자 초기 시의 물리적 및 심리적 배경을 잘 나타내주고 있는 유명한 시 『하얗게 사색에 잠겨 한 낮을 보내네(Meriggiare pallido e assorto)』를 쓴다. 1917년 입대한 몬탈레는 시인이자 비평가인 세르죠 솔미(Sergio Solmi)를 알게 되고 1919년 7월 19일 제대한다. 군에서 돌아온 몬탈레는 제노바의 문학모임을 통해 여러 작가들과 교양인들을 알게 된다. 특히 이들 중에는 그의 초기 문학적 토양에 크게 역할을 끼친 자들로 까밀로 즈바르바로(Camillo Sbarbaro), 안젤로 바릴레(Angelo Barile), 로베르토 보비 바즐렌(Roberto Bobi Bazlen), 카를로 리나티(Carlo Linati) 등이 있었다. 1922년엔 솔미, 쟈코모 데베네뎃티(Giacomo Debenedetti) 그리고 마리오 그로모(Mario Gromo) 등이 창간한 문예지 『프리모 뗌포(Primo Tempo)』에 『화음(Accordi)』 시리즈와 시 『해안(Riviere)』을 발표한다. 1925년 토리노 시의 고벳티(Gobetti) 출판사로부터 몬탈레의 첫 시집 『오징어 뼈들(Ossi di seppia)』이 출판된다. 1926년 리나티를 통해 당시 라팔로(Rapallo)에 머물고 있던 미국 시인 에즈라 파운드(Ezra Pound)를 알게 된다.

한편 몬탈레는 문학 평론가로서의 활동을 시작하며, 여러 잡지들에 기고하다가 보다 확실한 일자리를 찾아 1926년 늦겨울 밀라노에 간다. 그곳에서 일자리 찾기에는 실패하지만 몬탈레는 바즐렌의 추천으로 이미 작품을 통해 알고 있던 소설가 이탈로 스베보(Italo Svevo)를 직접 만나게 되고 스베보가 몬탈레를 트리에스테(Trieste)에 초대하면서 그들의 우정은 깊어간다. 이후 몬탈레는 루이지 피란델로(Luigi Pirandello)와 함께 20세기 이탈리아 최고의 소설가로 인정받는 스베보의 문학적 위대함을 꿰뚫어 보고 높이 평가한 최초의 평론가였으며, 나아가 당시 역사, 문화, 정치 등의 관점에서 독특한 상황 하에서 피어나던 트리에스테의 문학을 잘 알게 되었고, 특히 20세기 이탈리아 문단을 대표하는 또 한 명의 시인인 움베르토 사바(Umberto Saba)와도 알게 되었다.

끝으로 제노바 시절인 1925년 4월 30일 몬탈레는 베네뎃또 크로체(Benedetto Croce)가 주창하고 만든 지식인들의 반파시스트 성명서에 서명을 한다.

1.2 피렌체 시절(1927~1947)

몬탈레는 1927년 3월 피렌체의 벰포라드(Bemporad) 출판사에서 일자리를 얻어 고향 제노바를 떠난다. 당시 이탈리아에서 문화적으로 가장 풍요로운 여건에 있던 피렌체에서 몬탈레는 당대 최고의 문화적 양분을 섭취할 수 있는 기회를 얻게 된다. 뿐만 아니라 이곳에서 훗날 아내가 될 드루실라 탄찌(Drusilla Tanzi)를 만나게 된다.

이듬해인 1928년 6월 출판사의 인원 감축 결정에 따라 몬탈레는 사직을 당하게 되지만 얼마 후에 문우이자 전임자인 보나벤투라 떼끼 (Bonaventura Tecchi)의 강력한 추천으로 피렌체의 유명한 도서관인 가비넷토 뷔쉐(Gabinetto Vieusseux)에 취직하고 이듬해엔 그곳의 책임자인 관장이 된다.

몬탈레는 피렌체에서 당대 최고의 이탈리아 문인들이 매우 활기차게 수놓아가던 문화적 환경을 접하게 되었고, 나아가 이는 시인의 사상과 스타일에 지대한 영향을 끼치게 된다. 피렌체의 예술가, 작가 그리고 평론가들이 한자리에 모여 자연스럽게 서로의 생각과 작품들을 교류하던 카페 '쥽베 롯쎄(Giubbe Rosse)'는 고향을 떠나 타향에 머물던 몬탈레에게는 커다란 위안이자 자신의 문학적 열정과 능력을 확인할 수 있는 곳이 되어주었다. 이 지식인들 중 대부분은 문예지인 쏠라리아(Solaria)에 참여하고 있었는데, 이 문예지는 현대적 성향과 유럽주의자적 특성을 강하게 나타내고 있던 것이었다.

몬탈레 또한 이 새로운 분위기에 흥미를 갖게 되었고 그는 여러 문우들과 문예지들을 통해 이때에 특히 프랑스 시(Paul Valéry)와 영국 시(T.S. Eliot)를 본국에서 읽을 수 있었던 것과 거의 동시에 체험을 할 수 있었다. 영국 문학자였던 마리오 프라쯔(Mario Praz) 덕분에 실제로 엘리엇의 시를 알게 되었고 엘리엇의 시를 번역할 생각을 갖게 된다. 한편, 프라쯔는 쏠라리아에 발표되었던 몬탈레의 시 『아르세니오(Arsenio)』를 영어로 번역하고 엘리엇은 자신이 주관하고 있던 문예지 크리테리온(Criterion)에 흔쾌히 그 번역시를 실어 영미 문학 권에 몬탈레를 알리는데 일조 한다.

한편 이탈리아 내에서 여러 문예지에 계속해서 시를 발표하던 몬탈레를 벌써부터 많은 젊은 시인들은 눈여겨보기 시작하였고 마침내는 그를 확실하고 이론의 여지가 없는 모델 시인으로 따르고자 하였다. 이러한 그의 명성은 몬탈레가 1931년 시 『세관원들의 집(La casa dei doganieri)』을 발표하여 안티꼬 팟또레(Antico Fattore)상을 수상하면서 크게 일기 시작하였다. 그러나 몬탈레가 계속 되어오던 파시스트들의 입당 압력을 끝까지 거부하자 파시즘 정권에 의해 1938년 말에 그는 관장 직을 맡고 있던 뷧쉐(Vieusseux)에서 해직된다. 이후 생계를 위해 여러 문예지들에 기고를 하며 작품을 써오던 몬탈레는 1939년 자신의 두 번째 시집 『기회들(Le occasioni)』을 발표한다. 1940년 6월 10일 제2차 세계대전이 발발하게 되는데 이 시기에 쓰여진 시들은 그 수가 아주 적고 시대를 반영한 듯 특히 어두운 특성을 띠고 있다. 이후 몬탈레는 1940년에서 1942년 사이에 쓴 시 15수를 모아 파시즘 치하에 있던 이탈리아에서의 출판이 불가능함을 알고 쟝프랑코 꼰티니(Gianfranco Contini)의 도움으로 1943년 봄 스위스 루가노(Lugano)에서 『피니스떼레(Finisterre)』라는 시집으로 출간한다. 1944년 8월 11일 피렌체가 해방이 되고 몬탈레는 정의와 자유를 열망하는 행동당(Partito d'Azione)에 잠시 가입했는데 이곳에는 민주좌파의 많은 지식인들이 몰려들었다. 1945년 몬탈레는 알렛산드로 본산티(Alessandro Bonsanti), 아르투로 로리아(Arturo Loria), 루이지 스카라벨리(Luigi Scaravelli)와 함께 격주간지 일 몬도(Il Mondo)를 창간하여 1947년까지 주관하였다.

1.3 밀라노 시절(1948~1981)

이미 1946년부터, 이탈리아 최고 일간지 중 하나인 코리에레 델라 세라에 여러 서평들을 쓰며 관계를 맺어온 몬탈레는 1948년 1월말에 전문 기자로서 월 다섯 편의 글을 제공한다는 조건하에 정식으로 취업 계약을 체결한다. 이 기자로서의 새로운 활동은 몬탈레로 하여금 많은 단편들을 쓰게 하였는데, 이때의 글들은 1956년에 『디나르드의 나비(Farfalla di Dinard)』라는 책으로 출판된다. 1954년부터는 밀라노 소재 극장 라 스칼라(La Scala)에서 있었던 거의 모든 연주회와 오페라를 감상하고 전문적인 음악 평론도 시작한다. 1966년 그간의 신문이나 잡지들에 실린 글들을 모은『판결 선고(Auto da fè)』를 출판하였다. 기자로서의 수많은 해외여행에 따른 글들을 모은『집 밖에서(Fuori di casa)』가 1969년에 출간된다. 이러한 기자 활동에도 불구하고 몬탈레는 1956년에 많은 비평가들에 의해 몬탈레의 시집들 중에서 뿐만이 아니라 20세기 이탈리아 시집들 중에서도 최고봉으로 평가되고 있는 세 번째 시집『폭풍우와 기타(La bufera e altro)』를 출판한다. 1963년 10월 20일 아내가 세상을 떠난다. 이후 몬탈레는 처음 있었던 약 7년여의 긴 시적 침묵을 깨고 다시 시를 쓰기 시작하여 1971년 몬탈레의 후기 시를 대표하는 네 번째 시집『사투라(Satura)』를 발표한다. 1973년엔 다섯 번째 시집『71년과 72년의 일기(Diario del '71 e del '72)』를 1977년엔 여섯 번째 시집『4년간의 노트(Quaderno di quattro anni)』를 발표한다. 이미 1956년『폭풍우와 기타』의 발표와 함께 몬탈레의 시인으로서의 명성은 국내의 많은 수상으로 이어져 절정에 다다른 듯하더니 1967년 이탈리아 정부로부터 종신 상원 의원에 임명되기에 이른다. 이는 그의 문학이 얼마나 출중하였으며 또한 이탈리아인들에게 끼친 영향이 얼마나 대단하였는지를 만천하에 다시 한 번 알리는 기회가 되었던 것이다. 이에 그치지 않고 일찍이 전 유럽에 번역, 소개되어 이탈리아 밖에서도 그의 문학성은 높이 평가되고 있던 터 예, 몬탈레는 1975년 노벨 문학상을 수상하게 된다. 이로써 전 인류의 공통적 문제점을 성찰하는 그의 시가 유럽의 테두리를 벗어나 전 세계에 알려지게 되었던 것이다. 시를 통해 인생이 무엇인지, 어떤 의미가 있는지 등의 끝없는 성찰에 전 생애를 바쳐온 몬탈레는 1981년 9월 12일 세상을 떠난다. 이틀 뒤 그의 장례식이 거행된 밀라노 대성당에는 전국에서 몰려든 4만여 인파가 분명 20세기 최고의 시인 중 한 명이었던 그와의 영원한 이별을 슬퍼하였다.

Ⅱ. 검은 천사의 정체성 연구

2.1 『검은 천사』에 대한 해석

L'angelo nero

1. O grande angelo nero
2. fuligginoso riparami
3. sotto le tue ali,
4. che io possa sorradere
5. i pettini dei pruni, le luminarie dei forni
6. e inginocchiarmi
7. sui tizzi spenti se mai
8. vi resti qualche frangia
9. delle tue penne

10. o piccolo angelo buio,
11. non celestiale né umano,
12. angelo che traspari
13. trascolorante difforme
14. e multiforme, eguale
15. e ineguale nel rapido lampeggio
16. della tua incomprensibile fabulazione

17. o angelo nero disvèlati
18. ma non uccidermi col tuo fulgore,
19. non dissipare la nebbia che ti aureola,
20. stmpati nel mio pensiero
21. perché non c'è occhio che resista ai fari,
22. angelo di carbone che ti ripari
23. dentro lo scialle della caldarrostaia

24. grande angelo d'ebano
25. angelo fosco
26. o bianco, stanco di errare
27. se ti prendessi un'ala e la sentissi
28. scricchiolare
29. non potrei riconoscerti come faccio
30. nel sonno, nella veglia, nel mattino
31. perché tra il vero e il falso non una cruna
32. pu trattenere il bipede o il cammello,
33. e il bruciaticcio, il grumo
34. che resta sui polpastrelli
35. è meno dello spolvero
36. dell'ultima tua piuma, grande angelo
37. di cenere e di fumo, miniangelo
38. spazzacamino.

검은 천사

1. 오, 거대한 검은 천사여
2. 검댕이 빛 그대여 날 막아주오
3. 그대의 양 날개아래,
4. 그리하여 가시나무 바늘들, 로(爐)의 뜨거운 불꽃을
5. 나 스치듯 피할 수 있고
6. 또 불 꺼진 숯덩이 위에
7. 그대 깃털의
8. 단 몇 올이라도 남아 있기만 하다면
9. 내 그 위에 무릎 꿇으리

10. 오, 작은 어둠 빛 천사여,
11. 天上에도 世上에도 속하지 않는,
12. 투사되어 보이는 변색하는 천사여
13. 뜻 모를 번뜩이는 그대 표현의
14. 빛 속에서 그대는 뚜렷한 형체 없이

15. 여러 형상으로, 한 모습으로
16. 또 다른 모습으로 나타나는 군요

17. 오, 검은 천사여 그대 드러내 보오
18. 하나 그대의 찬란한 빛으로 날 죽이진 마소서,
19. 그대 감싼 안개를 걷어내지 말고,
20. 그대를 내 머리에 새겨주소서
21. 이는 강렬한 불빛에 대적할 눈이 없어 그렇다오,
22. 석탄 빛 천사여 그대 피신하는 구료
23. 밤 굽는 여인내의 옷 속으로

24. 거대한 에바노 빛 천사여
25. 어두운
26. 혹은 하얀, 방랑에 지친 천사여
27. 만일 내가 그대의 날개 하나를 잡을 때
28. 뿌드득
29. 소리를 듣는다 할지언정
30. 내가 밤사이에 하듯이 그대를 알아 볼 수는 없으니
31. 이는 참과 거짓사이엔
32. 인간이나 낙타를 잡아둘 수 있는
33. 바늘귀만한 차이도 없기 때문이라오,
34. 그을음, 지문 위에
35. 남아있는 분진은
36. 그대의 마지막 깃털이 쓸어 낸 것보다 적다오, 잿빛 연기 빛
37. 거대한 천사여, 작은 천사여
38. 굴뚝 청소지기여.

2 *fuligginoso*: 불과의 접촉 흔적을 암시한다.

4-5 *sorradere ... forni*: 이 동사 sorradere는 20세기 이탈리아 시에서 매우 드물게 쓰인 것으로 몬탈레의 시 중에서는 이전에 유일하게 시 『유입 *Flussi*』 ("Cola il pigro sereno nel riale / che l'accidia sorrade", v. 3-4; *OV*, *Ossi*, p.74)에서 등장하였다. 가시나무들의 빗살들 i *pettini* (le spine) *dei* *pruni*이나 로爐의 불들 le *luminarie dei forni*은 일반적인 "위험들 pericoli"을 암시한다 (마르께세Marchese 1996, p.139).

6-7 *e ... spenti*: 위기를 모면할 수 있었던 것에 대한 감사의 표시로 볼 수도 있겠으나 "un segno di devoto ringraziamento per il pericolo scampato" (Marchese 1996, p.139), 나의 생각으로는 "시"에 대한 언급으로 봄이 더욱 타당할 것 같다.

8-9 *frangia / delle tue penne*: 클리찌아 Clizia에게 헌사 된 시『피코 파르네세의 비가*Elegia di Pico Farnese*』의 "la tua frangia d'ali" (v. 37; *OV*, *Occasioni*, p.175)를 상기 시킨다.

10-16 *o piccolo ... fabulazione*: 마르께세는 이 부분에서 검은 천사의 특징들이 통상적인 종교적 틀과 거리가 먼 것으로 해석한다: "alcuni caratteri dell'angelo che si allontanano dal consueto *clich*é religioso" (Marchese 1996, p.139). "검은 천사는 몸을 드러내지 않고, 여러 색으로 바뀌며, 정확한 형체 없이 동시에 여러 형상으로 신비스런 출현의 점멸하는 빛 속에 한 모습으로, 다른 한 모습으로 투사된다L'angelo nero non si rivela, ma *traspar*e in colori cangianti, ad un tempo senza una forma precisa e con molte forme, eguale e diverso nel repentino lampo della sua misteriosa apparizione" (ivi, p.139). 이 부분, 특히 15～16 행에서 나는 "검은 천사*angelo nero*"와 "시poesia"의 정체성이 명백히 일치하고 있다고 본다. *lampeggio*: 유추적으로 점멸 하는 불빛 "lampeggiamento, lampo" (*GDLI*, s. v. 1)을 의미한다. *fabulazione*: 마르께세는 이를 환상적 출현을 다룬 생각으로 해석하였으나: "suggerisce l'idea che possa trattarsi di un' apparizione immaginaria" (Marchese 1996, p.139), 나는 fabulazione의 동사인 fabulare의 사전적 의미가 raccontare favole, 즉 우화나 동화를 이야기하다라는 점을 염두에 두고, 이 시에 흩어져 있는 추정 가능한 다른 시적 요소들을 고려해 볼 때 *fabulazione*의 의미가 "시poesia"와 깊이 연계되어 있다고 생각한다.

19 *la nebbia*: 안개. 안개가 천사를 둘러싸고 있으면서 눈부신 빛을 막아 보호해주고 있다는 점에서 안개의 보호기능을 생각할 수 있다.

21 *perché ... fari*: 자동차 불빛을 암시한다 (Macrì 1977, p.57). 여인의 출현에 따른 천사 적 불빛의 변형이다: "Metamorfosi dei bagliori angelicali e anche dei luccichii e delle iridescenze propri all'epifania della donna" (Marchese 1996, p.139).

24 *angelo d'ebano*: cfr. 이전 시집의 『진홍빛 구름*Nubi color magenta* 』(몬탈레의 주요 시적 여인 중 하나인 볼뻬Volpe에게 바쳐진 시): "la tua ala d'ebano / occupò l'orizzonte" (vv. 10-11; *OV*, *Bufera*, p. 261)를 상기시킴.

27-30 *se ... mattino*: 현실에서의 검은 천사를 알아본다는 것이 꿈속에서 이루어진다는 것에 비해 더 가능성이 낮음을 직설법 현재를 사용함으로써 대칭적 구조를 이뤄 보다 명확하게 나타나 있다: *faccio* (v. 29).

31-32 *non una cruna*: 참됨과 거짓됨 사이에 조금도 차이가 없다. 상반되는 것 간의 이미지가 무차별하게 나타나고 있는 다른 시를 상기시킨다: "動은 停과 다르지 않고, 空은 滿이며 청명함은 구름이 가장 넓게 퍼져 보이지 않음이라 il moto / non è diverso dalla stasi, / ... il vuoto è il pieno e il sereno / è la più diffusa delle nubi", vv. 9-12, di *Xenia I*-14 (*OV*, *Satura*, p. 294). *cruna*는 *cammello*와 마찬가지로 복음서의 한 부분을 떠올리게 한다: "낙타가 바늘귀를 통과하는 것이 부자가 천국에 들어가는 것 보다 쉽다 è più facile che un cammello passi attraverso la cruna di un ago che un ricco entri nel regno di Dio" (마르코 복음, 제10장 25절). *bipede*: 원 뜻은 두 발 짐승을 의미하나, 여기에서는 은유적으로 인간을 가리킨다고 봄이 적절하다. 인간을 의미하며, 명사로 쓰인 것은 20세기 이탈리아 시에서 최초로 쓰인 경우이다. 이후 같은 장(사투라 2 *Satura II*)의 『레베카 (*Rebecca*)』에서 다시 등장하나 그곳에서는 형용사로 쓰임 ("nel fango con qualche vivente bipede o anche quadrupede", v. 14).

33 *il bruciaticcio, il grumo*: 불에 타고난 흔적, 지문에 붙어 남아있는 검댕이 찌꺼기.

35 *spolvero*: 겨우 느낄 수 있을 정도의 흔적 "traccia appena percettibile di una realtà o di una conoscenza" (*GDLI*, s.v. 4); 먼지 베일il velo di polvere, "una sorta di polverina del divino" (Macrì 1977, p. 63).

37 *cenere*: 여기에서는 위의 *spolvero*와 동의어로 봄이 적절하다 (ivi, p.56).

2.2 『검은 천사 (L'angelo nero)』[2)]는 에우제니오 몬탈레의 네 번째 시집인 『사투라』에 속해 있는 시로써 1968년 10월 30일에 쓰여졌다.

이 시는 이탈리아의 비평가들에 의해 한결같이 몬탈레의 『사투라』에서 뿐만이 아니라 모든 시들 중에서도 그의 시학을 이해하는데 가장 중요한 작품 중 하나로 평가되고 있다.[3)] 뿐만 아니라 이 시가 시집의 가장 중요한 장, 즉 사투라 2(*Satura II*)의 한 가운데에 배치되어 있다는 사실에서도 이 작품의 중요성을 엿볼 수 있겠다.[4)]

---

2) 시의 제목으로써 이후 l'AN이라 표기 하겠음.

3) 포르티Forti는 이 시가 "네 번째 시집의 중심 축이 되는 작품이며, 절대적인 측면에서 볼 때 몬탈레의 최고의 시들 중 하나 la composizione-cardine del quarto libro e, in assoluto, una delle maggiori poesie di Montale"라고 평가한다: Marco Forti, *Eugenio Montale La poesia, la prosa di fantasia e d'invenzione*, Milano, Mursia, 1983, p.417. 라맛Ramat은 몬탈레의 세 번째 시집 『폭풍우와 기타 *La bufera e altro*』의 최고의 시들 중 하나인 『장어 *L'anguilla*』와 비유한다. Cfr. Silvio Ramat, *L'acacia ferità e altri saggi su Montale*, Venezia, Marsilio, 1986, p.181. 또한 마크리 Macrì는 이 l'AN에 대해 73페이지 짜리 논문을 썼는데 이 또한 이 작품의 중요성을 입증해 보인 것이라 할 수 있다: cfr. Oreste Macrì, *《L'angelo nero》 e il demonismo nella poesia montaliana*, Lecce, Milella, 1977, pp.3~75.

4) 시집 『사투라』는 94편의 시 (2편의 서시 외에) 를 담고 있다: 쎄니아 1, 2 그리고 사투라 1 *Xenia I e II e Satura I* (각 장은 14편의 시를 수록)에 42편, 또 사투라 2장 *Satura II* (만일 시 『푸가 이후 *Dopo una fuga*』를 한 편의 시로 본다면)에는 52편이 담김. 『검은 천사』는 사투라 2의 한 중앙 (즉 52편 중 26번째 시)에 위치하는데 이 장은 시의 수에서 뿐만 아니라 특히, 테마의 다양성과 톤의 그것을 볼 때 가장 풍요로운 장이다. 따라서 시집에서의 이 시의 위치 또한 우연한 것일 수 없을 것이다.

그러나 이구동성으로 이 작품의 중요성에 대해 평가하는 것과는 달리 이탈리아에서도 이 시의 주인공인 검은 천사L'angelo nero[5]가 무엇을 의미하는 것인가에 대해서는 비평가들의 해석이 크게 다른 것이 사실이며, 아직 까지도 설득력 있는 입장을 찾아보기가 힘들다.[6]

본인은 바로 이러한 점들을 고려하여 우선 이토록 중요하다는 천사L'angelo의 정체성이 무엇인지를 보다 명확히 규명 해봄으로써 몬탈레의 시학을 이해하기 위한 연구의 초석으로 삼고자 한다.

천사L'angelo의 정체성이 무엇인지를 규명해보기 위해 먼저 그 특성을 분석해 보고자 한다.

2.2.1 L'angelo nero의 특성

이 시의 제목이 상반된 ossimorico 이미지를 전하는 단어들로 이뤄졌는데[7] 이는 본 작품을 특징짓는 수많은 상충된 요소들에 대한 전주곡으로 볼 수 있겠다.

시에서 살펴본 천사l'angelo의 특성들은 다음과 같다: 크면서도 작고, 검은 빛깔들을 띄며 희고, 천상적이지 않으며 이 세상의 것도 아니다. 투사되어 보이며 또 변색하고, 뚜렷한 형체가 없으나 또 여러 형태를 갖고 있으며, 같으면서도 같지 않고, 그의 눈부신 불빛도 안개에 싸여있다 L'angelo è "grande"(1, 24 e 36), ma anche "piccolo"(10) e "mini"(37); l'angelo "nero"(1 e 17), "buio", "di carbone", "d'ebano", "fosco", "di cenere e di fumo"(10, 22, 24,

---

5) 이하 '천사l'angelo'라 한다.

6) 그 예로써 안젤로 마르께세는 "검은 천사는 여인을 완전히 재 흡수 해내면서도 바로 그 여인을 초월한다 trascende la donna stessa pur riassorbendola" (Angelo Marchese, *Amico dell'invisibile*, Torino, SEI, 1996, p.138)라고 한 반면에 움베르토 까르삐 Umberto Carpi는 "이 검은 천사는 정말로 시적 신화이며, 그 크기에 맞게 만들어진 신성questo angelo nero [...] è davvero il mito poetico, la divinità [...], fatta a *sua* misura이다") (Umberto Carpi, *Montale dopo il fascismo dalla "Bufera" a "Satura"*, Padova, Liviana, 1971, p.183)고 보았다.

7) 천사의 이미지는 전통적으로 밝은 것이나 이곳에서는 "검은" 천사라 했다.

25 e 37), e "bianco"(26); non è "celestiale" ma neanche "umano"(11); "traspare"(12), ma è anche "trascolorante"(13); è "difforme"(13), ma anche "multiforme"(14); "eguale" e "ineguale"(14-15); il suo "fulgore" è "aureolato di nebbia"(19).

이외에도

- 그의 '말'은 이해 할 수 없고 la sua "fabulazione" è "incomprensibile"(16);
- 다음과 같은 단어들은 '날다'와 같은 의미 범주에 속하는 것으로 볼 수 있다: "ala"(3 e 27); "penne"(9); "piuma"(36);
- 천사는 타자를 보호하지만 누군가의 보호도 필요로 한다: l'angelo a cui il poeta chiede "riparami"(2), cerca di ripararsi dentro l'indumento della caldarrostaia(22-23);
- 유랑에 지쳐있다: è "stanco di errare"(26);
- 천사를 알아 볼 수가 없다: ("non potrei riconoscerti", 29);
- 이전의 판본에는 그의 '드문 출현'이라고 되어있다: "rare apparizioni" (*OV*, p.1021).

2.3 본 연구에 유용한 요소들을 찾기 위하여 이 l'AN와 시집『사투라』의 다른 시들로까지 분석의 범위를 넓혀가고자 한다.

2.3.1 이 시에서 l'angelo의 날개가 내는 소리를 표현한 동사 "scricchiolare"(28)는 다른 시『심각하지 않아*Niente di grave*』에서 매미 cicala가 우는 소리를 표현한 동사 "scricchia"(3; *OV*, *Satura*, p. 341)를 상기시킨다. 매미가 시적 가치를 수용한다[8]는 점을 고려할 때 l'angelo는 바로 천사의 날개와 시 사이의 비교라 할 수 있다.

8) La cicala assume "un suo valore di simbolo fisso, di allegoria cioè della poesia" (Mario Martelli, *Eugenio Montale*, Firenze, Le Monnier, 1992, p.120).

또한 l'angelo는 바로 앞에 위치한 시 『미지의 신성(*Divinità in incognito*)』과 몇 가지 공통적인 특성들을 갖고있다. L'AN을 이해하는데 Divinità in incognito의 중요성은 최소한 외형적 측면에서라도 엿볼 수 있겠다. 첫째, 이 작품의 창작 일시가 L'AN보다 단 2일이 빠른 점, 둘째, 시집에서의 이 시의 위치가 L'AN 바로 앞이라는 점이다. 이 외에도 내면적 측면에서 본 이 특성에 대한 몇몇의 유사한 점들을 들 수 있다. 예로써 몇 개의 긴밀한 관계의 모순된 점들을 살펴보았다:

1) 천사는 천상적이지도 인간적이지도 않고(l'*AN*, 11), 반면에(반대로, 그러나 대칭적으로) 미지의 신성들 le divinità in incognito은 천상적(신성 divinità이라는 점에서)이며 인간적(지상의 것in incognito 즉 terrestri라는 점에서)이다(*Divinità in incognito*, 2);
2) 천사는 안개로 둘러 싸여있고, 그 미지의 신성들은 연기에 휩싸여 있다: questo è aureolato di nebbia(l'*AN*, 19) così come quelle sono assorte nel fumo(*Divinit in incognito*, 19);
3) 만질 수 없는 이 천사는 비록 천사를 만지는데 성공한다 하더라도 여하튼 정체를 알아낼 수는 없으며, 그처럼 그 미지의 신성들은 만져질 수 있으나 실제로는 결코 만져질 수 없다: ("se ti prendessi un'ala e la sentissi / scricchiolare / non potrei riconoscerti", l'*AN*, 27-29) - (le divinità in incognito sono "tangibili", ma "toccate mai", *Divinità in incognito*, 20-21);
4) 천사는 밤새 잠결에 나타나고 미지의 신성들은 신비스런 환영이고 "nel sonno, nella veglia, nel mattino" (30) e quelle sono "numinose fantasime" (20); 5); 천사는 뚜렷한 형체 없이 또 여러 형상으로, 한 모습으로 또 다른 모습으로 "difforme / e multiforme, eguale / e ineguale" (qui, 13-15) 그리고 그 미지의 신성들은 존재하지 않는 존재이다 "non essente / essere" (36-37).

따라서 미지의 신성들이 시의 영감 자들이라고 보는 입장 하에서[9] 만일

9) 고대 그리스에서, le "pizie"(*Divinità in incognito*, 19)들은 Apollo(protettore della

검은 천사가 미지의 신성들의 특성들을 표현한다면, 우리는 마찬가지로 그것이 시적 영감 또는 바로 시를 대신한다는 논리를 펼 수 있다.

2.3.2 검은 천사는 동일한 章에서의 라 모스카 (la Mosca)[10]가 가지고 있는 특성들과 유사한 것들을 표현한다.

2.3.2.1 검은 천사의 몇몇 특성이나 이를 수식하는 형용사(예: "piccolo angelo", 10; "miniangelo", 37)들은 몬탈레가 다른 곳에서 모스카를 칭하던 방식, 표현들을 상기 시킨다: "사랑스런 작은 벌레야caro piccolo insetto"(*Xenia I*, 1, 1; *OV*, *Satura*, p.281), "가엾은 벌레야 povero insetto"(*Xenia I*, 2, 2; ivi, p.282), "작은 파리moscerino, moschina e *hellish fly*" (*Gli ultimi spari*, 1 e 5; ivi, p.339).

2.3.2.2 검은 천사가 이 시에서 (29-30) 나타나듯이 모스카 또한 모습을 드러낸다: "sei ricomparsa"(*Xenia I*, 1, 5; *OV*, p. 281); "ti mostri"(빛과 색*Luci e colori*, 1); "apparivi"(연기 속에서*Nel fumo*, 10; *OV*, p. 321), "dove appari"(비가 내린다*Piove*, 54); "un lampeggio di lenti"(*Luci e colori*, 4), nella "foschia" (*ibid.*, 5).

2.3.2.3 검은 천사의 출현 시 그의 '말'은 '이해할 수 없고' la sua "fabulazione" è "incomprensibile"(16) 그와 마찬가지로 다른 곳에서는 죽은 모

---

poesia)의 사제들이었다. *Divinità terrestri*에 관해서 M.는 1963년에 한 산문에서 명확히 자신의 생각을 밝히고 있다: "Ma non è facile incontrarne qualcuna; solo ai poeti è concessa tale possibilità" (*Lettera da Albenga*; Eugenio Montale, *Auto da fé*, Milano, Mondadori, 1995, p.341).

10) 라 모스카 (본명은 드루실라 탄찌Drusilla Tanzi)는 모두가 부르던 그녀의 별명이다. 그녀는 1927년 피렌체에서 몬탈레를 알게 되어 1963년 4월 결혼을 한 다음 그 해 여름에 넘어져 크게 다치게 되어 끝내 회복하지 못하고 불과 몇 달 뒤인 같은 해 10월에 세상을 떠난다. 시인은 세 번째 시집의 『발라따 *Ballata*』 외에 시집 『사투라』의 쎄니아 1, 2 *Xenia* I, II장의 모든 시와 사투라 1의 『연기 속에서 *Nel fumo*』 그리고 마지막 넷째 장인 사투라 2 *Satura II*.의 몇 수들을 세상을 떠난 아내에게 바친다.

스카의 방문은 침묵을 지키며 이해할 수 없다: la visita della Mosca morta è muta e "inesplicabile" (*Luci e colori*, 3).

2.2.2.4 검은 천사를 알아 볼 수가 없듯이("non potrei riconoscerti", 29), 모스카 또한 옅은 안개 속에서 쉽사리 알아 볼 수 없다(*Xenia I*, 1, 8-9; *OV*, p.281).

2.3.2.5 검은 천사와 모스카(위에서 보았듯이 다른 이름으로 "moscerino", "moschina", "*hellish fly*" e "박쥐pipistrello" 등으로 불리기도 함)는 두 가지 공통적인 면을 갖고 있다. 즉 둘 다 검은 색이며 날개를 가졌다 (la Mosca "avev*a* ali" nella fantasia, *Xenia I*, 2, 2-3).

2.3.2.6 '날다*Volo*' (마지막 사격들*Gli ultimi spari*, 5)에 연관된 모스카의 호칭들: "moscerino" e "moschina" (*ibid.*, 1); "hellish fly"(*ibid.*, 5)이 있다. 여기에는 또한 천사의 "날개ala"도 연관된다고 볼 수 있다. 마르코 포르티Marco Forti의 해석을 받아들인다면 "날개ala"(3 e 27)는 시 자체의 은유에 상당한다.[11] 이외에도 천사의 "깃털penne"(9); "깃털piuma"(36); 그리고 "박쥐pipistrello" (*Il pipistrello*; *PR*, p.136)를 들 수 있다.

지금까지 보았듯이 검은 천사와 죽은 모스카 사이엔 상당히 밀접한 관계가 있음을 알 수 있었고, 그 특징들은 서로 중첩되어 있다는 것도 찾아냈다. 이러한 점들을 고려해 볼 때 우리는(사후에 천사로 변형된) 모스카가 시적 여인의 역할을 한다고 할 수 있겠다.

2.4 『사투라(*Satura*)』이전의 두 시집 『기회들(*Le occasioni*)』과 『폭풍우와 기타(*La bufera e altro*)』의 가장 중요한 시적 여인이었던 클리찌아(Clizia)의

11) Marco Forti, *op.*, *cit.*, 1983, p.392.

흔적을 시 『검은 천사』에서 찾아 볼 수 있다.[12] 이 점을 고려하여 클리찌아와 검은 천사사이의 비교할 만한 특징들 중에 어떤 것들이 있는지 살펴보고자 한다.

'날다Volo'에 관련된 특징들:
- "찢겨진 깃털들le penne lacerate"(*Ti libero la fronte*, 3; *OV*, 144);
- "날개들의 올la frangia d'ali"(*Elegia di Pico Farnese*, 37; *OV*, p. 176);
- "깃il piumaggio" (*Elegia di Pico Farnese*, 39; *OV*, p.176);
- "깃털le piume" (*Il ventaglio*, 11; *OV*, p.198);
- "너의 비상Il tuo volo" (*Il tuo volo, il titolo*; *OV*, p.202);
- "피곤에 지치고 초췌해진 날개들l'ali ingrommate, stronche dai / geli dell'Antilibano" (*Sulla colonna pi alta*, 8-9; *OV*, p.228);
- "부러진 깃털piume stroncate" (*Per un 'Omaggio a Rimbaud'*, 6; *OV*, p.234);
- "꽃가루와 면으로 된 날개들ali di polline e di seta" (*Per un 'Omaggio a Rimbaud'*, 9; *OV*, p.234);
- 클리찌아가 높은 구름을 건너네traversa "l'alte / nebulose" (*Ti libero la fronte ...*, 2-3; *OV*, 144).

'출현하다l'apparire'에 관련된 특성들:
- 클리찌아는 불에 나타난다 "appari al fuoco" (*Il tuo volo*, 1; *OV*, p.202);
- 만일 네가 나타난다면 "Se appari" (*Iride*, 43; *OV*, p.240) 산 마르티노의 태양은 쇠약해져 검게 된다 "il sole di San Martino si stempera, nero" (*Iride*, 46; *OV*, p.240).

'서로 상충된 특성들caratteristiche contraddittorie':

---

12) 예, "그대 깃털의 단 몇 올이라도frangia / delle tue penne" (vv. 8-9)에서 우리는 끌리찌아에게 헌사 된 시 『피꼬 파르네세의 비가(*Elegia di Pico Farnese*)』("그대 날개들의 올la tua frangia d'ali", v. 37; *OV*, *Le occasioni*, p.175) 속의 끌리찌아를 느낄 수 있다.

- 클리찌아는 백합의 흰빛을 발하며 널리 퍼트리지만Clizia diffonde la luce sbiancante "dei suoi gigli"(30-31, *Palio*, *OV*, p.179),[13] 그러나 그녀는 또 어둡다ma è anche "scura" (*Sulla colonna più alta*, 8; *OV*, p.228).

Ⅲ. 결 론

사후의 모스카와 미지의 신성 그리고 클리찌아의 특성들이 겹쳐있는 검은 천사는 바로 시적 신화로서, 시적 영감의 은유이다.

인간에게 '삶'이 모든 것이라 할 수 있다면 '시poesia'는 시인의 모든 것이라 할 수 있겠다. 이러한 점에서 몬탈레에게 '시'는 인생이 무엇인지를 물을 수 있는 유일한 '도구'이었던 것으로 생각해 볼 수 있다. 이 시의 제목 검은 천사가 암시하듯 천사이었다가 하늘에서 쫓겨났으니 하늘과 지상 양쪽의 특성을 갖고 있음을 생각해 볼 수 있다. 천상의 것도, 세상의 것도 아니지만, 동시에 두 곳 모두의 특성을 갖고 있다고 볼 수 있는 것이다. 이것이 검은 천사l'angelo nero의 특성이며, 바로 몬탈레가 본 '시'의 특성이라 할 수 있다.

참고문헌

몬탈레의 작품

OV

Eugenio Montale

Eugenio Montale, *L'opera in versi*, Edizione critica a cura di Rosanna Bettarini e Gianfranco Contini, Torino, Einaudi, 1980.

Auto da fé, Milano, Mondadori, 1995.

13) "백합의 흰색은 클리찌아의 특징적인 두 색깔 중 하나를 암시한다 Col candore dei gigli, allude a uno dei due colori distintivi di Clizia" (E. Montale, *Le occasioni*, a cura di D. Isella, Torino, Einaudi, 1996, p.219).

참고 사전

Devoto-Oli

Giacomo Devoto-Gian Carlo Oli, *Vocabolario illustrato della lingua italiana*, 2 voll., Milano, Selezione dal Reader's Digest, 1984.

GDLI

Salvatore Battaglia, *Grande dizionario della lingua italiana*, Torino, UTET, 1961~1998(fino al vol., XIX: SIL-SQUE).

논문 및 비평서

Carpi, Umberto, *Montale dopo il fascismo dalla Bufera a Satura*, Padova, Liviana, 1971.

Forti, Marco, *Eugenio Montale La poesia, la prosa di fantasia e d'invenzione*, Milano, Mursia, 19830.

Isella, Dante, *Eugenio Montale, Le occasioni*, Torino, Einaudi, 1996.

Macrì, Oreste, *L'angelo nero e il demonismo nella poesia montaliana*, Lecce, Milella, 1977.

Marchese, Angelo, *Eugenio Montale Poesie*, Milano, Mondadori, 1991.

Marchese, Angelo, *Amico dell'invisibile*, Torino, SEI, 1996.

Martelli, Mario, *Eugenio Montale*, Firenze, Le Monnier, 1992.

Ramat, Silvio, *L'acacia ferità e altri saggi su Montale*, Venezia, Marsilio, 1986.

7. 20세기 시의 국제성과 이탈리아의 현대시
-에우제니오 몬탈레(Eugenio Montale)를 중심으로-

Ⅰ. 들어가는 말

"문학의 국제성은 문학을 통한 새로운 국제적 정체성, 문학적 국제성 구축의 시도를 탐구하는 것이라고 할 수 있다. 두 번의 세계전쟁, 러시아를 필두로 한 사회주의 혁명, 냉전체제, 그리고 결국 미국주도의 세계체제 구축으로 이어진 20세기의 정치사에 대항하여 문학의 국제성은 별도의 네트워크를 만들면서 현실정치에서 비롯됐으나 현실정치와 거리를 둔 대안적 '문학의 국제공화국'을 구성한다고 할 수 있다. 한 민족문학과 다른 민족문학은 충돌하는 것이 아니라, 서로 주고받고, 받은 것을 변형해서 돌려주기도 하고, 준 것을 되받기도 하며 초강대국 권력과 다국적 자본이 구축한 세계체제 속에서 20세기 문학은 인간성을 지키는 공동의 연대를 면면히 만들고 유지해 왔다. 이러한 문학교류의 유토피아적 기능을 고려한 연구수행이 되고자 함"이 3개의 세부과제로 구성된 연구 프로젝트인 '20세기 세계문학의 국제성'의 큰 틀이라는 전제가 본 연구의 출발점이 되었음을 밝힌다.

먼저 아직까지 문학 용어로서의 명확한 정의가 내려지지 않은 '국제성'이란 말의 의미를 본 연구에서는 '특정한 점'에 있어서의 '보편적 특성'으로 보고자 한다. 따라서 '20세기 시의 국제성'은 20세기라는 시점에 있어서의 문학의 한 장르인 '시문학'이 보여준 가장 폭넓게 나타나는 특성이라는 비교적 일반적인 관점에서 본 논문의 방향과 의미를 이해하면서 본 연구를 시작하고자 한다. 동시에 문학이란, 작가가 '시대'를 이해하고 그것을 작품에 반영하는 것이라는 점도 염두에 둘 것이며 이를 위해 사회현실 참여의 관점에서 작가와 작품에 대한 고찰이 본 논문이 가진 의의가 될 것으로 기대한다.

이러한 두 가지 점에 착안하여 20세기의 특성을 비교적 잘 대변하는 것이 서양 문학적 관점에서 일반적인 용어로 쓰이고 있는 '모더니즘'이라고 판단하고 본 연구의 주제인 '20세기 시의 국제성과 이탈리아의 현대시'를 에우제니오 몬탈레를 중심으로 고찰해보고자 한다.

Ⅱ. 20세기 이탈리아 문학과 '모더니즘'

'모더니즘'[1]이라는 용어를 이상섭은 "[...] 사람에 따라 다르지만 비평가들은 대체로 서구 문화와 서구 예술의 전통적 토대와의 계획적이고 근본적인 결별이란 뜻 [...]. 이런 의미에서, 모더니즘의 중요한 지적 선구자들은 이제까지 사회 기구와 종교와 도덕과, 인간 자아의 개념에 지주가 되어 왔던 확실성에 의문을 가진[...] 사상가들"로 보고 있다. 또한 "전통적 문학 형식과 내용에 대한 모더니스트의 항거는, 제1차 세계대전이 서구 문명과 문화의 토대와 연속성에 대한 인간의 신념을 흔든 후에 뚜렷이 나타났다"[2]고 규정하고 있다. 그러나 사실 이 '모더니즘'이라는 용어는 영국을 제외한 대부분의 유럽 국가에서와 마찬가지로 이탈리아에서도 거의 사용되지 않았다.[3] 반면에 이탈리아에서는 '아방가르드 운동'이라는 용어나 아니면 영-미권에서 모더니즘으로 분류하는 특징을 가진 문학 경향을 지칭하는 다른 용어들로 표현되었다. 그중 하나가 프랑스 상징주의의 영향을 크게 받은 '데카덴티즈모Decadentismo'이고 그 이후에 나온 '황혼주의Crepuscolarismo'이며 또 가장 급진적이면서 독특한 면모를 보이며 유럽의 여러 국가에 적지 않은 영향을 끼친 '미래주의Futurismo'이고 이후에 나온 것이 '에르메티

1) '모데르니즈모Modernismo'의 영어식 표현으로 원래는 1880년에서 1914년 사이에 스페인어로 쓰인 시와 산문의 경향으로 스페인 문학의 흐름을 바꾼 문학운동이었다. 나아가 1920년경에는 브라질과 포르투갈에서 유행한 아방가르드 문학까지도 지칭하였다. 이 용어의 문학적인 의미로의 사용은 니카라과의 시인 루벤 다리오Ruben Dario가 1888년에 발표한 중남미 문학에 대한 한 편의 글에서 처음 이루어졌다. (AA.VV., *Enciclopedia della Letteratura*, Milano, Garzanti, 2000, pp. 673-74)

2) 이 상섭, 『世界文學批評用語事典』, 서울, 을유문화사, 1987, p. 132.

3) 이탈리아 문학사전에는 전혀 언급조차 되어있지 않다.

즈모Ermetismo'이다. '에르메티즈모'는 20세기 이탈리아 시문학에 있어서 가장 중요한 문학의 경향으로 평가되고 있다.

2.1 이탈리아 시문학의 유파: 전통과 개혁

문학사적으로 살펴보면 12, 13세기에 이탈리아에서 꽃피웠던 청신체파와 인문주의의 전통은 고전적 언어 형식을 통해 결국에는 도덕성과 사상성을 담아내고자 했던 것이었다. 이런 인문주의 의식은 바로크와 계몽주의를 거치면서 다소 약해지다가 낭만주의가 출현하면서 도덕성과 사상성은 완전히 사라지거나 적어도 표면적으로는 잘 드러나지 않게 되었다. 후기 낭만주의의 시인들은 개인적인 감수성과 내면세계에 지나치게 몰두하고 개인 세계를 일종의 도피와 위안의 매체로 삼으려는 경향을 보여 왔던 것이 사실이다. 그러나 19세기 말 20세기 초까지 전해오던 이런 전통은 에르메티즈모에 의해 어느 정도 극복된 것으로 볼 수 있다. 구체적인 현실을 드러내고 시인 개인의 도덕성과 현실 인식을 표현하려는 의도는 에르메티즈모와 소설에 있어서의 신사실주의에 와서야 재개되었다고 볼 수 있다.

19세기말과 20세기 초에 이뤄낸 수많은 과학적 발명의 성공들은 많은 사람들로 하여금 모든 것이 발전되어 간다는 낙관주의적 자세를 갖게 하였고 또 그에 대한 믿음으로 이어진 것이 사실이었다. 하지만 다른 한편에서는 자신이 속해있는 사회, 나아가 자신이 관계를 맺고 있는 외부세계와의 소통의 관점에서는 매우 혼란스럽고도 복잡하게 만드는 새로운 문제들을 야기 시키기도 했던 것이다. 어두운 밤에도 환한 세상을 만들어 인간들이 낮과 같이 활동할 수 있도록 한 전기나, 자동차의 발명으로 수 천 년 간 계속 되어온 인간의 이동과 물품의 운송에 있어서 혁명적 변화를 이룬 것처럼 대단히 긍정적인 면들도 있었고, 파리에서 뤼미에르 형제에 의해 영화가 처음으로 상연되었을 때 관객들은 화면 속을 달리는 기차가 자신들을 향해 튀어나오는 것으로 알고 혼비백산하여 달아났다는 이야기 등은 일반적으로 많이 알려진 일화들이다. 수세기 동안에나 이루어짐 듯한 과학적 쾌거들이 단 십 수 년 만에 이뤄지자 이에 따라 급변 하게 되는 사회 현실을 대부분의 평범한 인간이 수용해간다는 것은 매우 어려운 일이 되었다. 그러다 마침내는 세계대전의 영향으로 개인과 사회, 개인과 현실의 관계에 있어서 심각한 부조화와 위기를 느끼는 사람들이 급증하였으리라 본다.

이러한 세상의 변화는 많은 지성인들에게도 고뇌와 변화를 강요하였고 마침내 20세기에 들어서면서 이탈리아의 시 문화계에도 새로운 운동의 물결이 거세졌다. 19세기 말과 20세기 초 이탈리아 문단을 지배했던 파스콜리Pascoli와, 특히 단눈치오D'Annunzio의 심미적 감각주의에 반기를 든, 구이도 곳차노Guido Gozzano로 대표되는 "황혼주의" 그리고 마리넷티Marinetti를 선봉으로 하여 모든 전통을 뒤엎고 개혁 정신을 창달할 의도에서 생겨난 "미래주의"를 비롯하여 순수시 운동의 측면이 강한 "에르메티즈모"가 그것이다. 이들 가운데에서도 20세기 이탈리아의 시가 지닌 특성, 즉 전통을 계승하면서도 개혁적인 변모를 가지고 사회현실에 대하여 독특한 입장을 취했던 특성을 가장 뚜렷하게 나타내 준 것은 바로 "에르메티즈모"라 할 수 있겠다.

20세기 이탈리아 시문학적 특징의 하나는 '말의 시학'으로 이뤄졌다고 할 수 있다. 이러한 '말의 시학'은 프랑스 상징주의의 전형적 특성으로, 이탈리아뿐만이 아니라 현대의 서정시 형식 전체의 주류를 이루고 있다. 이탈리아의 경우에는 단눈치오의 언어-감수성, 파스콜리의 언어-꿈, 사바의 언어-정열, 콰시모도의 언어-느낌, 웅가렛티의 언어-음악 그리고 몬탈레의 언어-대상(oggetti)과 같은 연결 쌍들을 예로 들 수 있다. 이 들은 다양한 추구 점을 보이면서도 형식, 즉 언어와 현실-관념의 변증법적 관계 형성을 공통점으로 하고 있다. 단눈치오와 파스콜리는 스스로의 이상과 관념을 언어에 담아냈고, 콰시모도를 비롯한 소위 에르메티즈모 시인들은 현실을 언어에 담아내려고 노력했다.

2.2 에르메티즈모

20세기 초의 시대적 상황에 직면한 일련의 시인들의 활동경향인 ‘에르메티즈모’는 제1차 세계대전 이후에 시작되어 1930년대에 피렌체에서 유행하던 문학의 한 경향이다. 이들이 작품 속에 담고 있는 내용은 ‘불명료’하고 시어의 특징이 ‘고귀함’을 추구한다. 동시에 이들은 불특정하고, 추상적이며 메타포로 가득한 시어사용을 토대로 서정적 체험을 통해, 대체로 숭고함을 지향하는 ‘절대성’과 ‘순수성’을 중시하였다. 바로 이러한 측면은 소위 말하는 ‘모더니즘’의 한 특징이라고 볼 수 있을 것이다.

20세기 이탈리아 시문학의 가장 대표적인 경향인 ‘에르메티즈모’는 ‘순수시 운동’ 또는 ‘난해한 시’라는 이름으로 많은 비평가들에 의해 평가되었다. 이런 이름[4)]은 새로운 시가 갖는 해석의 난해함을 가리키는 말로 일단의 새로운 시인들의 경향을 일컫는 표현이다. 1910년대 후반부터 이탈리아에서 전개된 시 운동의 하나로서, 상징을 통한 묘사나 전달에 그치지 않고, 무엇인가를 암시하고, 상기 시켜 그들의 의미를 전체적으로 전달하려는 것을 주된 기법으로 사용하였다. 이러한 ‘에르메티즈모’가 탄생된 당시의 역사적 배경이 된 것은 제1차 세계대전의 전후에서 전쟁이라는 극도의 혼란과 함께 현실과의 부조화 속에서 절망감과 위기의식, 그리고 가치관의 혼란이 팽배해 있던 상태였다 할 수 있다. 이탈리아는 전후 승전국이었음에도 불구하고 제대로 보상을 받지 못한 채 국민들의 불만이 고조되어 있었고, 경제적으로도 매우 심각한 위기 상태에 처해 있었다. 이러한 불안과

---

4) ‘에르메티즈모’라는 표현을 처음 접하게 되는 독자들로서는 무슨 뜻인지를 알기가 쉽지 않을 것이다. 이러한 사실을 염두에 두고 국내의 이탈리아 문학 연구가들은 사실 우리말로 의미를 전달하고자 하였고 그 노력의 결과로 나타난 몇 몇 우리말 표현이 생겨났으며 대표적인 것이 바로 ‘순수시 운동’이다. 하지만 본인이 보기에는 19세기 프랑스 문학의 ‘순수시’ 등을 연상하는 독자들이 적지 않은 듯하다, ‘에르메티즈모’에 대한 보다 올바른 이해를 위해서는 이러한 문학적 선입견이 도움이 되지 못한다는 판단을 하게 되었다. 뿐만 아니라 ‘순수시 운동’이라는 표현은 ‘에르메티즈모’가 지향하는 여러 특성을 전체적으로 아우르는 표현들이 되지 못하는 문제점을 갖고 있어 이탈리아어 음가에 충실한 ‘에르메티즈모’라는 표현을 사용하고자 한다.

혼란을 정리하고 민족과 국가의 대단결과 발전을 외치고 나선 파시즘은 이런 상황을 등에 업고 단시간에 세력을 넓혀 나갔다. 그러나 파시즘이 제시한 청사진은 제국주의의 색채를 띨 정도로 지나치게 강조된 민족주의와 국가 권력이 일부 계층에게 편중된 독재적 성격으로 말미암아 의식 있는 지식인과 예술인의 반발과 저항에 부딪혔다. 그 대표적인 예가 시에 있어서는 '에르메티즈모'였던 것이다.

'에르메티즈모'가 지닌 속성들 중 하나인 순수성이라는 것은 사실 19세기 후반부터 20세기 초까지 이탈리아 문단에 지대한 영향을 끼쳐오던 단눈치오주의의, 수사학적으로 매우 장황하고 또 지나칠 정도로 감수성으로 가득 차고 장식적이며 고상하고 화려한 시어들과의 결별을 의미하는 것으로 이탈리아 문학사에 있어서는 하나의 획기적인 변화였던 것이다. 그들의 시는 긴장감과 내면적인 생명력을 지니는 동시에 모든 감상주의를 배격하고자 하였다. 이들은 '나'에 대해 깊이 탐구하고 성찰하는 동시에, 외부 현실과의 일정한 관계 맺기에 힘썼다. 또한 시어를 수사학적으로 다듬는 대신에 정확하고 간결하며 긴장된 언어를 구사하였다. 이들은 황혼주의 시인들이 지니지 못한 과감성과 현실성을 지니고 있고, 미래파 시인들이 지니지 못한 절제력을 보여주었다.

2.3 이탈리아의 3대 시인

일반적으로 이 시대를 대표하는 3대 시인으로 움베르토 사바(Umberto Saba, 1883 Trieste-1957Gorizia)와 주셉페 웅가렛티(Giuseppe Ungaretti, 1888 이집트의 Alessandria -1970 Milano) 그리고 에우제니오 몬탈레(제노바 1896-밀라노 1981)를 들 수 있다. 비슷한 시기에 태어난 이들 세 시인은 모두가 독특한 환경과 일상의 영향 하에서 각각 당대를 대변하는 탁월한 자신들의 문학세계를 만들어냈다.

사바는 1883년 트리에스테에서 부친 우고 에도아르도(Ugo Edoardo)와 모친 라켈레 코엔(Rachele Coen) 사이에서 태어났다. 부친은 결혼을 위해 유대교로 개종하였으나 사바가 태어난 뒤 유대교를 거부하며 가족을 버리고 사라져 버렸다. 따라서 사바의 성장기는 어머니의 모습이 절대적이었으며, 이러한 가정 형편은 그의 문학세계에 커다란 영향을 주었다.

사바의 고향 트리에스테는 북부이탈리아의 최 동쪽에 위치한 도시로서 오랫동안 오스트리아의 지배를 받아왔다. 비록 사바가 태어났을 때에는 이탈리아의 통일(1871년)로 인해 정치적으로는 오스트리아 합스부르크 왕가의 지배를 벋어나 이탈리아에 환원되어있었으나, 문화, 학문 등의 측면에서는 여전히 적지 않은 영향을 받고 있었다. 그 이유로는 이탈리아의 문화와 정치적인 중심지 역할을 해오던 로마, 피렌체, 밀라노, 토리노로부터는 지리적으로 상당히 먼 곳에 위치한 점도 간과할 수 없는 부분이다. 그러나 이러한 지리적으로 동떨어진 곳에서 태어난 사바는 다른 주요도시로부터 문학적 영향을 거의 받지 않고 젊은 시절을 살았으며, 이러한 점은 이탈리아 문학의 전통을 보다 잘 계승하면서도, 당대의 다른 도시에서 활동하던 작가들과는 뚜렷이 다른 작품 세계를 이루게 하였다. 그가 다룬 시의 주요 테마는 고향 트리에스테와 가족과의 관계를 다룬 것들 이었다.[5] 이탈리아의 주요도시에 비하여 오히려 거리상 더 가까운 오스트리아 비인의 문화적 영향을 받게 되는데, 이러한 점은 그의 작품의 한 특징이라고 할 수 있는 정신분석학적인 글쓰기가 가능했던 것(『에르네스토 *Ernesto*』[6])으로 보인다.

한편 루카 출신의 부모를 둔 웅가렛티는 부친이 이집트 스웨즈운하 토목공사에 인부로 참여했던 이유로 알렉산드리아에서 태어나 그곳에서 유년

---

5) 1910년 첫 시집 『시 *Poesie*』발표, 1912년 두 번째 시집 『나의 두 눈. 나의 두 번째 시집 Coi miei occhi. Il mio secondo libro di versi (이후에는 『트리에스테와 여인 Trieste e una donna』으로 바뀜). 1900년에서 1921년까지 쓴 모든 시들을 모아 첫 번째 『칸초니에레 *Canzoniere*』를 출판하고 사바의 대표작인 이 작품은 계속적으로 증보를 거듭하여 1961년 판에 이른다.

6) 1953년에 쓰인 소설로 미완성으로 남겨진 뒤, 1975년에서야 출판되었다. 이탈리아어와 트리에스테 방언을 섞어 쓴 이 작품은 한 젊은이에 대한 성교육적 분석의 내용을 다루고 있다. 가족들과의 애틋하면서도 복잡한 현실세계와 작품세계에서의 관계와 이 소설의 특성으로 인해 사바의 작품은 정신분석학적 측면과 동성애적 측면에서의 연구가 이뤄지는 이탈리아의 대표적 작가라 할 수 있다.

시절을 보내게 된다. 하지만 부친은 웅가렛티가 태어난 뒤 겨우 2년이 지났을 때 일에서 얻은 병으로 세상을 떠나게 되고 모친이 어렵게 생계를 이끌어 갔다. 유소년 시절을 이집트에서 보내게 된 웅가렛티는 알렉산드리아의 가장 유명한 학교인 프랑스계 학교를 다녔고, 아랍 친구들도 사귀게 되었다. 또한 젊은 이민자인 엔리코 페아(Enrico Pea)와 알게 된 것은 지성적 영향을 교감하게 된다. 그들의 공통 관심분야는 시와 무정부주의였다. 웅가렛티는 1909년부터 이탈리아 문학에 대한 서평을 쓰기 시작하였고, 많은 저널 활동을 하였으며, 서간문을 이용하여 피렌체에서 활동하던 젊은 작가 프렛졸리니(Prezzolini) 그리고 문예지인 라 보체(La Voce)의 동인들과 교신하였다.

1912년 여름 이집트를 떠나 피렌체에 도착하여 보체동인들을 만났으며, 얼마 후 파리로 떠났다. 파리에서는 유행하고 있던 문학경향인 아방가르드와 아폴리네르를 알게 되었고, 그곳에 머물러 있던 아방가르드 경향에 가까운 다른 이탈리아인들과의 관계도 맺게 되었다. 대학(College de France)에서 베르그송의 철학 강의를 들었고 그로부터 특히, 시간에 대한 개념에 있어서 영향을 받았다. 이후 소르본 대학에 입학하고 1914년에 학교를 마치게 되는 1914년 이집트 친구의 자살을 알게 되고, 제1차 세계대전의 긴장감이 팽배해가고 있음을 직감한 웅가렛티는 이탈리아로 돌아온다. 이 시기에 시를 쓰기시작 하였으며, 그의 시작은 참전 중에도 계속되었다. 1915년에서 17년까지 계속된 군 생활 중인 1916년 12월 첫 시집 『매몰된 항구 *Il Porto Sepolto*』가 발행되었다. 애국자였으며 국가의 운명에 매우 관심이 많았던 웅가렛티는 뭇솔리니를 추종하였는데 이것은 시인이 이탈리아 민중에게 과거의 영광을 되찾아줄 수 있는 열정과 충만한 힘이 뭇솔리니에게 있다고 생각했기 때문이었다. 이후 파리로가 초현실주의자들과 교류하며 1919년 두 번째 시집(『난파의 기쁨 *Allegria di naufaragi*』[7])을 출판하였으나 이탈리아의 문화계로부터는 큰 주목을 받지 못함에 괴로워했다. 파리에서는 이탈리아 대사관에서도 일을 했으며, 또한 「이탈리아 민중 *Popolo d'Italia*」[8])의 파

7) 1923년에 발행된 제2판의 서문은 뭇솔리니가 썼다.

리 특파원이기도 했다. 1921년 말 로마로 옮긴 웅가렛티는 그곳에서 활발하던 문화적 경향과 호흡을 맞추지 못했는데, 파리에서 전위적인 문화의 흐름을 경험한 그가 로마의 작가들이 추구하던 고전주의적 경향을 쉽게 받아들일 수는 없었던 것이다. 그 후 웅가렛티는 로마 생활에서 로마 예술의 바로크적 표현의 갈래들을 알게 되는데, 이로 인해 바로크의 개념이야말로 그의 시를 이해하기위해 꼭 필요한 열쇄가 되게 된다. 웅가렛티는 자신의 가장 뛰어난 작품으로 평가받게 되는 『시간의 느낌 *Sentimento del tempo*』을 1933년에 발표한다. 1936년 웅가렛티는 브라질의 상 파올로 대학으로부터 이탈리아 문학 교수의 제의를 받고 그곳에서의 생활을 시작하였다. 그러나 브라질에서 당시 열 살밖에 되지 않은 어린 아들의 죽음을 경험하게 되고 얼마 뒤 로마로 돌아온다. 1947년 발행된 시집 『고통 *Il dolore*』은 이때의 아픔으로부터 태어난 것이다.

반면에 에우제니오 몬탈레는 1896년 이탈리아의 제노바에서 무역업을 하는 어렵지 않은 가정에서 태어났다. 부모님들은 모두 전통적으로 공증인을 해오던 가문으로 부르주아 층이었다고 할 수 있다. 고등학교를 마친 몬탈레는 건강상의 이유로 대학을 다니지 않았으나 제노바 대학 철학부에 다니던 바로 위의 누님의 영향을 받아 어린 시절부터 수많은 독서를 하며 미래의 노벨상을 수상하는 대 시인으로서의 발판을 마련해갔다. 다소 허약했던 젊은 시절의 몬탈레는 성악을 공부하였고, 연이은 입대 보류판정을 받은 후 세 번째 신검을 통하여 그것도 전쟁이 발발하던 순간에서야 입대하게 되어 전선에 배치되었다. 1916년부터 시를 쓰기 시작한 몬탈레는 1925년 첫 시집[9]을 발표하고, 1927년 고향 제노바를 떠나 피렌체로 옮겨간다. 이곳에서 몬탈레는 처음에는 출판사에서 일을 하다가 알게 된 많은 지

8) 뭇솔리니가 1914년 밀라노에서 창간한 정치신문으로 뭇솔리니가 무력을 앞세우며 로마에 입성한 뒤에는 파시즘 정권의 공식 기관지가 되었고 1943년 7월 25일 폐간되었다.

9) 고향이자, 제1차 세계대전을 체험했던 제노바 시절 최초의 시집 『오징어 뼈 *Ossi di seppia*』를 출판함. 이 시집에 담긴 시 중 가장 먼저 쓰인 「*Meriggiare pallido e assorto*」가 1916년 작품이다.

인들의 추천으로 중요한 위치를 점하고 있던 도서관인 가비넷토 빗쉐 (Gabinetto Vieusseux)의 원장직을 맡는다. 한편 피렌체[10]는 당시 이탈리아의 지성인들이 가장 활발하게 활동하던 곳으로 파시즘 정권의 협박과 강압으로 원장직을 잃고 1948년 밀라노로 이사하기 전까지 몬탈레 또한 그들과 오랜 교류를 한다. 밀라노[11]에서의 몬탈레는 이탈리아의 유력일간지인 '코리에레 델라 세라 Corriere della Sera'의 기자로서 시간과 재정적 측면에서 매우 자유롭게 세상을 경험할 기회를 가졌고 동시에 시인이자 기자의 신분으로 많은 명사들과의 만남을 갖게 되었다. 이러한 점들은 그의 문학작품에 골 고루 잘 나타나있음을 알 수 있다.

Ⅲ. 몬탈레

에우제니오 몬탈레 (Eugenio Montale, 1896-1981)[12]는 20세기 이탈리아 시문학의 핵심으로서 이미 이탈리아에서는 '20세기의 고전'으로 인정받고 있다.[13] 20 세기 이탈리아 시문학에 대해서 이야기할 때 몬탈레가 당대의 시인들의 이미지를 가장 적절하게 부각시킨 시인이라는 점에는 이구동성으로 높은 평가를 받고 있다. 또한 평생을 진지하고도 고뇌에 찬 시인의 한결

---

10) 두 번째 시집 『기회들 *Le occasioni*』이 파시즘 치하에서 보낸 피렌체 시절인 1939에 출판함.

11) 제2차 세계대전이 큰 배경이 된 세 번째 시집 『폭풍우와 기타 *La bufera e altro*』가 밀라노 시절인 1956년에 출판되고, 전후 시대의 다양한 사회상이 배경이 된 네 번째 시집 『사투라 *Satura*』가 1971년에, 뒤를 이어 『71년의 일기 Diario del'71』가 1972년 출판됨.

12) 1932년 8월 런던 여행, 1932년 말 l'*omaggio a T.S. Eliot*. 1941년 번역 활동 시작 (주로 영, 미, 스, 프랑스 작가), 1948년 밀라노에서 기자생활, 1948년 3월 Moravia, Morante와 함께 영국 문화협회의 초청으로 영국에 감. 이 여행으로 엘리엇과의 직접적 만남의 기회를 가짐. 6월 다시 런던에 감. 전후의 사회상, 국내외적인 명성과 활동. 1965년 4월 피렌체에서 개최된 탄생 700주년 기념 '국제 단테연구학술대회'에서 개회논문으로 「단테, 어제와 오늘 *Dante ieri e oggi*」 발표. 67년 종신의원에 임명됨.

13) Cfr. Romano Luperini, *Montale e il canone poetico del novecento italiano*, in *Montale e il canone poetico del novecento*, a cura di Maria Antonietta Grignani e Romano Luperini, Roma-Bari, Laterza, 1998. pp. 361-68.

같은 자세로 살아온 몬탈레의 문학사적 위치는 1967년 이탈리아 공화국의 대통령으로부터 문학적 업적을 높이 평가받아 종신 상원의원에 임명된 사실과, 1975년에 노벨 문학상을 수상함으로써 국내에서는 물론이고 세계적인 명성을 얻게 된 것으로 충분히 이해할 수 있다.

3.1 문학세계

지식인으로서 시대적 상황에 맞서온 몬탈레의 행동을 살펴보면 다음과 같다. 정치적 측면에서 볼 때 먼저 자유 사회주의의 이론가였으며, 파시즘에 강력히 반대하던 토리노 출신의 피에로 고벳티(Piero Gobetti 1901-1926)와의 각별했던 우정을 끝까지 지킨 점을 생각해볼 수 있다. 몬탈레가 1925년에 베네뎃토 크로체가 작성한 '반파시스트 선언문'에 서명한 점도 이를 입증하는 것으로 볼 수 있다. 이후 몬탈레는 '민족해방 위원회(Comitati di liberazione nazionale)'에 참여하고, '행동당(Partito d'Azione)'에 가입하여 자신의 정치적 입장을 분명히 하였다. 또한 1938년에는 파시스트 정당에 가입을 계속해서 거부한다는 이유로 몬탈레를 가비넷토 빗쉐의 원장직에서 파면 한 사건을 상징적인 예로 들 수 있다. 당시 상황에 대한 저항 운동으로써의 문학적 행동을 이해하기 위해서는 몬탈레의 다음 시집들을 연구해 보는 것이 바람직하다고 생각한다. 제1차 세계대전과 파시즘 정권 하에서 쓰여진 처음 두 시집『오징어 뼈 *Ossi di seppia* (1925)』와『기회들 *Le occasioni* (1939)』이 출간되었을 때 이미 그는 대단한 시인이 되어있었다. 그러나 몬탈레의 시집들 중에서도 가장 절정에 이른 시인의 면모를 유감없이 느끼게 하는 것은 세 번째 시집인『폭풍우와 기타 *La bufera e altro*』라고 할 수 있다. 이 시집은 제2차 세계대전 기간과 전쟁 직후인 1940년에서 '54년까지 쓴 시들을 모아 1956년에 출간된 것이다. "폭풍우 *bufera*"는 전쟁을 암시하며, "기타 *altro*"는 1945년 전쟁이 끝난 뒤 시집이 발행되기까지의 전쟁이 남긴 후유증 속의 현실에 대한 시인의 심상을 소재로 다루고 있다. 몬탈레는 시집에서 전쟁의 공포와 인간의 위기 상황에서부터 전후와 냉전기의 고뇌를 표현하고 있다.

몬탈레의 공식적인 시 쓰기는 제1차 세계대전 중인 1916년에 시작되었다. 몬탈레는 첫 시집에서 믿음을 가질 수 있는 현실이 담긴 대상을 찾지 못함으로써 실존적 부정의 시학을 선보인다. 1917년 가을 군대의 부름을 받은 몬탈레는 자신이 체험한 전선에서의 처절하고 비참한 인간의 모습을 그려 훗날 첫 시집 『오징어 뼈』에 담고 있다: 「발모르비아여, [구름들이] 너의 골짜기를 달린다 *Valmorbia, discorrevano il tuo fondo...*」[14]에서는 이탈리아 동북부의 트렌티노 지방의 포탄이 빗발치는 발모르비아 전선에서 몬탈레의 부대가 생포한 세 명의 오스트리아 병사들 중 한 포로의 주머니에서 릴케의 시집이 나온 것을 기억하는 시이다.[15] 이후 문우이자 비평가였던 세르지오 솔미 Sergio Solmi에게 시인은 발라르사 Vallarsa에서 「전장의 몬탈레 *Montale in guerra*」[16]라는 시를 써 보낸다. 이 시에서 몬탈레는 한 군인이 시계를 훔쳤다가 발각되어 총살당한 사건을 말하고 있다. 몬탈레는 눈을 가린 체 사형 틀에 묶여 살려달라고 애원하는 그 젊은 병사를 전우들과 함께 참관하여야 되었다. 애원에도 불구하고 전쟁터의 엄격한 군법은 그를 용서하지 않고 총살케 하였으며, 한 때의 전우였던 다른 병사들은 허공으로 치솟는 핏줄기와 살점을 목도하여야 했다고 한다. 이후 제1차 세계대전이 끝나고 몬탈레는 1920년 5월 제대하였다. 그러나 약 20년 뒤, 이탈리아가 제2차 세계대전에 참전(1940년 6월 10일)하기 8개월 전 혹독한 파시스트 독재 치하인 1939년 10월 만 43세의 나이에 몬탈레는 또다시 군의 부름을

14) 창작 시기는 1924년 7월 11일.

15) 몬탈레는 당시 장교로 참전하여 발모르비아Valmorbia 라는 마을이 있는 발라르사 Vallarsa 지역의 전초기지에 있었음. (Cfr. Giulio Nascimbeni, *Montale. Biografia di un poeta*, Milano, Longanesi & C., 1986, pp. 43-45.)

16) Desiderio di stringer vecchie mani / di rispecchiarsi in visi un tempo noti / sotto il grondare di un gelato azzuro / che la campana dello Shrapnell scuote. (da *Poesie disperse*, in *Eugenio Montale, Tutte le poesie*, a cura di Giorgio Zampa, Milano, Mondadori, 1996, p. 786) (Vallarsa에서 1917년 Parma에 있던 문우 Sergio Solmi에게 보낸 시)

받기도 하였다.[17)]

파시즘 정권의 포악성이 극에 달한 시점인 1937년 파시즘 정당에 가입을 거부한다는 이유로 몬탈레는 요주의 감시대상에 포함된다. 그리고 다음해인 1938년에는 정치적인 이유로 1929년부터 맡아온 가비넷토 빗쉐의 관장직에서 파면 당하고 만다. 이 무렵 몬탈레는 젊은 지성인, 문인들과 유명한 바(bar)인 피렌체의 레뺍블리카 광장(Piazza Repubblica)에 위치한 '쥽베 롯쎄 Giubbe Rosse'에서 당시의 상황들에 대해 많은 의견을 나누었다. 몬탈레의 시집 중 "저항 문학"적 측면에서 가장 중요한 시집이라고 평가받는 것은 1940년에서 1954년까지 쓴 시들을 모아 1956년에 출간된 『폭풍우와 기타』이다. 이 기간은 1922년 생긴 파시즘 정권의 주도 하에 제2차 세계대전을 치르고 있던 이탈리아에서 레지스탕스 운동이 가장 활발하게 진행되던 43년에서 45년을 포함하고 있다. 이 사실은 참담한 현실을 좌시하고만 있을 수 없었던 몬탈레가 이 세 번째 시집의 처음 제목인 『소설 *Romanzo*』을 『폭풍우와 기타』로 바꾸었다는 점도 상당한 의미를 갖는다. 여기에서 "폭풍우"는 시인 자신이 밝혔듯이 물론 제2차 세계대전에 대한 메타포라고 할 수 있으며 나아가서는 일종의 우리 모두와 관련된 '전 우주적 전쟁'의 비유로 이해 할 수 있기 때문이다. 이 시집의 첫 장인 「땅 끝*Finisterre*」은 1940년에서 1942년 사이에 쓰여 진 것들로 전쟁과 강력하게 연관된 15편의 시들로 구성되어 있다. 이 시들은 담고 있는 내용이 반정부적인 것으로 판정되어 이탈리아에서 발간되지 못하고 오랜 문우인 쟌프랑코 꼰티니 Gianfranco Contini의 도움으로 스위스 루가노 Lugano에서 출간된다. 이 작은 시집의 서시인 「폭풍우*La bufera*」에 몬탈레는 아그리파 도비네(Agrippa d'Aubigne')[18)]의 시를 부제로 인용하며 폭군들에 저항한 시인의 정신을 표현하였는데

---

17) 1915년 5월 24일 대 오스트리아 전쟁 포고로 이탈리아는 제1차 세계대전 참전. 1925년 1월 3일 파시스트 독재 시작.

18) 1552-1630년 프랑스의 시인으로 고전적 교육을 받고 구교에서 신교로 개종하며 황제의 신하가 되기도 하였으나, 황제의 폭정으로 낙향하여 저작 활동에 힘썼다. (Cfr. AA.VV., *Enciclopedia della Letteratura*, Milano, Garzanti, 2000, pp. 60-61)

내용은 다음과 같습니다. "군주들은 이 엄청난 일들을 볼 수 있는 눈을 갖고 있지 못하며, 그들의 손은 단지 우리에게 고통을 주는 데만 쓰이는 구나...". 또한 이 시에서 시인은 전쟁의 파괴적이고 위협적인 모습을 강력히 표현해내고 있다. 그리고 문화의 산물로서 전쟁을 인식하고 식물을 통해 그 생존의 위험에 저항하며, 전쟁에 위협 받고 있는 문명사회를 강력하게 고발하고 있다. 또한 제2차 세계대전 초에, 어린 시절 가족과 함께 늘 여름을 보내던 리구리아 해안가의 몬테롯소 Monterosso에 있던 별장에 돌아온 시인은 평온했던 옛 시절을 기억하며 시를 지었다. 이때의 시들 중 한 편이 바로 「피난처 *L'arca*」인데 이 작품 속에서 시인은 전쟁의 파괴적인 모습을 그려내며 이러한 전쟁의 위험과 추악함 들로부터 무사할 수 있었던 추억 속의 어린 시절의 집을 묘사함으로써 현실을 고발한다. 그러나 몬탈레의 시들 중에서 가장 분명한 정치적 의도를 나타낸 참여시는 「히틀러의 봄 *La primavera hitleriana*」이라고 할 수 있다. 이 시는 이탈리아와 독일 간의 전쟁 동맹을 맺기 위한 첫 걸음으로 1938년 5월 피렌체에서 히틀러와 뭇솔리니가 만난 역사적 사건을 상기시키고 있다. 기이하게도 히틀러와 전쟁을 의미하는 5월의 늦봄에 찾아온 강추위는 이제 머지않아 다가올 여름날의 따스함에 사라지게 될 것이라는 상징적인 내용을 담고 있다.

몬탈레는 흔히 절망의 시인이라는 평을 받아왔다. 즉 절망적인 상황의 현실에서 얻은 경험이 시의 뼈대를 이룬 데서 나온 말이라 하겠다. 전쟁에서 얻은 위기의식은 몬탈레라는 개인에게 일종의 커다란 절망감을 주었기에, 그는 주위에 있는 사물과의 관계를 맺을 수 없는 상태에서 그 사물들과 투쟁한다. 자기 자신이 처해진 세계에서 현실과 부조화를 이루는 가운데 느끼는 절망감과 공허감이 문제의식을 야기하는 것이다. 그는 이러한 것들을 심리 분석적인 상징적 기법을 통해 작품 속에 투영시키고 있다. 물론 절망감이나 공허감은 외적인 상황에 의해서 생겨나 내적 갈등을 수반하는 것이다. 전쟁의 참혹한 경험으로 빚어진 시인의 내면에 자리 잡은 의식이라고 볼 수 있다.

Ⅳ. 몬탈레의 현실 인식과 시학

몬탈레는 1945년 12월 27일 「해변의 추억 *Ricordo di una spiaggia*」이라는 단편을 밀라노의 『라 렛투라 *La Lettura*』에서 발표하였다. 이 작품은 14살의 어린 몬탈레가 겪고 장년이 되어서도 가슴속 깊이 남아있던 체험을 이야기 하고 있는 글이다. 그의 나이 14세, 즉 1910년경이었다면 시인 몬탈레의 기본적인 성격이 형성되어가고 있던 중요한 시절로 볼 수 있을 터이니 그 때의 한 에피소드를 우리는 몬탈레의 심리적 특성을 이해하는 하나의 출발 점으로 삼을 수 있을 것이다.

어느 날 저녁 몬탈레는 그 시골에서 알게 된 비슷한 또래의 두 아이들과 배를 타고 바다로 고기를 잡으러 나가기로 약속했다. 이 두 아이들은 고기 잡이 일에 제법 능숙했기에 모든 준비가 순조롭게 진행 되어갔다. 소년 몬탈레에게도 그들이 시키는 대로 전등을 그물이나 바다에 비추는 것처럼 단순한 일만하면 되었기에 별문제는 없어 보였다. 그러나 세 사람이 배를 타고 출발한지 얼마 되지 않아 몬탈레는 배 멀미를 하기 시작하였다. 불안한 그는 이 사실을 감추려고 노력하였으나 친구들의 눈길을 끝까지 피할 수는 없었다. 결국 이 두 친구는 자신들만의 결정으로 몬탈레가 고기잡이에 도움이 되지 못할 뿐만이 아니라 방해가 될 것이라 판단하여 마침내 뱃머리를 돌려 몬탈레를 해변에 내려놓고 그곳에서 홀로 밤을 새우게 하였다. 이때의 사건을 통해 감수성이 예민한 나이의 몬탈레는 바다와 친구들로부터 거부당한 자신의 무능한 존재를 가슴 절절히 인식하게 되었던 것으로 이해할 수 있다. 바로 이때의 경험으로부터 소년 몬탈레는 자신이 바다의 중심과 심연으로부터 추방되어 해변에 버려진 '오징어 뼈들'이나 다른 쓰레기들과 다를 바 없는 것으로 느끼게 되었으리라고 볼 수 있는 것이다.

장년의 몬탈레는 한 라디오 방송에서 고백하듯 자신이 느끼는 '나와 현실과의 관계'를 밝힌바 있다. 이후 1951년에 이탈리아 국영 방송국(ERI)에서는 그 내용을 담아 『라디오 노트들 *Quaderni della Radio*』이라는 책으로 펴냈다. 몬탈레는 이 책에서 자신은 부조화 속에서 태어난 인간이며, 따라서 시인으로서도 그 인간의 조건을 벗어나지 못하고 어쩔 수 없이 그 부조화 안에서 살며 시 작업을 할 수밖에 없다는 '나와 현실과의 관계'를 명백히 토로하고 있다.

> "나는 태어났을 때부터 나를 둘러싸고 있는 현실과의 총체적 부조화를 느끼고 있었으니, 내 영감의 소재는 *바로 그* 부조화일 수밖에 없었다".

이러한 시인과 현실의 부조화는 몬탈레의 특히 초기 시들에서 가장 중요한 주제들로 다루어지고 있는데 가장 명확히 '인생의 불행'을 이야기하고 있는 작품으로 「종종 나는 삶의 불행을 만났으니, *Spesso il male di vivere ho incontrato*」를 들 수 있다.

> Spesso il male di vivere ho incontrato:
> era il rivo strozzato che gorgoglia,
> era l'incartocciarsi della foglia
> riarsa, era il cavallo stramazzato.
>
> Bene non seppi, fuori del prodigio
> che schiude la divina Indifferenza:
> era la statua nella sonnolenza
> del meriggio, e la nuvola, e il falco alto levato.[19)]

시인이 삶 속에서 자주 부딪치게 된 불행 (il male di vivere)은 어쩌면 모든 피조물들이 경험하는 바로 그 고통일 것이다. 몬탈레는 이 '삶의 불행'을

---

19) Eugenio Montale, *Ossi di seppia*, Milano, Mondadori, 1991, p. 46.
종종 나는 삶의 불행을 만났다, / 그것은 개천이 숨 막혀 골골거리는 것이었고, / 바싹 마른 나뭇잎이 쪼그라드는 것이었으며, / 말이 푹 쓰러지는 것이었다. // 신성한 무관심이 살며시 열어주는 / 그 기적밖에는 난 잘 알지 못했으니, / 그것은 여름 한 낮 쏟아지는 졸음 속 / 조각상이었고, 구름이었으며, 또 하늘 높이 솟아오른 매였다.

철학적 표현이나 신학적인 표현으로 나타내지 않고 생명과 죽음의 현실에 대한 관찰을 통해 그려내고 있다. 그가 이 시에서 말하고자 하는 것은 '인생은 온통 고통으로 휩싸여 있다'는 것이다. 인간의 주변, 즉 사물이나 동물 그리고 사람들에게는 늘 고통이 따라다닌다. 그런데 시속의 주인공이 찾아낸 이 '삶의 불행'에 대한 유일한 처방책은 "신의 무관심la divina Indifferenza" 처럼 모르는 체 하는 것뿐이라는 것이다. 그것만이 고대의 신들처럼 우리 인간이 평온할 수 있도록 허락해준다고 믿기 때문인 것이다.

이미 앞부분에서 몬탈레의 가슴속에 각인되어 남아있던 그의 어린 시절 체험을 소개한바 있다. 감수성이 아주 발달해 있던 소년 시절에 이미 자신의 무기력함을 강하게 느껴본 적이 있는 젊은 몬탈레에게는 개인적인 형편과 사회적 환경들이 꽤 오랫동안 인생의 진로를 위한 선택에 어려운 요인들이 되었다. 그는 건강이 좋지 않아 원하던 인문계 고등학교로의 진학을 포기해야 했다. 뿐만 아니라 음악에 흠뻑 빠져 당대 그 지역에서 상당한 명성을 얻었던 스승으로부터 자질을 인정받아 바리톤으로서 지도를 받고 있던 중 스승의 갑작스런 타계로 또 한 번의 진로에 대한 좌절감을 맛봐야만 했다. 이즈음 1915년 5월 이탈리아는 전쟁에 가담했다. 그러나 병역을 치러야 할 나이의 몬탈레는 두 차례나 신체검사에서 면제도 아닌 재심 판결을 받고 이러지도 저러지도 못하고 세 번째 검사 통보만을 기다려야 했다. 이러한 젊은 시절의 상황들 속에서 몬탈레는 자신을 "희망 없는 사람uomo finito"이자 "실패자un *fallito*"라고 생각하기도 하였다.

이렇게 일상생활 속에서 싹트고 자라난 몬탈레의 현실에 대한 부정적 시각은 그의 문학 세계 속에서 하나의 독특한 시학을 이루어내기에 충분하게 된다. 그의 이 '부정성'은 무엇보다도 현실의 질서 속에, 즉 "인생의 불행"이 기준인 우주의 운명론적 구조 속에 있는 것이다. 반면에 "행운"은 마치 신의 "무관심"에서 기인한 실수인 듯 살짝 열린 틈새로 새로운 세계를 볼 수 있는 아주 드물게 일어나는 "기적" 같은 것이다. 그런데 이 기적마저도 찰나적일 뿐인지라 완전한 현실 탈출은 불가능하다는 사실을 깨닫고도 그 현실 속에서 무기력하게 살아가야 하는 시인에게 이 인생의 현실은 너무도 비극적일 수밖에 없다. 그러하기에 '인생의 불행과의 만남'은 고뇌의 윤리를 재구성하기 위한 출발점이 되는 것이다. 뿐만이 아니라 일상적인 생활 속에 감추어져있는 진실한 세계를 향한 '돌파구'를 발견하고자 하는 것이다. 이러한 측면에서 볼 때 이 '인생의 불행과의 만남'은 '돌파구'에 대한 진지한 연구의 윤리를 재구성하기 위한 출발점"이기도 한 것이다.

몬탈레의 이러한 시학은 이탈리아뿐만이 아니라 20세기 대부분의 사회와 문화에 커다란 영향을 끼친 정신적 동요와 긴장 상태를 표현한 것이라고 생각한다. 즉 19세기말에 있었던 급속한 산업 발달과 함께 나타난 가치관의 변화와 황폐한 인간의 현실을 자각하고 표현한 것으로 볼 수 있다. 그리고 양차 세계대전 때 이탈리아에 만연해 있었던 파시즘 정권[20] 에 대한 지식인의 윤리적, 실존주의적 고뇌를 예술적으로 표현한 것으로 볼 수 있다. 이러한 부분들은 사실 20세기 영미 문학의 대표적인 모더니스트 중 한 사람인 T.S. 엘리엇의 『황무지』를 생각하게 한다.[21] 따라서 몬탈레의 이러한 시학과 다양한 부분들이 보여주는 의미를 동시대의 다른 언어권과의 비교를 통해 그 영향 관계는 물론이고 20세기 시의 국제성의 고찰을 가능하게 하리라 본다.

이탈리아의 문학 연구가들은 20세기의 많은 이탈리아 시인들 중 몬탈레

---

20) 뭇솔리니(Benito Mussolini1883-1945)가 1922년 파시즘 정부 세움.

21) 모더니즘의 대표 시인인 T.S.엘리엇과 이탈리아의 시인 몬탈레는 초기 시작품의 기법이 유사하다는 평가를 받고 있다. 서로 다른 국가에서 태어나 일면식도 없었으면서도 탄생 시기 (엘리엇은 1888년생, 몬탈레는 1896년생)가 비슷했고, 유럽 문화권에서 생활하였으며, 풍부한 독서를 통해 지적 성숙이 최고 수준에 달했고 그들은 또한 단테와 같은 공통의 문학적 스승을 모시고 있었습니다. 20세기 이탈리아의 문단을 대표하는 시인이자 탁월한 평론가였으며 많은 산문을 남긴 몬탈레는 엘리엇과 상당히 유사한 점을 작품 속에서 보여주고 있다. 특히 이 유사점은 당대의 많은 비평가들에 의하여 엘리엇이 1919년의 한 논문에서 주장하여 유명해진 '객관적 상관물(objective correlative)'이라는 용어로 알려진 것과 유사한 기법을 작품 속에서 활용하고 있는 것으로 많은 비평가들에 의해 주목받았다. 이러한 점은 1922년 발행된 『황무지』와 몬탈레의 첫 시집 『오징어 뼈들』(1925)과 특히 『기회들』(1939)에 잘 나타나 있다고 볼 수 있을 것이다.

를 이탈리아 시문학의 전통을 가장 잘 계승한 시인으로 평가함과 동시에 가장 20세기 적인 시인으로 평가하고 있다. 이러한 평가는 1916년부터 시작된 몬탈레의 작품 속에 나타난 시의 형식, 주제, 시어 그리고 문학성의 전통적 면모를 통해 알 수 있다. 격동의 20세기를 80여 년간 체험으로 살았던 시인은 시인으로서의 감수성과 직관력을 통해 이탈리아는 물론이고 당대의 수많은 인류의 아픔을 끈질기게 고뇌하고 참여한 시인으로 이탈리아 현대시를 국제성을 갖는 보편적 그리고 우주적 관점에서의 시학을 내보였음을 강조하며 결론에 대신하고자 한다.

참고문헌

AA. VV., *Letteratura*, Milano, Garzanti, 2000.

Eugenio Montale, *L'opera in versi.* Edizione critica a cura di Rosanna Bettarini e Gianfranco Contini, Torino, Einaudi, 1980.

Eugenio Montale, *Tutte le poesie*, a cura di Giorgio Zampa, Milano, Mondadori, 1996.

Eugenio Montale, *Sulla poesia*, a cura e con una postfazione di Giorgio Zampa, Milano, Mondadori, 1976.

Eugenio Montale, *Il secondo mestiere. II. Arte musica società*, a cura di Giorgio Zampa, Milano, Mondadori, 1996.

Eugenio Montale, *Il secondo mestiere. I. Prose 1920-1979*, a cura di Giorgio Zampa, Milano, Mondadori, 1996.

Eugenio Montale, *Prose e racconti*, a cura di Luisa Previtera, introduzione di Marco Forti, Milano, Mondadori, 1996.

Lettere di Eugenio Montale a Luciano Anceschi, a cura di Fausto Curi, 《Poetiche》 I (1996), pp. 5-22.

Carteggio di Eugenio Montale e Gianfranco Contini (1933-1978), a cura di Dante Isella, Milano, Adelphi, 1997.

Gaetano Gazziano, *Poesia ermetica. Ungaretti, Montale, Quasimodo*, il Lunario, 2004.

Luigi Menichetti, *Metrica italiana: fondamenti metrici, prosodia, rima*, Padova, Antenore, 1993.

Maria Corti, *Un nuovo messaggio di Montale: Satura*, 《Strumenti critici》, 15, 1971, pp. 217-36; poi col titolo 《Satura》 e il genere 《diario poetico》 in *Per conoscere Montale, Antologia corredata di testi critici*, a cura di Marco Forti, Milano, Mondadori 1986.

Gianfranco Contini, Una lunga fedeltà. Scritti su Eugenio Montale, Torino, Einaudi. 1974.

Pietro Cataldi, *Montale*, Palermo, Palumbo, 1991.

Umberto Carpi, *Montale dopo il fascismo. Dalla Bufera a Satura,* Padova, Liviana. 1971.

Vittore Branca, *Montale nelle stalle di Augia*, in AA.VV. 1984, pp. 465-72.

Ettore Bonora, *Conversando con Montale*, Milano, Rizzoli, 1983.

Montale e il canone poetico del novecento, a cura di Maria Antonietta Grignani e Romano Luperini, Roma-Bari, Laterza, 1998.

Lorenzo Greco, *Montale commenta Montale*, 2ª ediz. ampliata, Parma, Pratiche. 1990.

Maurizio Gracceva, *Alcune considerazioni sul problema del tempo nell'opera montaliana*, 《Studi novecenteschi》 XVI, 37, Pisa, Giardini, 1989, pp. 79-109.

Mario Martelli, *Eugenio Montale*, Firenze, Le Monnier. 1983.

Mario Martelli, *Il rovescio della poesia. Interpretazioni montaliane*, Milano, Longanesi, 1977.

Romano Luperini, *Storia di Montale*, Bari, Laterza, 1986.

Romano Luperini, *Montale o lidentità negata*, Napoli, Luguori, 1984.

Gilberto Lonardi, *Il Vecchio e il Giovane e altri studi su Montale*, Bologna, Zanichelli, 1980.

Giulio Nascimbeni, *Montale. Biografia di un poeta*, Milano, Longanesi & C. 1986, pp. 43-45.

Angelo Jacomuzzi, La poesia di Montale. Dagli Ossi ai Diari, Torino, Einaudi, 1978

(2ª ediz. ampliata).

Eugenio Montale, Le occasioni, a cura di Dante Isella, Torino, Einaudi, 1996.

Dante Isella, Ancora sulla struttura di 《Satura》, Napoli, Istituto Suor Orsola Benincasa; poi in L'idillio di Meulan, Torino, Einaudi, 1994, pp. 244-59.

Giovanni Macchia, *Nascita della poesia contemporanea* in "SAGGI ITALIANI", Milano, Mondadori, 1983, pp. 265-278.

Pier Vincenzo Mengaldo, *Poeti italiani del Novecento*, Milano, Mondadori, 1990.

Cesare Segre-Clelia Martignoni, *Testi nella storia*, vol. 4°, Milano, Mondadori, 1992.

Giuseppe Ungaretti, *Vita d'un uomo, Tutte le poesie*, Milano, Mondadori, 1994.

김명옥, 『T. S. 엘리엇과 영미시 비평』, 서울, 한국외국어대학교 출판부, 2004.

8. 몬탈레의 '시간'에 대한 연구

I. 머리말

많은 문학 연구가들에 의해 20세기 이탈리아 문학사에서 가장 중요한 시인 중 한 명으로 인정되고 있는 에우제니오 몬탈레(Eugenio Montale)[1]는 적어도 다음과 같은 점들을 고려할 때 합당한 평가라고 할 수 있을 것이다. 즉, 몬탈레는 시어와 시의 형식에 있어서 중세의 단테 알리기에리(Dante Alighieri)[2]부터 시작된 위대한 이탈리아 문학의 전통을 이어오면서도 동시에 새로운 세상 읽기에 적합한 시어와 형식을 고안해 냈다.[3] 뿐만이 아니라 현실 인식에 대한 새로운 관점을 가지고 있었으며 주제 면에 있어서도 이탈리아적 굴레를 넘어 인간이 갖는 보편적 문제를 다루면서 유럽 최고 수준의 시를 썼던 것이다. 그는 20세기 서구 사회에 숨 가쁘게 밀어닥친 온갖

---

1) 1896년 이탈리아의 북서해안에 위치해 있으며 지중해와 한 바다를 이루고 있는 리구리아Liguria 해안 지방의 제1의 도시인 제노바Genova에서 4남 1녀중 막내로 태어났다. 첫 시집 『오징어 뼈들 Ossi di seppia (1925)』 함께 시작된 그의 시인으로서의 명성은 두 번째 시집 『기회들 Le occasioni (1939)』을 거쳐 세 번째 『폭풍우와 기타 La bufera e altro (1956)』로 절정에 오른 뒤 네 번째 시집 『사투라 Satura (1971)』까지 이어졌다. 1967년 이탈리아 정부로부터 문학적 업적을 인정받아 종신 상원의원에 임명된 몬탈레는 1975년 노벨상을 수상함으로써 전세계가 인정하는 20세기 이탈리아 최고의 시인이 되었고 1981년 밀라노에서 일생을 마쳤다.

2) 단테 알리기에리는 1265년에 이탈리아의 중부에 위치하였으며 찬란한 르네상스 문화를 꽃피웠던 피렌체에서 태어나 1321년 라벤나에서 세상을 떠난 이탈리아의 위대한 시인이다. 대표적인 작품으로는 단연 사후의 세계를 여행하며 쓴 『신곡La Divina Commedia』을 들 수 있다. 단테는 이 작품을 통해 이탈리아의 대 시인으로써만이 아니라 전체 서양 문학사 안에서도 가장 위대한 시인으로 인정받고 있다.

3) 몬탈레의 단테에 대한 예찬과 단테 영향의 근거들을 간략히 보면 다음과 같다. 1965년 피렌체의 팔랏초 벡키오에서 있었던 국제 단테 연구회의 개막식에서 『어제와 오늘의 단테 Dante ieri e oggi』라는 글을 발표한다. 그의 시속에는 구원의 여인 클리치아Clizia가 아주 많이 등장하는데 이것은 단테의 베아트리체Beatrice와 흡사한 작품 내에서의 기능을 한다. 또한 수많은 시들 속에서 열거할 수 없이 많은 단테의 영향을 받은 시어와 그 이미지들을 찾아 볼 수 있다.

시대적 변화와 이데올로기를 체험하고 인간의 보편적 관심사인 삶에 대한 의문을 일관되게 성찰하였던 것이다. 몬탈레는 삶의 정체성과 본질을 깨닫는 것을 진리를 발견하는 것으로 생각하였는데[4] 이 진리에 가까이 가기 위한 유일한 수단으로써 몬탈레는 시를 썼던 것이다.[5] 몬탈레의 이러한 시와 시 쓰기는 동시대의 시인들뿐만이 아니라 이후의 수많은 젊은 시인들에게 실로 지대한 영향을 끼쳤다고 할 수 있습니다.

인간의 삶에 대한 의문을 갖고 나아가 인간의 존재에 대한 문제를 깊이 있게 생각해본 학자들 중에서 많은 사람들이 '시간'에 대해 성찰 해보았다는 사실은 일반적으로 잘 알려져 있다. 따라서 이곳에서 이와 관련된 철학자나 문인들의 이름을 거론하거나 상기시킬 필요는 없겠다. 하지만 양차 세계대전과 파시즘 정권치하에서 생존의 위협을 느끼며 살아야 했던 대표적인 지식인 중 한 명인 시인 몬탈레 또한 그 예외일 수는 없었다는 사실만큼은 생각해보았으면 한다. 앞서 인용한 그의 산문 외에도 우리는 그의 초기 시들에서부터 그가 인간의 존재와 그 삶에 대한 끝없는 관심과 성찰을 지속적으로 해왔다는 사실을 확인 할 수 있다. 그런데 우리는 인간의 보편적인 문제인 삶의 본질과 정체를 이해하기 위한 방법들 중 하나로 몬탈레

4) 예로써, 1923년에 지어 첫 시집에 실린 유명한 한 시에서는 우리 현실의 진실을 알게되는 것을 기적 같은 것으로 표현하고 있다. 즉, "... 기적이 일어나는 것을 나는 보리라, / 나의 양어깨 뒤로는 아무 것도 없음을, 내 뒤엔 공허만이 / 있음을 술 취한 이의 두려움으로... ...vedrò compirsi il miracolo: / il nulla alle mie spalle, il vuoto dietro / di me, con un terrore di ubriaco... (Forse un mattino andando nell'aria di vetro...., 2-4행, *OV*, Ossi, p. 40). 몬탈레의 시집들 속에는 이 시외에도 시인이 현실을 깨닫고, 진실을 발견할 때의 느낌을 잘 표현하고 있는 여러 편의 시들이 있다.

5) 《저는 [열리지 않을] 불가능의 문들을 끝없이 두드리며 자서전적 시를 썼다. 그렇다고 제가 감히 제 시에서 신화를 이야기하려는 것은 아니다, 그 대신 제 시속에는 삶이 무엇인지 알고자하는 열망이 담겨 있다. 저는 쇼펜아우어의 영향을 받아 처음엔 회의적이었죠. 하지만 이후 좀더 나이가 들어서 쓴 시들에서는, 삶이 우리에게 감추고 있는 어떤 의미를 가지고 있다고 확신하였기에 저는 [제가 있는 쪽] 벽의 반대쪽에 있을 수 있는 것을 알아보고자 노력하였다. 저는 애타게 응답을 기다리는 사람처럼 간절하게 그 문들을 두드렸다》(1965년 2월 스위스에서 발행되는 "로잔 신문 la Gazetta de Lausanne"사 기자와의 인터뷰 내용. Eugenio Montale, *Sulla poesia*, a cura e con una postfazione di Giorgio Zampa, Milano, Mondadori, 1976, p. 158 참조).

가 시간의 관점에서 역사와 삶을 살펴보고자 노력했다는 것을 앞으로 그의 시들 속에서 알게 될 것이다.[6] 나아가 인간의 존재와 삶에 대한 성찰을 통해 그 진정한 의미를 이해하고자 몬탈레는 '시간'에 대하여 관심을 갖고 이에 대해 철학적이며 문학적인 접근을 해온 것이라고 생각한다.

이러한 점들을 고려하여 본 연구에서는 그의 시간에 대한 사상을 비교적 명확히 이해할 수 있는 대표적인 시들을 선택하고 이들을 통해 몬탈레의 '시간'에 대한 개념을 보다 심도 있게 이해하고자 한다. 이렇게 하는 것이 일반적으로 전문가들에게까지도 아주 복잡하고 난해한 것으로 인식되고 있는 몬탈레의 시학을 이해하는데 대단히 중요한 하나의 열쇠가 될 수 있다고 믿기 때문이다.

Ⅱ. 몬탈레의 '시간'[7] 개념 이해

2.1 표제어들의 분석과 용어 색인 Concordanza[174)]

필자의 시 읽기의 경험으로는 만일 시에 쓰인 어휘들을 품사별로 분류해 보고, 또 그것들을 시의 의미적 측면에서 중요도에 따라 다시 가능한 범위 내에서 구분해 본다면 시인이나 작품에 따라 어느 정도는 다를 수도 있겠으나 일반적으로 명사, 동사, 형용사의 순서가 될 것으로 본다. 이러한 생각을 토대로 쥬셉페 사보카Giuseppe Savoca가 해낸 몬탈레 시에 대한 분석 자

6) 본 연구의 제 II장 2절과 3절을 참조 해주십시오.

7) 시간의 개념을 연구한다고 할 때 다음과 같이 보다 광범위하고 세부적인 측면의 시간들을 생각할 수도 있을 것입니다. 1) '문법적인 시간'을 나타내는 부사들(지금ora, 아직 ancora, 이후poi, 먼저, 이전prima, 이미già, 항상sempre 그리고 오늘oggi 등)과 2) '인간의 시간'을 표현하는 명사들(시간ora, 인생vita, 죽음morte, 기억memoria 등), 3) 빛을 통해 표현되는 '자연의 시간'을 나타내는 어휘들 (낮giorno, 새벽alba, 저녁sera, 밤notte, 어둠buio, 어둠, 그늘ombra, 해sole 그리고 빛luce 등), 4) 다음과 같은 몇몇 형용사들(오랜lungo, 처음의primo, 단 한번의solo, 느린lento)을 생각할 수 있으며, 5) tornare(돌아오다), restare(남다) 등과 같은 동사들도 시간의 개념을 이야기할 때 커다란 범주 안에서는 포함될 수 있을 것입니다. 그러나 본 연구에서는 여러 제한적인 이유로 보다 일반적이고 큰 개념의 시간tempo, 역사storia와 삶vita을 어우르는 범주에서의 '시간'을 다루고자 합니다.

료들 중 본고에서 연구하고 있는 '시간tempo'에 대한 자료를 살펴보고자 한다.[9]

몬탈레가 평생 동안 쓴 모든 시들을 모아 통계적으로 분석해낸 사보카의 연구 결과에 따르면 몬탈레가 가장 많이 쓴 명사는 177회 사용되어 모든 단어 (lemma를 편의상 단어로 옮김)들 중 총 46번째로 많이 쓰인 "vita (삶)"이라는 단어이다. 이것들을 각 시집별로 다시 살펴보면 다음과 같다. 즉, 『오징어 뼈들Ossi』에서는 33회, 『기회들Occasio ne』 21, 『폭풍우와 기타 Bufera』 11, 『사투라Satura』 11, 『'71년과 '72년의 일기Diario』 27, 『4년간의 노트Quaderno di quattro anni』 22, 『기타 시들Altri versi』 20, 『번역 노트 Quaderno di traduzioni』 7 e 『잃어버린 시들Poesie disperse』에 25회에 걸쳐 사용되었다. 그 다음으로는 163회 사용되어 총 51번째로 많이 쓰인 명사 "tempo (시간)"인 것으로 조사 집계되었다. 이를 또 각 시집별로 살펴보면 『Ossi』에서 12회, 『Occasioni』 11, 『Bufera』 10, 『Satura』 32, 『Diario』 14, 『Quaderno di quattro anni』 27, 『Altri versi』 28, 『Quaderno di traduzioni』 13 그리고 『Poesie disperse』에는 16회에 걸쳐 사용되었다.[10] 몬탈레의 가장 중요한 시집들로 인정받고 있는 처음 네 시집들 중에서 '시간 tempo'의 등장

---

8) 특정한 시인이 자신의 작품 속에 사용한 모든 단어 (편의상 단어라고 칭하였으나, 실제 이탈리아어로는 lemma, 영어로는 headword라고 하는데 이는 모두 한국어 사전에서는 '표제어'라고 번역되고 있다)들을 수치적으로 분석하여 그 빈도 수는 물론이고 그 시인의 문체론적인 특징이나 나아가 때로는 사상까지도 이해하는데 아주 유용한 연구이다. 사보카는 몬탈레의 모든 시들을 분석하고 『Concordanza di tutte le poesie di Eugenio Montale』라는 책 속에 표제어 (concordanza), 빈도수 목록 (liste di frequenza) 그리고 목차 (indice) 등의 장(章)을 만들어 정리해 냈다.

9) 이 분야의 대표적인 이탈리아 연구가로서 널리 알려진 쥬셉페 사보카의 이러한 작업의 결과들을 통해서 우리는 다음과 같은 몇 가지 아주 귀중한 사실에 접근 할 수 있다. 1) 한 작가의 특정 작품과 다른 작품 사이에 쓰인 같은 시어들을 비교 연구할 수 있다. 2) 한 작가의 특정 작품과 다른 작가들의 작품들 사이에 쓰인 동일한 시어들을 비교 연구할 수 있다. 3) 이들 비교 연구를 통해 한 작가의 언어와 스타일을 분석할 수 있다. 4) 다른 작가들에 대한 기여의 차원에서 또 그들의 작품들과의 관계는 어떻게 이루어졌는지 이해할 수 있을 것이다.

10) Giuseppe Savoca, *Concordanza di tutte le poesie di Eugenio Montale*, 2 voll., Firenze, Olschki, 1987, p. 792 참조.

빈도 수를 보면 특히 『사투라Satura』에서 32회나 되어 다른 시집들에 비해 압도적으로 많이 쓰이고 있음을 알 수 있다. 이러한 자료는 실제로 몬탈레가 '시간'-'역사'-'인생'을 함께 연결하여 바로 이 네 번째 시집의 핵심적인 테마로 다루고 있다는 것을 짐작케 한다. 바로 이러한 점에서도 '시간'에 대한 연구 가치는 높다고 할 수 있다.

각 시어는 한 편의 시속에서 완전히 폐쇄적이고 침투할 수 없는 하나의 단자가 될 수는 없다고 사람들은 믿는다. 오히려 각 시어는 전체적인 정황에 따라 다른 모든 요소들과의 관계를 통해 그 시어의 강력한 의미의 일부분을 새로 얻기도 하고 혹은 상실하기도 한다고 믿는다.

2.2 산문을 통한 몬탈레의 '시간' 이해

몬탈레가 가지고 있던 '시간'에 대한 사상을 올바르게 이해하기 위하여 먼저 그가 남긴 글들 중에서 시보다는 비교적 쉽고 명확하게 표현되어 있는 대표적인 산문의 일부를 살펴보자.

몬탈레는 인간과 시간에 대한 관계를 "시간과 공간 속에 자신의 이미지들을 세우는 것은 예술가의 과제일 뿐만이 아니라, 표현하기도 하고 표현되기도 하는 인간의 과제"이며, 또한 "흐르는 시간의 의미는 모든 시적 담론이 전개되는 토대가 된다"[11]고 보았다. 이러한 몬탈레의 입장은 그의 시 『채소밭 L'orto』에도 잘 나타나 있다.[12] 또한 우리는 몬탈레가 한 단편집에서 다음과 같이 밝히고 있듯이 개인적으로 그가 시간을 어떻게 받아들였는지도 알 수 있다.

《나는 연대기적 시간을 결코 인정하지 않습니다. 또한 어떤 형태의 전체

---

11) 《Situare le proprie immagini nel tempo e nello spazio e' compito dell'artista nonche' dell'uomo che rappresenta e si rappresenta; e *il senso del tempo che scorre e' alla base del cursus di qualunque racconto poetico.*》 (Elisabetta Graziosi, *Il tempo in Montale*, Firenze, La Nuova Italia 1978, p. 5의 재인용).

12) "인간의 시간 속에, 인간의 공간 속에 / 그대를 펴내오 ti espandi / in tempo d'uomo, in spazio d'uomo" (L'orto, 46-47; *OV*, Bufera, p. 243)

적인 역사주의나 유물론자 혹은 변증법적 역사주의로부터 나는 항상 나 자신을 멀리 떨어트려 놓는데 이것은 나의 본능적인 불신 때문입니다. 만일 내가 시간의 절대성을 믿지 않는다면 나는 모든 종교 교리와 마찬가지로 형이상학적 철학자들을 피하는 대신 일정한 흐름, 리듬에 따라 인생을 조절하는 단계들은 확고히 믿습니다. [...] 나는 내가 겪은 시간은 인정합니다, 그 시간과 다른 어떤 것을 원하지는 않습니다, 왜냐하면 오늘날 우리는, 아마도 이전에는 달랐을 텐데, 시간의 절대적 연속성을 믿을 수 없기 때문입니다. 나는 하루하루나 세기들이 미래를 예시할 수 있는 또 그 미래를 더 낫게 해줄 수 있는 눈을 갖고 있다고는 전혀 믿지 않습니다. 만일 이러한 일이 벌어진다면 그것은 분명 우리의 공적이나 잘못 때문은 아닐 것입니다.》[13]

《시간은 존재하는 것이 아니라, 우리의 고안물입니다.》[14]

2.3 시를 통한 몬탈레의 '시간' 이해

여기에서는 시간에 대한 몬탈레의 생각이 잘 드러나 있는 대표적인 몇 편의 시들을 통해 몬탈레의 '시간' 개념을 보다 깊이 이해 해보고자 한다.

먼저 "시간과 시간들Tempo e tempi"의 첫 행에서는 "유일한 시간은 존재하지 않는다 Non c'è un unico tempo"라고 유일한 시간의 존재를 강하게 부정하고 있으며 다시 이 시간의 차원은 공간의 차원으로 넘어간다 ("많은 끈들이 존재한다 ci sono molti nastri"). 시간적 차원이 이처럼 공간적 차원으로 전환되는 경우들은 다른 시에서도 나타나지만,[15] 이후 다른 시에서는 다시 시간과 공간은 더 이상 구분될 수 없는 것이 된다.[16] 유일한 시간이란

13) Eugenio Montale, *Nel nostro tempo*, Milano, Rizzoli, 1972, pp. 8-9.

14) *Montale in dialogo con Dacia Maraini*, in 『Vogue』, ottobre 1970 참조.

15) 《Ho visto già troppo / e il nastro temporale si ravvolge in se stesso》 (I miraggi, 20-21행, OV, Quaderno, p. 623).

16) 《tempo-spazio non è più / due parole divise》 (Tempo e tempi II, 1-2행, OV, Altri, p. 660).

시간의 연속성을 말하는 것으로 이것은 하나의 허상 즉, 픽션으로 이해할 수 있다. 유일한 시간의 차원이 존재하지 않는다면 '다시 ri-'라는 것은 불가능하게 된다고 볼 수 있다. 따라서 "다시 만나자" 라고 인사하는 것은 사실은 영원한 안녕을 말하는 것일 뿐이다.[17]

"다시 만납시다 Auf Wiedersehen"라는 의미의 여러 나라 인사말[18]로 시작된 이 시는 곧이어 그 인사들이 모두 우스운 약속들 《appuntamenti / ridicoli》 (1-2행)이라고 규정하고 있다. 이후에는 일련의 부정적인 표현들을 통해 시간이란 존재하지 않는다고 말한다.[19] "시간과 시간들"에서의 시간적 연속성의 부정은 여기에서는 여러 언어의 '다시 만나요'라는 표현이 불합리하다는 것을 암시해주고 있다.

또 다른 시 "기다림 속에서Nell'attesa"에서 볼 수 있듯이 '기다림'이란 사실 시간 속에서의 기다림을 이야기함으로 시간의 차원을 암시하는데 시간의 연속성을 부정한 상황에서 기다림이란 있을 수 없을 것이다.

앞서 살펴본 "시간과 시간들"에서 몬탈레는 유일한 시간의 존재를 부정하였는데 이 생각에 입각해서 몬탈레는 시 "믿는 것은 우습다È ridicolo credere"에서는 시간의 연속성뿐만이 아니라 다윈의 이론들에 따른 진화마저도 부정하고 있다. 오늘의 인간이 내일도 인간일 수 있을 것이라고 믿는 것은 우스꽝스러운 것이며, 또 원숭이 자신들이 어느 날 두 발로 걸을 수 있기를 희망한다고 생각하는 것도 우스운 일이다. 뿐만이 아니라 시간을 가지고 계획을 세운다는 것이나 여러 시간들로 나누어진 어떤 하나의 시간을 상상한다는 것 또한 우스운 일이다.[20] 만일 유일한 시간이 존재하지 않

17) 《solo i pochi viventi si sono riconosciuti / per dirsi addio, non arrivederci》 (9-10행).

18) Auf Wiedersehen(독일어) / hasta la vista(스페인어), à bientôt(프랑스어), Ill be seeing you (영어) (Auf Wiedersehen의 제목과 1행, OV, Satura, p. 353).

19) La verità è che nulla si era veduto / e che un accadimento non è mai accaduto. (3-4행)과 essendo il ri pleonastico là dove / manca la forma. (7-8행).

20) È ridicolo credere 《che gli uomini di domani / possano essere uomini, / ridicolo pensare / che la scimmia sperasse / di camminare un giorno / su due zampe // è ridicolo / ipotecare il tempo / e lo è altrettanto / immaginare un tempo / suddiviso

다면, 여러 시간들, 즉 먼저 부정했던 그 계속성의 부분들도 존재하지 않을 것이다.

"로벳자노의 아르노 강L'Arno a Rovezzano"에 대해 평론가인 클라우디오 바레세(Claudio Varese)는 《복합적이며 다양성을 띤 몬탈레의 세계 속에서 이 시는 인간과 시간에 대하여 그리고 인간 자신과 시간에 대한 의식의 문제를 성찰하고 이에 따라 답을 주고 있다》[21] 고 평했다.

이 시에서는 서양의 시문학에서 전통적으로 이해되고 있는 것처럼 물이 시간의 흐름을 나타내는 메타포가 되어있다.[22] 시간의 이미지 즉, 무상함의 이미지인 강은 또한 현실의 이미지이자 인간의 이미지로 해석할 수 있다.[23] 특히 여기에서 시간은 2개의 형용사 (잔인한 crudele와 비인간적인 impersonale)에 의해 부정적으로 함축적으로 표현된다. 따라서 강, 시간, 현실 그리고 인간은 무상함과 같은 것이다. 이것은 바로 "믿는 것은 우스운 것이다 è ridicolo credere"라는 시의 종말론적이며 비탄에 빠진 세상에 대한 관점을 확인시켜주는 것이라고 볼 수 있다.

또 하나의 시 "저 아래에Laggiù"에서도 시간의 차원은 아주 강력하게 부정되고 있다 (Dire nascita morte inizio fine / sarà tutt'uno // Dire ieri domani / un abuso, 9-12행, 특히 이 행들이 시의 한가운데 자리잡고 있는 점을 고려한다면 상당히 강한 이미지를 준다). 그 결과 더 이상 예언가나 예언이라는 것들은 의미를 갖지 못하며 (Spariranno profeti e profezie / se mai ne furono, 5-6행), 희망도 의미가 없게 된다 (Sperare flatus vocis non compreso / da nessuno, 즉 ridotta a flatus vocis incomprendibile, vv. 13-14).

---

in più tempi》 (*È ridicolo credere*, 1-11행, OV, Satura, p. 363).

21) Claudio Varese, L'Arno a Rovezzano, in AA. VV., "Letture Montaliane", p. 329).

22) 몬탈레의 시들 중에서도 여러 편이 있으나 예를 들면 다음과 같은 시들을 볼 수 있다. (《il gocciare / del tempo inesorabile》, *Scendendo qualche volta*, 6-7행, OV, Ossi, p. 53), (《brividi / di una vita che fugge / come acqua tra le dita》, *L'agave su lo scoglio*, 8-10행, ivi, p. 68).

23) 《I grandi fiumi sono l'immagine del tempo, / crudele e impersonale. Osservati da un ponte / dichiarano la loro nullità inesorabileoli》 (1-3).

"시간은 끝나지 않는다, 왜냐하면 시작도 되지 않았기 때문이다."[24]

Ⅲ. 결 론

『기회들』에서도 흐르는 시간의 형상으로서의 강의 이미지는 있었으나 '시간' 에 대비되는 것으로 클리지아Clizia[25]가 예고한 어떤 미래에 대한 희망이 있었던 것이다.[26] 반면에 『사투라』에서 '시간'은 순전히 환상적인 것으로 표현되고 있으며, 따라서 더 이상 어떤 구체적인 하나의 방식이나 특징적인 것으로 존재하지 않는 것이다.

한 시로는 연속성으로써의 시간적인 차원을 부정하고, 다른 한 시로는 허무함nulla 의 총체성을 말한다.

시간의 연속성을 부정한 몬탈레는 시간의 시작이나 끝을 말한다는 것은 어불성설이 되는 것으로 자신의 작품들 속에서 시간을 탐구하였다. 이러한 점에서 볼 때 '기다린'다거나 '다시 만나기'를 기대하는 것은 우스꽝스러운 것으로 그에게는 보인 것이다. 결국 몬탈레가 어떤 종류의 역사나 역사주의도 믿지 않았으며, 더더욱 변증법적 발전이나 진화론적 희망을 갖을 수 없는 역사[27]와 인간의 존재론적 현실을 시를 통해 표현해낸 것으로 우리는 이해할 수 있다.

다른 한편으로는 강물처럼 잔혹하고 무심한 시간의 이미지들이 자신들의 허무함, 무상함을 고백하고 있는 것으로 표현되고 있다.

결론적으로 시간의 이미지, 즉 허무의 이미지인 강은 현실의 이미지이며 또한 인간의 이미지를 표현하는 것으로 이해할 수 있다. 역사, 삶, 시간은 모두 환상적, 공상적, 가상적인 것이며 판독이 불가능한 표시 일뿐이다. 한

---

24) 《Il tempo non conclude / perché non è neppure incominciato》 (A un gesuita moderno, vv. 9-10; OV, Satura, p. 320).

25) 몬탈레의 시문학에서 가장 대표적인 시적 여인으로 두 번째 시집에서 처음 등장합니다.

26) Romano Luperini, Storia di Montale, Roma-Bari, Laterza, 1992, pp. 231-32.

27) La storia non contiene / il prima e il dopo (7-8행) La storia [...] non procede / ne' recede (12-15행).

마디로 강, 시간, 현실 그리고 인간은 허무한 것이라는 한평생을 좌파적 지식인으로 살아온 몬탈레의 비관주의적 관점, 비관주의적 우주관을 엿볼 수 있다.

참고문헌

Eugenio Montale,

Auto da fé, Milano, Mondadori, 1995.

Nel nostro tempo, Milano, Rizzoli, 1972.

OV., *L'opera in versi*, Edizione critica a cura di Rosanna Bettarini e Gianfranco Contini, Torino, Einaudi, 1980.

Sulla poesia, a cura e con una postfazione di Giorgio Zampa, Milano, Mondadori, 1976,

AA.VV. Letture montaliane, Genova, Bozzi, 1977.

Elisabetta Graziosi, *Il tempo in Montale*, Firenze, La Nuova Italia 1978.

Dante Isella, *Eugenio Montale, Le occasioni*, Torino, Einaudi, 1996.

Romano Luperini, *Storia di Montale*, Roma-Bari, Laterza, 1992.

Mario Martelli, *Eugenio Montale*, Firenze, Le Monnier, 1992.

Devoto-Oli, Giacomo Devoto-Gian Carlo Oli, *Vocabolario illustrato della lingua italiana*, 2 voll., Milano, Selezione dal Reader's Digest, 1984.

GDLI, Salvatore Battaglia, *Grande dizionario della lingua italiana*, Torino, UTET, 1961~1998 (fino al vol., XIX: SIL-SQUE).

Giuseppe Savoca, *Concordanza di tutte le poesie di Eugenio Montale*, 2 voll., Firenze, Olschki, 1987.

9. 몬탈레의 "타자 *l'Altro*"의 정체성 연구

I. 들어가는 말

문학 작품, 특히 시를 해석 할 때에 독자의 자율성을 인정해주어야 한다는 일반적인 입장에 본인은 동의한다. 그러나 우선적으로 독자는 작품을 통해 시인이 표현하고자 하는 뜻을 충분히 그리고 올바르게 이해 한 뒤에야 그 작품에 대한 '자의적 해석'도 가능하다는 것이 전제조건이라고 믿는다.

에우제니오 몬탈레(Eugenio Montale 1896-1981)[1]의 시 「타자」[2]의 정체성에 대한 해석이 이탈리아의 문학 연구가들 사이에서도 분분하다는 것을 본인은 최근에 학위 논문을 준비하면서 알게 되었다. 사실 시집에서의 배치상의 중요함과 서시와의 밀접한 관계를 눈여겨보는 것만으로도 우리는 이 작품의 가치가 상당하리라는 사실을 어렵지 않게 감지 할 수 있다. 그러한데도 아직 이 작품에 대한 정확한 해석이 이루어지지 않았다는 사실에 본인은 약간의 놀라움과 함께 이 시에 대해 보다 깊은 관심을 갖게 되었다. 이러한 이유에서 본인은 "타자"의 정체성을 보다 설득력 있게 해석해내어 몬탈레의 네 번째 시집 전체를 바르게 이해하고 나아가 몬탈레의 한 시학을 파악해내는데 본 연구의 목표가 있다고 하겠다. 따라서 필자는 본고에서 "타자"의 정체성을 연구하는데 우선 전적으로 텍스트 내에서, 즉 「타자」만을 문헌학적 측면에서 연구해보고 그 다음으로 시집 전체 속에서 살피는 즉, 마크로텍스트적macrotestuale 관점에서 이 시를 읽어보고자 한다. 뿐만이 아니라 시인의 여러 산문과 시집들 여기저기에 나타나 있는 몬탈레의

---

1) 이상엽,「에우제니오 몬탈레의 시학 일별」,『외국문학연구 제 7호』, 한국외국어대학교 외국문학연구소 2000, pp. 205-210 참조.

2) 몬탈레의 네 번째 시집 『사투라』의 마지막을 장식하는 시로, 1969년 11월 10일에 쓰임. 본 논문에서는 혼란을 피하기 위하여 편의상 시의 제목으로써는「타자」로, 시속의 대상으로 표기할 때는 "타자"로 표기하여 구분하였다. 또한 본 논문에서는 시집명은 『 』, 시집 속의 각 장은《 》그리고 각 시의 제목은 「 」으로 구분하여 표기하고자 한다.

사상들 중 이 시 읽기에 도움이 되는 부분들을 찾아 읽고 이해하여 얻어낸 모든 자료들을 함께 비추어 보며 보다 가능성 있는 새로운 해석을 해보고자 한다.

Ⅱ. 「타자」와 그 중요성

L'Altro

1. Non so chi se n'accorga
2. ma i nostri commerci con l'Altro
3. furono un lungo inghippo. Denunziarli
4. sarà, più che un atto d'ossequio, un impetrare clemenza.
5. Non siamo responsabili di non essere lui
6. né ha colpa lui, o merito, della nostra parvenza.
7. Non c'è neppure timore. Astuto il flamengo nasconde
8. il capo sotto l'ala e crede che il cacciatore
9. non lo veda.

타자

누가 알아차릴까 몰라
하지만 타자와의 우리 거래들은
오랜 속임이었지. 그 거래들을 드러내는 것은
존경심의 행위라기보다, 선함을 얻어내기 위함일 것이오.
우리 그가 아님에 대해 책임이 없고
그 또한 우리의 모습에 잘못도, 공도 없다.
두려움조차 없다. 영악한 플라밍고는
머리를 날개 밑에 숨기고는 사냥꾼이
자기를 못 보리라 믿는다.

몬탈레의 시 읽기에 어느 정도 익숙한 독자라면 도톰한 시집 『사투라』

를 손에 넣고 읽어 나가는 동안에 어렵지 않게 「타자」의 중요성은 무엇보다도 먼저 시집을 마무리하는 위치에 있다는 인상을 강하게 받게 된다. 언뜻 보기에는 큰 어려움 없이 읽히는 것 같은 이 시이지만 눈길을 조금만 더 행간에 모아 둔다면 전혀 그렇지 않다는 것을 알게 된다. 문헌학자 filologa이며 20세기 이탈리아 최고의 문학 평론가 중 한 사람이자 작가이기도한 마리아 꼬르티(Maria Corti)는 일찍이 시인과의 대화에서 이 시집은 탁월한 구조적 조직력을 갖고 있으며 한 권의 (소설) 책처럼 느껴진다고 하였다.[3] 나에게 그녀의 이 지적은 『사투라』에서의 이 시의 위치에 대한 의미를 연구해보라는 유혹으로 다가왔다.

시집 『사투라』의 시들은 1962년에서 1970년 사이에 쓰여진 것들이다. 그러나 시집에서의 그 시들의 배치가 연대순으로 이루어지고 있지 않다는 점도 「그대 *Il* tu」(1969년 4월 13일)[4]와 「타자 L'Altro」(1969년 11월 10일)[5]의 위치가 갖는 의미를 간과할 수 없게 한다.

서로에게 크고 작은 많은 울림을 주는 시들의 특성상 "유기적 구조"로 이루어졌다고 할 수 있는 시집에서의 한 시의 위치는 항상 가볍게 볼 수 없다. 이것이 사실임을 인정한다면, 「타자」가 『사투라』의 마지막 시 일뿐만 아니라 시집의 서시인 「그대」와 프롤로그 - 에필로그의 관계에 있다는 점은 이 시가 시집 전체에 주고 있는 의미의 무게를 짐작해 볼 수 있게 한다. 특히 이러한 관계는 몬탈레의 이전까지의 어떤 시집에서도 볼 수 없었던 것으로 이 네 번째 시집인 『사투라』전체의 형식과 구조를 고려할 때 그 의미가 작지 않다고 보여진다. 즉, 「타자」의 중요성은 하나의 시로써만

---

3) "[...] la caratteristica fondamentale di questo libro [*Satura*] è di avere una straordinaria organicità di struttura, si sente subito che è un unico libro, che c'è qualcosa di unitario che lo percorre nel contenuto, oltre che nel ritmo. [...] è un libro straordinamente unitario." 마리아 꼬르티가 1971년 3월 몬탈레와 한 인터뷰 내용을 문예지 『*L'Approdo Letterario*』 53호에 실었고, 이 글을 지금은 *Per conoscere Montale: Antologia corredata di testi critici*, a cura di M. Forti, Milano, Mondadori 1986, p.163에서도 읽을 수 있다.

4) Cfr. *OV.*, p. 976.

5) Cfr. *OV.*, p. 1049.

이 내포하고 있는 의미와 가치를 통해서라기보다는 시집 전체의 유기적 구조 속에서 더욱 크게 빛을 낸다고 하겠다.[6] 이러한 사실을 입증 해주듯 비평가들도 이 시의 중요성에 대해서는 다음과 같이 평가하고 있다. 유명한 몬탈레 전문가인 마르코 포르티(Marco Forti)도 다음과 같이 두 시의 관계를 아주 긴밀한 것으로 보았다. 즉, 「그대」는 마지막 시인 「타자」와 대응되는 역할을 할 것이다. 「타자」는 어쨌든 비록 불가사의한 의미 속에서일지라도, 하나의 보충적 요소가 되며 따라서 나아가 완성을 이루는 것이다.[7] 그리고 움베르토 까르삐(Umberto Carpi) 또한 「타자」의 중요성을 위치와 관련지어 다음과 같이 이야기하고 있다. 즉, "... 「타자」는 시집을 마무리한다는 사실 자체만으로도 커다란 중요성을 보여준다.[8]

바로 이러한 점에서 데 로사(De Rosa)는 이 시의 마크로텍스트적 연구 가치를 지적하고 있다.[9] 이와 동시에 그는 「타자」로 하여금 시집을 마무리하도록 하는 것은 『사투라』를 특징짓는 기법이기도 한데 시집 내에서, 이데올로기적 발전이나 또 테마상의 발전도 없이 시집이 만들어지게 하는 혁신적인 기교라고 지적해냈다.[10]

몬탈레의 네 번째 시집의 서시 「그대」속의 '그물에 잡힌 새 uccello preso nel paretaio'와 같은 이미지는 몬탈레 최고의 시집이라고 평가받고 있는 세 번째 시집 『폭풍우와 기타 La bufera e altro』의 마지막 시 「죄수의 꿈 Il

6) 『사투라』의 구조에 대해서는 이 논문의 III.2.장 참조.

7) "[「Il *tu*」]farà da contrappasso l'ultima poesia,「L'Altro」, che ne è, a suo modo, un complemento e un completamento se pure in senso enigmatico" (Marco Forti, *Eugenio Montale: La poesia, la prosa di fantasia e d'invenzione*, Parma, Pratiche 1983, pp. 353-54. 참조).

8) "[...] *L'Altro* che, per il fatto stesso di chiudere il libro, riveste notevole importanza" (Umberto Carpi, *Montale dopo il fascismo dalla "Bufera" a "Satura"*, Padova, Liviana 1971, pp. 179 참조).

9) "La collocazione fornisce infine un significato aggiuntivo macrotestuale." Cfr. De Rosa, *Saggio di commento a "Satura" di Eugenio Montale*, Tesi di Perfezionamento in Setteratura Italiana presso Scuola Normale Superiore di Pisa, A.A. 1996-1997, p. 16.

10) "La lettura di quel testo conclusivo, e di tutta la raccolta, conferma che l'artificio innovativo è funzionale all'assenza di sviluppo ideologico e tematico che contraddistingue il quarto libro." De Rosa, *op. cit.*, p. 17.

sogno del prigioniero」의 이미지와 매우 흡사하다.[11] 뿐만 아니라 이 「죄수의 꿈」(1954년 10월에 씀)이 속해있는 장(章)의 이름이 《임시 결론들 Conclusioni provvisorie》임을 고려한다면 몬탈레의 7년 간의 긴 시적 침묵[12]을 끝내는 제4집의 시작을 「그대 Il *tu*」가 하고 있다는 점은 눈여겨볼 만하다.

『사투라』의 서시도 첫 시집 『오징어 뼈들 Ossi di seppia』과 두 번째 시집 『기회들 Le occasioni』의 서시와 마찬가지로 이탤릭체로 강조되었다. 몬탈레의 시학의 부분적 전통을 이어오는 「그대」의 서시로써의 중요한 역할에서 그에 연관된 에필로그의 중요성도 가중된다고 볼 수 있다.

이 모든 것들을 가만해 볼 때 나는 에필로그의 정확한 이해야말로 시집 전체를 이해하는 중요한 요인들 중 하나가 될 것이 틀림없다고 확신하지 않을 수 없다.

Ⅲ. "타자"에 대한 지금까지의 해석과 반론

이처럼 「타자」에 대한 정확한 이해가 중요하다는 점을 염두에 두고 이 시를 여러 각도에서 분석하고 연구해보았다. 이러는 과정에서 나는 흥미로운 점 한 가지를 발견하게 되었다. 다름이 아니라 이것을 이탈리아의 유명한 몬탈레 전문가들의 이 "타자"에 대한 해석들 속에서 찾게 되었는데 내가 접할 수 있었던 그들의 해석은 다음과 같았다. 마르코 포르티는 "타자"를 '신성 il divino'[13]으로, 움베르토 까르피는 '기독교적 신 Dio cristiano' (「

11) Cfr. Forti, *op. cit.*, p. 452, nota 16.

12) 세 번째 시집 이후 인 1955년부터 아내가 세상을 떠나기 조금 전까지인 1961년까지의 약 7년 기간을 말함. 절정에 달했다고 평가된 몬탈레의 세 번째 시집이 출간되고 시인은 이전까지는 없었던 일로 약 7년여 간 더 이상 시를 발표하지 않자 세간에서는 그의 '시' 쓰기는 끝이 난 것이 아니냐고 의문을 갖기도 했다. 그러나 이러한 생각들은 몬탈레가 1962년부터 다시 시를 발표하고 1971년에 새로움이 가득한 네 번째 시집을 출판함으로써 이탈리아 문학계를 놀라게 했다. 그의 이 새로움은 이탈리아의 20세기 후기 시들에 커다란 영향을 미친다.

13) Marco Forti, 1983, *op. cit.*, p. 450. "Il flamengo [...] diviene messo enigmatico e funzionale dell'ultimo e decisivo straniamento della sua poesia verso l'Altro, verso il

비마술적 사실주의 *Realismo non magico*」[14]과 「히틀러의 봄 *Primavera hitleriana*」[15]에서의 "타자 Altro" 와 같은 것)으로 보고 있다.[16] 쟈코모 잣짜렛타(Giacomo Zazzaretta)도 '기독교적 신 Dio cristiano'[17]으로, 마리오 마르뗄리(Mario Martelli)는 '신성 il divino, 초역사적 시 la poesia metastorica'[18]로

---

divino che ne è, infine, oggetto di conoscenza formalizzata, ritualizzata, quanto accecante."

14) *OV, Satura*, p. 335.

15) OV, Bufera, p. 248.

16) Umberto Carpi, *op. cit.*, p. 179. "Qualcuno potrebbe osservare che, pero', in *Satura* ritorna quell'**Altro** che gia' nella *Bufera* aveva fatto la sua abbacinante apparizione: non solo in *Realismo non magico*, ma soprattutto in *L'Altro* che, per il fatto stesso di chiudere il libro, riveste notevole importanza" 또한 "Ma in *Primavera hitleriana* l'**Altro** aveva una funzione positiva, era l'ipotesi che consentiva di sperare in una salvezza sia individuale che sociale; ora invece, se pure dell'**Altro** rimane l'arazionale ipotesi, cio' accade per riconoscerne la debolezza, o comunque l'inadeguatezza a sostenere un rapporto reale:

"Che cosa di noi resta
agli altri
(nulla di nulla all'Altro)
[...]
questo non posso dirlo".
(「비마술적인 사실주의에서 da *Realismo non magico*」, 진한 글씨체는 필자의 표기임)

17) Giacomo Zazzaretta, *"Satura" di E. Montale (divagazioni e parafrasi)*, Pollenza, La nuova foglio editrice 1973, pp. 20-21 "**Non so chi se n'accorga**, cioè 'nessuno se ne accorge'. L'accezione di **commerci** in senso letterario regge alla concorrenza del significato corrente che inevitabilmente finisce per sovrapporsi e insinua il sospetto di traffici vietati, che sono l'opposto dell'*admirabile commercium* stabilito con l'uomo dal Dio cristiano. [...] quando [Montale] appella a Dio difende le ragioni di Dio (non **ha colpa lui, o merito, della nostra parvenza**) e quando difende l'uomo (**non siamo responsabili di non essere lui**) impetra clemenza dall'Altro, e quando proclama che siamo diversi da lui parla dal terreno della fede come dal luogo in cui si compie l'impossibile, il paradosso, il miracolo: comunicare col Dio celato e muto" (진한 글씨체는 필자의 표기임).

18) Mario Martelli, *Eugenio Montale*, Firenze, Le Monnier 1992, p. 125. "Sui rapporti d'un tempo, sui suoi **commerci** con la poesia, pesa l'ipoteca dell'*epoche'* [...]: **Non so chi se n'accorga / ma i nostri commerci con l'Altro / furono un lungo inghippo,**

그리고 마르첼로 반눗치(Marcello Vannucci)는 '신성 il divino'19) (즉, 『사투라』의 시 「저 아래에 *Laggiù*」의 '신성 divinità'20)과 같은 것)으로 해석하고 있다.

지금까지 우리가 살펴본 바와 같이 다섯 학자들 중 네 명 (포르티, 까르피, 잣짜렛타 그리고 반눗치)의 해석 모두가 한결같이 제목과 제2행에 나오는 "타자 l'Altro"를 '신' 또는 '신성'으로 보고 있으며 나머지 한 사람 마르뗄리도 '신성'과 '시'로 이해하고 있음을 알 수 있었다.

이러한 네 비평가들의 해석이 옳다고 가정해보면서 우선 "l'Altro"가 나타나는 몬탈레의 다른 시 「히틀러의 봄 *La primavera hitleriana*」을 살펴보고 그곳에서 "l'Altro"는 어떻게 쓰였는지 분석해 보고자 한다:

> 《Guarda ancora / in alto, Clizia, è la tua sorte, tu / che il non mutato amor mutata serbi, / fino a che il cieco sole che in te porti / si abbàcini nell'Altro e si distrugga / in Lui, per tutti》, vv. 32-37; *OV*, *Bufera*, p. 249.

그러나 「히틀러의 봄」에서는 앞에서 본 까르피의 해석대로 '기독교적 신'을 의미하는 "l'*Altro*" (36행)가 대문자로 시작되는 대명사 "*Lui*" (37행에서)로 표기되었으나, 반면에 「타자」에서는 "타자"를 받는 인칭대명사의 "*lui*" (5행과 6행에서)가 소문자인 점을 고려할 때 일단 이 해석은 무리가 있는 것으로 여겨진다.

물론 나의 이러한 반론에 대해 대문자와 소문자의 표기를 통하여 몬탈레가 서시에서 한 그의 표현대로 (I critici [...] / da me depistati, vv. 1-2) 비평가

---

dice Montale nell'ultima lirica del volume, adottando, per definire la natura del suo colloquio con la poesia (l'**Altro**, il divino, la poesia metastorica), una bassa voce gergale, *inghippo* ('inganno, imbroglio')" (진한글씨는 필자의 표기임).

19) Marcello Vannucci, *Incontri del Novecento*: *Eugenio Montale*, Messina-Firenze, G, D'Anna, 1975, pp. 298-99. "Chiude *Satura* questo *L'Altro* di statura divina [...] l'*Altro* diviene effettivamente *inespungibile*, come le divinità di *Laggiù*."

20) "Il Creatore avra' poco da fare / se n'ebbe" (vv. 15-16), "Gli angeli resteranno inespungibili / refusi" (vv. 19-20) (*OV.*, *Laggiù*, p. 394).

들을 내용의 핵심에서 빗나가도록 유도하고 있다는 가연성을 전적으로 부인할 수만은 없을 것이지만 그렇다고 하더라도 무리한 해석의 한 요인임은 틀림이 없다.

한편 마르펠리는 다른 사람들과 달리 '신성'과 '시'로 보고 있다. 이 사실 자체가 어떤 면에서는 그의 "타자"에 대한 해석이 정확성이 결여되어 있다는 사실을 보여주고 있는 것일 수 있다. 그리고 마르펠리가 "타자 *l'Altro*"를 '시 *la poesia*'로 이해한다고 해도 "타자"의 성이 남성(*Altro*, *lui*) 임을 고려해 볼 때 이 또한 설득력이 미약해 보인다.

더욱이 위에서 본 학자들의 이러한 해석들을 몬탈레가 이미 여러 차례 밝힌 신에 대한 자신의 입장들을 고려하여 읽어본다면 평소 몬탈레가 가지고 있던 생각과 비평가들의 해석들 간에는 상당한 거리가 있음을 우리는 알 수 있다. 그뿐만 아니라 "타자"의 속성을 고려해 볼 때도 지금까지의 해석들처럼 "타자"를 '신' 또는 '신성'과 동일한 것으로 이해하는 데는 적지 않은 문제점이 있다고 생각한다.

3.1 몬탈레의 신관

앞서 보았듯이 대부분의 비평가들이 "타자"를 '신' 또는 '신성한 것'으로 정의하고 있음을 알았다. 이러한 것을 몬탈레가 밝힌 신에 대한 입장들과 함께 읽고 비교해보는 것은 "타자"의 정체성을 올바르게 이해하는데 중요한 도움이 되리라고 나는 생각한다.

시인은 다음과 같이 신에 대한 자신의 생각을 밝히고 있다.

> "내가 항상 이야기 해왔던 것처럼 우리는 '신'의 이름을 불러서는 안 됩니다. 이러한 점을 나는 『사투라』에서도 한결같이 이야기하고 있지요 《당신 [시인의 아내]은 소문자로조차 신의 이름을 부르지 않았었소 dio non lo nominavi neppure con la minuscola》[21]. 사투라 에서는 '신 Dio' 이라는 명칭대신 다른 표현으로 나타나고 있습니다."[22]

---

21) *OV*, *Satura*, 「Le monache e le vedove, mortifere ...」, p. 305.

> "암브렛따에는 물이 없습니다 ... 나는 나의 '신' [dio: 소문자로 표기되었음에 유의] 이 현존한다고는 믿지 않습니다 L'Ambretta non ha acqua [...] non credo che il mio dio fosse presente."[23)]

이러한 신관을 통해 볼 때 몬탈레가 「타자」에서 신의 존재를 믿고 그 믿음 위에서 신과 관계를 맺고 있었다고 해석하는 것은 설득력이 없어 보인다. 뿐만이 아니라 우리가 「타자」의 마지막 부분에서 볼 수 있듯이 몬탈레와 신의 관계를 새와 사냥꾼의 관계로 이해하는 것은 무리가 있다고 본다. 왜냐하면 몬탈레가 생각하는 신은 인간에게 무관심한 존재일지언정, 우리는 그가 신이 인간을 사냥감으로 삼고 있다고 본다는 그의 입장을 어디에서도 찾아 볼 수 없기 때문이다.[24)]

3.2 "타자"의 속성

"타자"는 시속의 주인공 (l'io) 및 그 무리들과 거래 ("i nostri commerci con l'Altro")를 한다. 그런데 시인에게 그 거래는 오랫동안 계속되어온 하나의 속임수 일뿐이다 (questi commerci "furono un lungo inghippo"). 이 관계를 유지해오는 것은 존경심에서가 아니라 스스로의 보호, 즉 생존을 위해서이며

---

22) "l'altro, l'essere, il Proto, lui, Chi." (E. Montale, *Il secondo mestiere, arte, musica, societa*, a cura di Giorgio Zampa, Milano, Mondadori, 1996, 1708쪽 참조. 이와 유사한 입장은 몬탈레의 여러 산문에서 밝혀진 바 있으며, 특히, 그의 이에 대한 입장을 보다 심층적으로 알고 싶은 분은 다음의 글들을 참고하실 수 있다. *Le grandi domande della fede* [a cura di Silvio Bertoldi], 1569-77쪽, *Discorrendo della fine del mondo* [di Manlio Cancogni], 1690-98쪽).

23) Lorenzo Greco, *Montale commenta Montale*, Parma, Pratiche 1980, p. 59 (「시에나를 향해 Verso Siena」라는 시의 한 구절의 설명이 담긴, 1966년 2월 12일자로 몬탈레가 실비오 과르니에리 Silvio Guarnieri에게 보낸 편지에서 발췌).

24) 실비오 베르톨디의 '신은 누구인가' 라는 질문에 몬탈레는 "우리는 정녕 신이 무엇인가도 모르고 있다"며 다음과 같이 대답한다. "Siccome non sappiamo assolutamente che cosa sia Dio, il problema resta posto su basi molto fragili. Un Dio che fabbrica il mondo in sette giorni mi sembra improbabile. No, non sappiamo cosa sia Dio." (*SM*, p. 1569), 또한 신의 존재에 대한 문제를 풀려고 고민해 본적이 있느냐는 질문에 "신은 우리 인간을 살피고 있지 않다"는 생각을 피력한다 "[...] Mi sembra che non vi siano indizi che Dio si occupi di noi." (*SM*, p. 1570).

("un impetrare clemenza"), 물론 아무도 이 사실을 알지 못한다.

시인과 그의 무리들이 타자와 똑같지 않은 것에 책임이 없고, 타자 또한 시인과 그의 무리들의 모습에 아무런 책임이 없다. 물론 어느 쪽에도 고통도 존재하지 않는다. 영리한 척 플라밍고 (시인의 은유)는 머리를 날개 (시)[25] 밑에 감추고 ("nasconde / il capo sotto l'ala")는 사냥꾼이 자기를 못 볼 것이라 믿고 있다 ("crede che il cacciatore / non lo veda").

간략히 정리해보면 "타자"는 시인과 관계를 맺고 있다. 그 관계는 위선적인 것이나 시인에게는 보호막이 되어 준다. 서로의 존재와 현실적 모습에 누구의 잘못도 없다. 다만 이 관계는 사냥감을 찾는 포수와 포수의 눈길을 피하려는 새의 관계와 유사하다.

Ⅳ. 새로운 해석의 시도

나는 지금까지 여러 비평가들의 "타자"의 정체에 대한 해석과는 다른 해석을 내려보고자 한다. 이러한 나의 해석의 시도는 앞서도 조금은 언급한 바 있듯이 크게 다음과 같은 두 가지 점에서 시작되었다고 할 수 있다.

첫째, 몬탈레가 인정하였듯이 『사투라』의 중요한 테마 중 하나인 풍자적 경향 filone satirico이 「타자」속에서도 이용되었을 수 있다는 생각에서 이 시의 주제가 시인과 비평가들 간의 관계를 풍자적으로 표현하고 있다고 해석해본다.

둘째, 연구가들의 관찰과 해석이 논리적으로 부적합하다고 보기 때문이다. 모두가 「그대」와 「타자」를 프롤로그 - 에필로그 관계로 보고 있다. 서시인 「그대」에서의 주제가 시인과 비평가 critico와의 관계라는 점에는 모두가 공감한다. 따라서 논리적으로는 "타자"의 속성이 비평가의 그것과 매우 유사하다는 생각에 이를 수 있다. 그러나 지금까지의 대부분의 해석은

25) 몬탈레의 다른 시들 에서처럼 날개 l'ala를 시에 대한 은유로 이해할 수 있다. Cfr. Sangyeob Ii, *Saggio di commento a* Satura II *di Eugenio Montale*, Tesi di dottorato in Scienze letterarie presso l'Università degli Studi di Pavia, A.A. 1998-1999, p. XIII.

"타자 l'Altro"의 정체를 비평가 critico가 아닌 신성 il divino으로 보고 있는 것이다.

따라서 나는 "타자"의 정체성을 밝혀 내기 위한 방법으로 「그대」에서 시인과 비평가의 관계가 「타자」에서도 명백하게 똑같이 드러나고 있다는 사실을 그 두 시들의 같은 여러 속성들을 통해 살펴보고자 한다.

4.1 시집명 『사투라』의 의미

우선 "satura"에 대한 사전상의 의미를 살펴보면 다음과 같다: 라틴 문학에서 "사투라 satura"는 악기들이 연주되고 노래와 춤이 함께 어우러진 성부 (聲部)들을 포함하며, 광대 극의 특징을 띤 드라마틱한 장르를 가리킨다. "사투라 satura"의 어원은 "satira (풍자)"를 뜻하는 *sătiram*[26]의 파생어 *săturam*에서 유래하였다.[27]

몬탈레는 시집명이 어원적으로 지니고 있는 다의적인 의미들을 내포한다고 하였으며, 마리아 꼬르티의 시집명이 담고 있는 의미가 무엇인가에 대한 질문에 시집명이 가지고 있는 의미들 중에는 "풍자적인 것"도 포함되어 있다고[28] 다음과 같이 응답하였다.

> 시집명은 서너 개의 의미를 갖고 있습니다. 나는 이 시집명이 맛의 느낌에 관련된 의미를 제외하고는 모든 뜻을 담고 있으면 하는 바람이다
>
> Il titolo ha tre o quattro significati. Escluso quello di appetitosi *avantgoûts*, desidero che li mantenga tutti.[29]

26) *Sătira(m)*, var. di un prec. *sătura* 'componimento misto di prosa e versi' da *sătura lanx* 'piatto ricolmo, macedonia di frutta e legumi'. Cfr. *DELI*.

27) Cfr. *DISC*.

28) Cfr. Intervista del 1971 di M. Corti; Forti 1986, p. 163; 지금은 *SM*, p. 1701. "Io ho giocato per il titolo un po sull'equivoco, ma non escluderei che significasse anche satira, però le poesie satiriche in realtà sono poche, diciamo così."

29) *Autointervista* [1971]; *SM*, p. 1501.

또한 삐에르 빈첸조 멘갈도(Pier Vincenzo Mengaldo) 도 다양성의 혼재라는 측면에서 이 시의 제목을 이해하고 있다:

『사투라』가 가질 수 있는 의미들 (여러 과일들로 넘치는 접시와 문체적 혼용의 개념을 상기)중 하나로는 시집에 담겨있는 각각의 시들이 종속적으로 이뤄져있다는 생각보다는 다양한 어휘와 어조들이 복합적으로 융합된 원리에 따르고 있다는 의미를 품어낸다

Satura, in uno dei suoi possibili sensi (richiamo alla *satura lanx* e alla nozione di mescolanza stilistica), rimanda quanto meno all'idea di una subordinazione dei singoli pezzi a un principio di integrazione complessa dei vari registri e toni.[30)]

4.2 『사투라』의 구조

『사투라』의 구조에 대한 중요성은 몬탈레 연구가로써 최고의 권위자들 중 한 명인 단테 이셀라(Dante Isella)가 『사투라』의 구조에 대한 연구 결과를 책으로 출간함으로써 이미 입증되었다고 볼 수 있다.[31)]

따라서 여기에서는 시집 전체의 탄탄한 구조를 느낄 수 있기에 충분한 정도인 큰 윤곽만을 살펴 보고자한다.

시집 『사투라』에는 94편의 시 (2편의 서시이외에)가 담겨져 있다. 《쎄니아 1, 2장 *Xenia I* e *II*》과 《사투라 1장 *Satura I*》 (이 세 개의 각 장은 14편의 시로 이루어졌음)에 42편, 그리고 《사투라 2장 *Satura II*》(만일 시 「도망 이후 *Dopo una fuga*」를 한 편의 시로 본다면)에는 52편이 담겨 있다.

이 시집의 구조적 특징을 잘 드러내주는 대칭 구조 simmetrie strutturali[32)] 를 살펴보기 위하여 이에 대한 정확한 예를 들어가며 시집 전체의 구조적

---

30) Pier Vincenzo Mengaldo, "La Lettera a Malvolio", in *AA. VV.* 1977, pp. 149-50, la nota 2.

31) Cfr. Dante Isella, *Ancora sulla struttura di* "Satura", Napoli, Istituto Suor Orsola Benincasa, 1990.

32) Sangyeob Ii, *op. cit.*, p. XX.

치밀함을 살펴 보고자한다.

시의 숫자에서 뿐만이 아니라 특히, 테마와 톤의 다양성을 볼 때 가장 중요한 장인 《사투라 2장》의 마지막 시이며, 시집의 마지막을 장식하는 시이기도 한 「타자」는 서시인 「그대」와 대칭적 위치에 자리하고 있다. 시집에서의 이러한 프롤로그와 에필로그로서의 배치는 몬탈레의 시에서는 처음 나타나는 것으로 적지 않은 의미가 내재되어 있다고 볼 수 있겠다. 실제로 이 두 시 사이에는 서로를 이어주는 형식상의 많은 닮은 요소들과, 같은 주제 또 시속에 나타나있는 동일한 형상들을 어렵지 않게 찾아 볼 수 있다.[33]

또한 「빛과 색깔들 *Luci e colori*」은 시집의 끝에서 세 번째 자리에 배치되어 있는 시로써, 그 위치가 우연적인 것이라고만 할 수는 없을 것이다. 실제로 시집의 앞에서부터 세 번째 시인 《쎄니아 1장》의 첫 시 「사랑스런 작은 곤충 ... *Caro piccolo insetto ...*」과 많은 유사한 점들을 가지고 있는 것이다. 즉, 두 시는 서로 대칭적 자리에 배치되어있으며, 이들 두시는 모두 세상을 떠난 아내 (모스카 Mosca)[34]에게 받쳐진 것으로 볼 수 있다.

---

33) 두 시는 모두 9행으로 이뤄진 하나의 연으로 되어있으며 시의 마지막은 가장 짧은 행으로 끝난다. 또한 두 시의 마지막 행은 모두 그 앞 행 (8행)과 강한 '행 걸치기 *enjambement*'를 이룬다. 두 시의 첫 부분에는 모두 시인과 비평가들 간의 관계로 생각할 수 있는 몇 가지 요소들이 두드러지게 나타난다: 《*I critici* [...] / *da me depistati*》 (*Il* tu, vv. 1-2) - 《i nostri commerci con l'Altro / furono un lungo inghippo》 (*L'Altro*, vv. 2-3). 이외에도 동일한 의미 군 (새 uccello - 사냥 caccia)에 속하는 여러 이미지들이 존재한다: 「그대」에서의 "새 *l'uccello* - 새 망 *il paretaio*" (v. 7)과, 「타인」에서의 "플라밍고 *il flamengo* (v. 7) - 사냥꾼 *il cacciatore*" (v. 8).
따라서 사냥꾼은 서시의 비평가를 상기시킨다고 볼 수 있을 것이다. 서시와의 비교를 통해 얻어낸 이러한 요인들을 바탕으로 본인은 "타자"속에서 비평가의 모습을 확인할 수 있다고 보는 바이다.

34) 두 시사이의 유사한 점들을 흘림체로 표기해 눈에 띄게 하면서 해당 싯구를 여기에 옮겨 보면 다음과 같다: 《Caro piccolo insetto / che chiamavano mosca non so perché, / stasera quasi al buio mentre leggevo il Deuteroisaia / *sei ricomparsa* accanto a me, / ma non avevi *occhiali*, / non potevi vedermi / né potevo io senza quel *luccichìo* / riconoscere te nella *foschia*.》 (*OV*, *Satura*, p. 281). 특히 1-5행 사이에 조응하는 부분들이 많이 있음을 알 수 있다. 즉, 「Xenia I, 1」la Mosca compare di sera

절대적 "시"의 영감에 대한 언급으로 이해되는 시 「미지의 신성 *Divinità in incognito*」과 「검은 천사 *L'angelo nero*」[35]는 전체 시집 중에서 가장 중요한 장이라고 평가되는 제4장 《사투라 2장》에 수록되어있는 52수의 시들 중에서 25번째와 26번째 자리에 위치하고 있다. 따라서 이들 두 시는 뒤이은, 또 이 장의 끝에서 26번째와 25번째 자리에 수록된 두 시 「유프라테스 *L'Eufrate*」, 「로벳짜노의 아르노 *L'Arno a Rovezzano*」와 함께 《사투라 2장》의 한 중앙에 배치되어 있다. 이 두 시는 모두 강을 소재로 하고있는데 시집 전체에서 강을 소재로 한 시는 오직 이 시들 뿐인 특징도 갖고 있다.

4.3 "타자"의 정체성

Il *tu*

I critici ripetono,
da me depistati,
che il mio tu *è un istituto.*
Senza questa mia colpa avrebbero saputo
che in me i tanti sono uno anche se appaiono
moltiplicati dagli specchi. Il male
è che l'uccello preso nel paretaio
non sa se lui sia lui o uno dei troppi
suoi duplicati.

L'Altro

Non so chi se n'accorga
ma i nostri commerci con l'Altro
furono un lungo inghippo. Denunziarli
sarà, più che un atto d'ossequio, un impetrare clemenza.
Non siamo responsabili di non essere lui
né ha colpa lui, o merito, della nostra parvenza.
Non c'è neppure timore. Astuto il flamengo nasconde
il capo sotto l'ala e crede che il cacciatore
non lo veda.

《quasi al buio》 senza occhiali e senza 《luccichìo》, e M. non la riconosce 《nella foschia》. 「빛과 색깔들」 riconosce probabilmente la sua apparizione tramite 《un lampeggio di lenti》, quasi un riflesso di luce (《una gibigianna》) nella foschia.

35) Cfr. 이상엽, *op., cit.*, pp. 210-222 그리고 Sangyeob Ii, *op. cit.*, pp. XIII-XIV, 78-91.

그대	**타자**
나에 의해 길을 잃은,	누가 알아차릴까 몰라
비평가들은 되풀이한다	하지만 타자와의 우리들의 거래들은
*나의 **너**가 하나의 체계라고.*	오랜 속임 이였지. 그 거래들을 드러내는 것은
내 이 잘못이 없었다면 그들은	존경심의 행위라기보다, 선함을 얻어내기
알았을 터인데	위함일 것이오.
내 안의 많은 것들은 하나임을	우리 그가 아님에 대해 책임이 없고
비록 거울들로	
여럿처럼 나타나 뵈도 진정 슬픈 것은	그 또한 우리의 모습에 잘못도, 공도 없다.
그물에 잡힌 새가	두려움조차 없다. 영악한 플라밍고는
그가 그인지 혹 그의 수많은 복제들 중	머리를 날개 밑에 숨기고는 사냥꾼이
하나인지를 모른다는 것이지.	자기를 못 보리라 믿는

몬탈레는『사투라』를 읽으려는 독자에게 다음과 같은 당부의 말을 남겼다.

> 나는 [...] 특히 단 한 편의 시만을 읽고 그 시를 해부하려고 하는 것은 실수라고 생각합니다. 왜냐하면 [시속에는] 항상 한 음을 상기시키는 다른 음이 있을 뿐만이 아니라 한 시를 상기시키는 다른 시가 있기 때문입니다.[36)]

시인의 위의 말을 상기하면서 "타자"의 정체를 밝혀내기 위하여 나는 위의 두 시들의 유사한 점들을 연구 분석하여 다음과 같이 구분해 냈다. 이들 중에는 이미 앞에서 잠시 언급했기에 중복되는 부분이 있기도 하나 모든 유사점들을 함께 살펴보는 것은 정체성 파악의 열쇠라고 믿기에 아래에 모두 모아보았다.

두 시 모두가 같은 해인 1969년에 쓰여졌다는 사실은 몬탈레가 서시를

36) "Io [...] sopratutto tengo a dire che sarebbe un errore leggere una sola poesia e cercare di anatomizzarla, perche' c'e' sempre un richiamo da un suono all'altro non solo, ma anche da una poesia all'altra". Cfr. *SM*, p. 1701.

쓸 때 가지고 있던 생각이 그의 에필로그를 지을 때에도 시인의 머릿속에 한결같이 생생하게 남아있었을 가능성이 아주 높다.

시의 제목이 "정관사 + 대명사 [인칭]"로 이루어졌는데 이와 같은 것은 『사투라』에서 이들 두 시뿐이라는 점 또한 간과 할 수 없다.

이들 두 시에서는 전통적인 몬탈레의 시어와는 아주 거리가 먼 어휘들이 채택되었고 또 산문과 같은 문장으로 시가 쓰여졌다. 특히 이탈리아의 문어로써 또는 몬탈레의 이전까지의 어떤 시에서도 쓰인 적이 없는 어휘들 즉, *hapax*들이 많이 보인다.37)

운율 및 작시법에 대하여 살펴보면 다음과 같다.

1) 두 시 모두 하나의 연으로 되어있으며 이 연은 똑같이 9행으로 이루어져있다.
2) 두 시 모두 7음절 시행으로 시작되고 마지막 행은 각 시에서 가장 짧은 시행으로 마무리되고 있는 점도 동일하다.
3) 두 시 모두에서 그 마지막 시행은 바로 그 앞 시행과 '행 걸침 *enjambement*' 이라는 운율 기법으로 강하게 연결되어 있다.

구조적 측면에서 보면 각기 두 시의 처음 부분에서는 시인과 비평가들의 관계를 추측하게 하는 다음과 같은 몇몇 요소들을 구별해낼 수 있다: 《나에 의해 길을 잃은 / 비평가들 [...] *I critici* [...] / *da me depistati*》 (*Il* tu, vv. 1-2) -《"타자"와의 우리들의 거래들은 / 오랜 속임이었지》 (*L'Altro*, vv. 2-3). 뿐만 아니라 시의 마지막 부분에서는 의미론적으로 동일한 범주 (새 uccello - 사냥 caccia)에 드는 단어들을 찾아낼 수도 있다. 즉, 서시에서의 "새 *l'uccello*"와 "덫 *il paretaio*" (v. 7), 그리고 마지막 시의 구체적인 새의 이름인 "플라밍고 *il flamengo*" (v. 7)와 "사냥꾼 *il cacciatore*" (v. 8)이 그런 예이다. 몬탈

37) 「그대」에서 찾은 *hapax* (처음으로 사용된 어휘)들 중 절대적 측면에서는 즉, 이탈리아 문어 기록상으로는 "depistati", "tu", "istituto", "duplicati"가 그리고 몬탈레의 시에서 처음 쓰인 단어들로는 "critici", "moltiplicati", "paretaio"가 있다. 또한 「타자」에서는 20세기 이탈리아 시어 측면에서 *hapax*인 "inghippo"와 "ossequio" 그리고 몬탈레의 시에서 *hapax*인 "impetrare"를 찾아 볼 수 있다.

레는 자신의 예명을 메를로 Merlo[38]라고 즐겨 썼는데, 특히 우리는 그가 쟝프랑코 꼰티니(Gianfranco Contini)와 주고받은 수많은 서간문[39]에서 그것들을 쉽게 확인할 수 있다. 플라밍고는 몬탈레가 1954년에 남부 프랑스를 여행하던 중 해안에서 처음으로 보았다는 기록이 남아있다.[40] 평소 자신의 예명을 메를로로 쓰던 몬탈레가 「타자」에서는 자신을 다른 새의 이름인 '플라밍고'로 표현하고 있다고 볼 수 있다.

두 시에서 모두 '나'는 시인인 'l'io poetico'를 지향하는 것으로 이해할 수 있으며, 그런 '나'는 똑같이 '영악한' 사람으로 표현되고 있다.[41]

기존의 해석들처럼 "타자"를 '신'으로 보는 것은 다음과 같은 이유에서도 설득력이 미흡하다고 본다. 즉, 1) 시에서 시인과 "타자 l'Altro"와의 관계를 표현해주는 단어 '거래 commerci' (v. 2)는 일반적으로 사람과 사람 사이의 거래 관계를 암시한다. 2) 'inghippo' (v. 3)는 '속임', '위선' 등을 나타내는 방언으로써 이탈리아의 문학 작품에서는 극히 드물게 사용되었다.[42] 또한 마르뗄리가 적절하게 지적하고 있듯이 이 단어는 사실 시어로써의 고귀함은 풍기지 못하는 것으로 "저급 속어"[43]라고 지적한다.

---

38) 이탈리아 반도에 널리 퍼져있는 아주 흔한 새로서 공원, 숲, 경작지 등에서 자라며 노란 색의 부리를 가진 검정 새이다. 몸체는 일반적으로 우리 나라 참새보다 두 세배 정도 더 크다.

39) Eusebio e Trabucco, *Carteggio di Eugenio Montale e Gianfranco Contini (1933-1978)*, a cura di Dante Isella, Milano, Adelphi, 1997.

40) Cfr. *PR*, *Gli snob della Camargue* [1954], p. 408.

41) 「그대」의 초기 원고에서는 시의 첫 부분이 다음과 같았다.

> Dicono i critici, **da me con astuzia**
> 'depistati'
> .... (*OV*, p. 976, 진한 글씨체는 나의 표기임)

「타자」에서는 **Astuto** il flamengo ... (7행)

42) 방언 어법으로, 《inganno, imbroglio, trucco; difficoltà, pasticcio》의 뜻으로 쓰임, cfr. *GDLI*. S. Battaglia도 이 단어에 대한 의미를 설명함에 있어서 이탈리아의 문어에 있어서의 적절한 용례로 이 시만을 들고 있다.

43) "*Inghippo* è una bassa voce gergale", cfr. Martelli, *op. cit.*, p. 125.

만일 몬탈레가 이 시에서 시인과 신과의 관계를 이야기하려고 했다면 인간들 간의 거래를 표현하는 'commerci'라는 단어를 쓰지는 않았을 것이다. 또한 시인이 신과의 관계를 위선적으로 오랫동안 유지할 수 있다고 믿는다는 것도 본인으로서는 이해하기 어렵다. 앞에서 본 몬탈레의 여러 산문들에서 알 수 있듯이 적어도 시인의 신관은 극우나 극좌의 입장은 아닌 것으로 볼 수 있기 때문이다. 그리고 신과의 관계를 이야기하기 위해서라면 "Altro"를 받는 대명사 'lui'를 소문자로 표기하지 않고 「히틀러의 봄」이나 앞에서 본 다른 시들에서처럼 대문자로 표기했을 것이다. 뿐만이 아니라 시의 내용을 고려해 볼 때 마지막 부분에 나오는 '사냥꾼 il cacciatore'은 바로 "Altro"에 대한 또 하나의 메타포라고 볼 수 있는데 '신'을 시인을 노리는 '사냥꾼'으로 이해한다는 것은 더더욱 받아들이기 어렵다.

그리고 "Altro"를 '시'로 본다는 해석에는 남성인 "Altro"와 이것을 대신하는 3인칭 남성 단수 "lui"를 여성인 "la poesia"로 받는다는 것에 대한 문제점을 이미 지적한 바 있다. 그러나 이외에도 시인이 '시'와의 관계를 '위선적'으로 맺고 또 그것을 오랫동안 유지한다는 것은 도무지 이해할 수 없는 것이다.

결론적으로 「타자」는 시인이 서시에서 뿐만이 아니라 그의 한 산문에서 표현하였듯이[44] 시인으로서의 비평가들과의 불편한 관계를 풍자적으로 표현하고 있다고 봄이 타당하리라고 본인은 믿는다.

따라서 지금까지 언급한 모든 요인들을 근거로 본인은 "타자"의 정체성이 바로 '비평가 critico'라고 주장하며 이것을 본고의 결론으로 대신한다.

---

44) "[...] 나는 비평가들이 쓴 나에 대한 글을 [...] 항상 기쁜 마음으로 읽지 못한다. 만일 그들이 좋게 말할 때면 그들은 나를 소심하게 만들고, 나쁘게 평할 때면 나를 근심에 싸이게 한다. 나는 종종 해부대위에 놓여진 것 같은 느낌을 받는다. [...] Io sono sempre riluttante a leggere ciò che i critici scrivono di me, per una specie di atonia. Se parlano bene mi intimidiscono, se parlano male mi impensieriscono. Spesso mi sembra di essere capitato sopra una tavola anatomica", cfr. *SM*, *Il profeta dell'Apocalisse*, [di Corrado stajano], p. 1636.

참고문헌

이상엽, 「에우제니오 몬탈레의 시학 일별」, 『외국문학연구 제7호』, 한국외국어대학교 외국문학연구소, 2000, pp. 205-226.

몬탈레의 작품

Eusebio e Trabucco

Carteggio di Eugenio Montale e Gianfranco Contini (1933-1978), a cura di Dante Isella, Milano, Adelphi, 1997.

OV

Eugenio Montale, *L'opera in versi*, Edizione critica a cura di Rosanna Bettarini e Gianfranco Contini, Torino, Einaudi, 1980.

PR

Eugenio Montale, *Prose e racconti*, a cura di Luisa Previtera, introduzione di Marco Forti, Milano, Mondadori, 1996.

SM

Eugenio Montale, *Il secondo mestiere, arte, musica, societa*, a cura di Giorgio Zampa, Milano, Mondadori, 1996.

참고 사전 및 몬탈레 시어 자료집

Concordanza Giuseppe Savoca, *Concordanza di tutte le poesie di Eugenio Montale*, 2 voll., Firenze, Olschki, 1987.

DELI Manlio Cortelazzo e Paolo Zolli, *Dizionario Etimologico della Lingua Italiana* seconda edizione in volume unico, Bologna, Zanichelli, 1999.

DISC Francesco Sabatini - Vittorio Coletti, *Dizionario Italiano Sabatini Coletti*, Firenze, Giunti, 1997.

GDLI Salvatore Battaglia, *Grande Dizionario della Lingua Italiana*, Torino, UTET, 1961-1998 (제19권 SIL - SQUE 까지).

Savoca Giuseppe Savoca, *Vocabolario della poesia italiana del Novecento*, Bologna, Zanichelli, 1995.

논문 및 비평서

AA. VV. Profilo di un autore, Eugenio Montale, a cura di Annalisa Cima e Cesare Segre, Milano, Rizzoli, 1977 (2a ediz., aggiornata Milano, Bompiani, 1996.).

AA. VV. Per conoscere Montale: Antologia corredata di testi critici, a cura di Marco Forti, Milano, Mondadori, 1986.

Carpi, Umberto, *Montale dopo il fascismo dalla "Bufera" a "Satura"*, Padova, Liviana, 1971.

De Rosa, Francesco, *Saggio di commento a* "Satura" *di Eugenio Montale*, Tesi di Perfezionamento in Letteratura Italiana presso Scuola Normale Superiore di Pisa, A.A. 1996-1997.

Forti, Marco, *Eugenio Montale: La poesia, la prosa di fantasia e d'invenzione*, Parma, Pratiche, 1983.

Greco, Lorenzo, *Montale commenta Montale*, Parma, Pratiche, 1980.

Ii, Sangyeob, *Saggio di commento a* Satura II *di Eugenio Montale*, Tesi di dottorato in Scienze letterarie presso l'Università degli Studi di Pavia, A.A. 1998-1999.

Isella, Dante, *Ancora sulla struttura di* "Satura", Napoli, Istituto Suor Orsola Benincasa, 1990.

Martelli, Mario, *Eugenio Montale*, Firenze, Le Monnier, 1992.

Mengaldo, Pier Vincenzo, *La Lettera a Malvolio*; in *AA. VV.* 1977, pp. 149-50, la nota 2. Vannucci, Marcello, *Incontri del Novecento*: *Eugenio Montale*, Messina-Firenze, G, D'Anna, 1975.

Zazzaretta, Giacomo, "*Satura" di E. Montale (divagazioni e parafrasi)*, Pollenza, La nuova foglio editrice, 1973.

10. 몬탈레의 『사투라』와 단눈치오의 『알치오네』 연구

Ⅰ. 들어가는 말

인간은 이전에 존재했던 세상의 모든 것들로부터 영향을 받을 수 있다. 창작하는 작가들이라고 해도 예외일 수 없다. 시인들도 전해오는 문화적 전통을 경험하고 익히며 대부분을 깊이 이해한 뒤에야 새로운 것을 만들어 내는 것이다. 따라서 문인들은 언제나 전통을 계승하면서도 동시대를 표현하기위한 새로운 형식과 내용을 갖춘 작품을 만들어내고자 많은 노력을 한다.

20세기의 작가들 또한 자신들의 인문학적 소양을 포함한 문화적 성장에 영향을 준 바로 앞 세대에 대한 이해와 관계의 과정을 밟게 되고 나아가 극복의 숙제를 안게 되었다. 이는 이탈리아 문단에서뿐만이 아니라 어느 사회에서나 나타나는 보편적 사실로 볼 수 있을 것이다.

이탈리아의 경우 시간적으로 또 문화적으로 단눈치오(1863-1938)와 중첩된 시대를 살았던 20세기의 문인들에게 단눈치오는 바로 이 앞 세대의 대표적인 작가였음에 틀림없다. 이탈리아인들은 단눈치오가 거의 성스럽다고 할 수 있을 정도로 신적 영감과 고양된 어조로 작품을 창작해내는 최고의 시인으로 평가하였다. 뿐만 아니라 단눈치오는 이탈리아 문학사에서 레오파르디(1798-1837) 이후 최고의 시인으로 평가 받고 있을 뿐만이 아니라 문학사적으로 중요한 의미를 갖는 소설들을 남겼다. 이러한 단눈치오의 존재를 극복해야 한다는 것은 당당한 문인으로서의 명성을 꿈꾸던 후배 작가들에게는 커다란 심적 부담이었으나 피할 수 없는 과제였다.

20세기 이탈리아의 문단에서는 이러한 단눈치오를 극복하고자하는 노력이 많은 작가들에 의해 시도되었다. 가장 먼저 이러한 특징을 보인 일련의 시인들이 있었는데 이들을 평론가들은 '황혼주의 시인'이라고 하였다. 이탈리아 시문학의 전통적인 면을 이어가던 단눈치오가 1895년 그리스 여행을 다녀온 후 "하늘과 바다, 대지 그리고 영웅들"에 대한 『찬미가*Laudi*』를 계획하고 준비하여 제1권 『마이아*Maia*』(1903), 제2권 『엘렉트라*Elettra*』와 제3권 『알치오네*Alcione*』[1)]를 1904년에 발표한다. 이 중에서도 *Alcione*는 진정한 의미에서 최고의 시집이라고 할 수 있으며 감각적이고도 자연적 신화로 변형된 베르실리아Versilia의 바닷가에서 경험한 여름의 모습을 참으로 아름답게 노래하고 있다. 문학 평론가들은 이러한 유미주의적인 단눈치오와는 다르게 최초의 황혼 주의적 특징을 담아 출판된 시집으로 고보니Corrado Govoni(1884-1965)의 1903년 작품 『작은 병 *Le fiale*』을 평가한다. 단눈치오의 유미주의적 모습이 절정에 달한 시들이 쓰여진 시기(1902 ~ 1903년)와 같은 시기에 창작되고 출판된 이 『작은 병』에서 고보니는 일상적이고 주변적인 소재와 시어를 비교적 자유로운 시의 형식과 소박한 어조로 표현해냈다. 황혼파 시인들에게 20세기는 단눈치오와 같은 고상하고 세련된 시어와 전통적인 시문학의 형식을 활용하는 시대는 저물고 이제 일상적이고 사소하며 소박한 것들에 관심을 갖고 이러한 소재에 어울리는 형식과 시어의 사용을 통해 새로운 시를 창작함으로써 이전의 세대를 극복하고자 하였다. 이러한 부류의 시인들은 점차 늘어갔으나 시가 갖추어야 할 문학작품으로서의 형식과 내용이 극도로 빈약한 것이 이들이 가진 한계였기에 크게 번성하지는 못하였다.

한편 1896년 제노바에서 태어나 30여 년간 지중해의 리구리아 해안에서 젊은 시절을 보내며 많은 독서를 통해 문학적 소양을 다듬어 가던 몬탈레(1896-1981)는 시는 물론이고 방대한 양의 소설과 평론을 출판하였다. 몬탈레는 1925년에 첫 시집 『오징어 뼈*Ossi di seppia*』를 발표하면서 문단의 커다란 주목을 받기 시작하였다. 대부분의 문학 연구가들에 의해 20세기를 대

---

1) 시집 『알치오네』의 원어표기는 연구자들에 따라 *Alcione* 로 표기하기도 하고 *Alcyone*로 표기하기도 한다. 공식적으로는 1904년 첫 출판 시부터 1927년까지는 *Alcione*로 표기했고, 이후 판본인 1931년 출판본부터는 *Alcyone*로 표기했기 때문이다. 전자를 따르는 경우는 첫 출판본의 이름을 존중하는 것이고 후자로 표기하는 경우는 1931년 *Alcyone* 판본이 출판될 당시에 살아있던 단눈치오의 승인을 받은 표현이라는 점을 존중하기 때문이다.

표하는 이탈리아의 시인 중 한 명으로 평가되고 있는 몬탈레는 첫 시집 발표 후 제노바를 떠나 피렌체에 머물며 두 번째 시집 『기회들*Le occasioni*』를 1939년에 발표한다. 이후 1948년부터 밀라노에서 활동하게 된 그는 세 번째 시집 『폭풍우와 기타*La bufera e altro*』를 1956년에, 그리고 네 번째 시집 『사투라*Satura*』를 1971년에 발표한다. 귀족출신으로서 평생 화려하고 감각적인 삶을 살다가 제2차 세계대전 직전에 세상을 떠난 단눈치오와는 달리 몬탈레는 제1, 2차 세계대전과 파시즘 정권 그리고 전후 세계의 변화상을 체험하며 작품을 통해 지속적으로 현실을 직시하며 인류의 고통과 진리탐구에 여생을 바침으로써 20세기의 핵심이자 기준과 같은 지성인의 위치를 점하게 되었다. 하지만 이러한 몬탈레도 분명 단눈치오의 영향을 받지 않을 수는 없었으며 그의 초기 시에서는 그러한 흔적들이 적지 않게 발견된다.

두 시인은 모두 '비'라는 동일한 소재를 다룬 시를 남겼는데 아주 흥미롭다. 본 논문에서는 위에서 언급한 후배 시인으로서 극복해야 할 관계 속에 있는 몬탈레가 단눈치오의 대표시집 *Alcione*의 가장 유명한 시 중 한 편인 『소나무 숲에 내리는 비*La pioggia nel pineto*』를 선명하게 상기시키는 작품 『비가 내린다*Piove*』를 중심으로 두 시인의 문학세계의 변화를 이해해보고자 한다.

Ⅱ. 두 시인: 단눈치오와 몬탈레

2.1. 단눈치오

1879년 16세의 나이로 첫 시집 『봄*Primo vere*』를 발표하며 문단에 데뷔한 단눈치오는 다양한 형식의 수많은 작품을 남겼다. 이러한 작품들 중에서도 단눈치오의 대표 시집으로 평가되는 *Alcione*는 1904년에 출판되었다.[2] *Alcione*는 『찬미가』의 제3권으로 가장 뛰어난 문학적 탁월함을 보여준 것으

2) 칼리아로Ilvano Caliaro에 따르면 1903년 12월에 완성되어 출판되었으나 출판시 시집에 공식적으로 표기된 출판연도는 1904년으로 되어있다. Gabriele d'Annunzio, *Alcione*, a cura di Pietro Gibellini, Torino, Einaudi, 1995, p.3.

로 평가된다.

단눈치오는 니체의 가르침에 따라 신화의 죽음은 시의 죽음을 뜻한다고 보고 신화의 부활을 위해 노력했다. 그러던 시인은 1895년 그리스 여행은 그에게 문학적 자극을 준다. 한편 단눈치오는 1900년 6월 30일 정치적 선거 실패를 경험하기 전까지는 소설 집필에 한동안 마음을 쓰고 있다가 몇 편의 서정시들을 써가고 있었다. 이후 선거에서의 실패를 계기로 연인 Duse와 베르실리아Versilia 지방으로 여름을 보내기 위해 삶의 터전을 옮긴다. *Alcione*는 1900년 여름부터 1903년 말까지 집중적으로 쓴 시들을 모아놓았지만 특히 1902년 여름은 단눈치오가 가장 열정적으로 창작했던 것으로 알려졌다. 평생토록 단눈치오는 본인의 감성에 충실한 삶을 살며 열정적이고도 찰나적인 것에 의미를 두고 여러 곳을 옮겨 다니며 생활했다. 단눈치오에게 생기 가득한 계절에 연인과 함께 베르실리아에서 보내는 시간은 창작에도 더없이 좋은 시간이었다. 이미 이 작품을 통해 단눈치오는 자신이 가지고 있던 시적 천부적 재능이 얼마나 탁월한지 뿐만 아니라 뛰어난 기술적 재능으로 전율을 느끼게 할 정도로 매우 음악적인 시를 지었다. 이 시집에 담긴 시들은 현실세계의 문제들에는 관심 없고 그저 아름다운 시어와 맑고 깨끗한 이미지들로 시인의 서정성을 맘껏 노래하고 있다. 이러한 특징이 잘 나타나 있는 이 시집의 백미라 할 수 있는 *La pioggia nel pineto*를 본고에서는 살펴보고자 한다. *La pioggia nel pineto*는 행정구역상 루카에 속하는 Versilia지역의 피에트라산타Marina di Pietrasanta 인근 소나무 숲에 커다란 별장에서 애인과 함께 여름을 보내던 단눈치오가 1902년 8월 1일에서 8월 15일 사이에 쓴 작품이다.

이 시는 4연으로 되어있으며 각 연은 32행으로, 전체는 128행의 비교적 긴 시이다. 시행의 유형은 자유로운 편이나 6음절시행을 즐겨 쓰며 전체적으로는 3음절 시행(27행)에서 9음절(9행)의 것으로 이루어져있다. 원문과 각 연에 대한 내용을 잠시 정리해보면 다음과 같다.

La pioggia nel pineto

Taci. Su le soglie
del bosco non odo
parole che dici
umane; ma odo
parole più nuove
che parlano gocciole e foglie
lontane.
Ascolta. Piove
dalle nuvole sparse.
Piove su le tamerici
salmastre ed arse,
piove su i pini
scagliosi ed irti,
piove su i mirti
divini,
su le ginestre fulgenti
di fiori accolti,
su i ginepri folti
di coccole aulenti,
piove su i nostri volti
silvani,
piove su le nostre mani
ignude,
su i nostri vestimenti
leggieri,
su i freschi pensieri
che l'anima schiude
novella,
su la favola bella
che ieri
t'illuse, che oggi m'illude,
o Ermione.[3)]

1연에서 주인공은 숲 속에 들어서며 동행하는 이에게 조용히 하라고 하며 인간들이 내는 소리가 아닌 나뭇잎과 빗물이 만들어 내는 새로운 소리를 듣고자 한다. 함께 있는 자에게 빗소리를 들으라 권하는데 구름 낀 하늘에서 내리는 비는 숲 속의 갖은 귀한 나무들(*tamerici*, *pini*, *mirti*, *ginestre*, *ginepri*)과 두 사람의 얼굴, 손, 옷, 맑은 대기에 정화된 생각 그리고 아름다운 이야기를 적시고 시는 주인공의 동반자 *Ermione*를 부르며 연을 마친다. *Ermione*는 휴가를 함께 보내던 애인 엘레오노라 두세Eleonora Duse[4])로 배우였다.

> Odi? La pioggia cade
> su la solitaria
> verdura
> con un crepitío che dura
> e varia nell'aria
> secondo le fronde
> più rade, men rade.
> Ascolta. Risponde
> al pianto il canto
> delle cicale
> che il pianto australe
> non impaura,
> nè il ciel cinerino.
> E il pino
> ha un suono, e il mirto
> altro suono, e il ginepro
> altro ancóra, stromenti

---

3) Ivi, pp. 118-22.

4) 1858년 롬바르디아의 비제바노Vigevano에서 태어나 미국의 피츠버그Puttsburgh에서 1924년에 사망했다. 당대 유명한 배우로 특히 고전 극작품(세익스피어), 19세기 프랑스의 극작품 그리고 단눈치오의 드라마들의 해석과 연기에 있어서는 타의 추종을 불허하였다. Redazione Garzanti, *Nuova Enciclopedia Universale*, Milano, Garzanti, 2001, p. 466.

diversi
sotto innumerevoli dita.
E immersi
noi siam nello spirto
silvestre,
d'arborea vita viventi;
e il tuo volto ebro
è molle di pioggia
come una foglia,
e le tue chiome
auliscono come
le chiare ginestre,
o creatura terrestre
che hai nome
Ermione.

2연에서 주인공은 동행하는 이에게 내리는 비가 나뭇잎들 위에서 다양하게 만들어 내는 소리들을 들으라 하며 이 빗소리에 응답하는 매미소리도 듣게 한다. 이들은 마치 수많은 악기들이 협연하는 것처럼 숲 속에 울려 퍼진다. 이윽고 주인공과 그의 여인이 다시 등장하는데 어느덧 숲 속 깊이 들어와 있는 그들은 더 이상 인간이 아니라 식물과 하나가 되어있다. *Ermione*는 온통 비에 젖어 아름답고 그녀의 머리칼에서는 금작아처럼 향기가 난다.

Ascolta, ascolta. L'accordo
delle aeree cicale
a poco a poco
più sordo
si fa sotto il pianto
che cresce;
ma un canto vi si mesce

> più roco
> che di laggiù sale,
> dall'umida ombra remota.
> Più sordo e più fioco
> s'allenta, si spegne.
> Sola una nota
> ancor trema, si spegne,
> risorge, trema, si spegne.
> Non s'ode voce del mare.
> Or s'ode su tutta la fronda
> crosciare
> l'argentea pioggia
> che monda,
> il croscio che varia
> secondo la fronda
> più folta, men folta.
> Ascolta.
> La figlia dell'aria
> è muta; ma la figlia
> del limo lontana,
> la rana,
> canta nell'ombra più fonda,
> chi sa dove, chi sa dove!
> E piove su le tue ciglia,
> Ermione.

3연에서 매미소리는 점점 작아지고 멀리 음지에서 들려오는 개구리 소리가 커진다. 그리고 계속해서 나뭇잎에 떨어지는 빗소리가 내는 소리가 연을 가득 채운다.

마지막 연에서는 많은 직유를 통해 *Ermione*를 묘사하고 있다. 그녀의 검은 눈썹위로 비가 내리니 기쁨에 찬 눈물 같고 피부색은 수풀과 하나가

되어 보이니 인간과 자연이 동화되어 나타난다. 이러한 표현은 자연의 형태와 모습들로 두 사람의 신체부위들을 견주고 변하게 하니 절정에 이른다. 주인공에게 그녀의 가슴은 마치 손도 대지 않은 복숭아와 같고 그녀의 두 눈은 물방울과 같으며 치아는 흰 아몬드다.

이 시의 형식적인 면에서 가장 두드러진 특징은 "반복"이라고 할 수 있다. 처음부터 끝까지 시 전체에 비가 흠뻑, 시원하게 내린다. 처음엔 내리는 비를 그저 경청하면서 빗소리를 비교적 사실적으로 그러나 직감적 표현으로 묘사해내려 한다. 그러나 점진적으로 비는 자연스런 멜로디와 새로운 내용으로 이해되는 조화로운 새 멜로디를 창조해간다.

시는 어느덧 오케스트라가 연주하는 듯 온통 음악적이다. 수없이 반복되는 같은 모음, 자음군의 철자들이 그렇다. 시행의 끝은 물론이고 거의 모든 시어들은 다양한 수준의 운(완전운, 불완전운, 내재운 등등)으로 촘촘히 망을 만들고 핵심어라고 할 수 있는 단어들인 *Piove*(10회), *pioggia*(3), *pianto*(3), *piangere*(1) 그리고 udire(5), *ascoltare*(5)의 반복은 계속된다. 특히 *Piove* 와 *su*의 수구반복anafora와 전체적인 반복(1연에서만 총 10번- 자연 요소(5), 인간 요소(3), 감성적 요소(2))이 두드러진다. 게다가 계속되는 강력한 앙장브망 *enjambement*은 행과 행간의 관계를 더더욱 긴밀하게 이어준다. 이러한 모든 시적 요소들은 마술적인 시인의 재능에 의해 완전히 유기적인 관계를 만들어내는 것이다. 빗소리가 점점 커지고 숲 속이 온통 비와 나뭇잎들이 연주하는 오케스트라의 무대가 되고 음악세상이 되며 감흥은 클라이맥스에 이르러 인간(l'io poetico와 *Ermione*)과 자연이 동화되어 시는 절대적 느낌을 터트린다.

2.2 몬탈레

몬탈레의 *Piove*는 1969년 5월 4일에 쓰인 것으로 네 번째 시집 *Satura*의 *Satura II* 섹션에 수록되어있다. 몬탈레는 1948년부터 밀라노에서 코리에레 델라 세라의 기자로 재직하면서 수많은 만남과 여행의 기회를 갖게 된다.

뿐만이 아니라 젊은 시절 성악가가 되고자 공부했던 음악적 소양도 '라 스칼라'를 언제든 경험할 수 있었던 그에게는 그의 삶과 작품 활동에 의미있는 영향을 끼치게 된다. 그는 제노바, 피렌체 시절에 경험하지 못한 사회적 현실을 체험하게 되고 특히 제2차 세계대전 이후의 사회적 변화에 주의를 기우리게 된다. 이러한 배경에서 쓰인 시집이 바로 *Satura*인 것이다. 따라서 이 시집에서 그에게는 더 이상 전쟁, 파시즘 등과 같은 사회적 문제는 나타나지 않고 사별 뒤의 아내에 대한 그리움과 같은 개인적 연민, 인간의 무기력함이나 사회적 부조리 등등 다양한 소재들로 그의 시집 중 가장 풍성하게 106편을 담고 있다.

Piove

1. Piove. È uno stillicidio
2. senza tonfi
3. di motorette o strilli
4. di bambini.

5. Piove
6. da un cielo che non ha
7. nuvole.
8. Piove
9. sul nulla che si fa
10. in queste ore di sciopero
11. generale.

12. Piove
13. sulla tua tomba
14. a San Felice
15. a Ema
16. e la terra non trema
17. perch é non c'è terremoto

né guerra.

Piove
non sulla favola bella
di lontane stagioni,
ma sulla cartella
esattoriale,
piove sugli ossi di seppia
e sulla greppia nazionale.

Piove
sulla Gazzetta Ufficiale
qui dal balcone aperto,
piove sul Parlamento,
piove su via Solferino,
piove senza che il vento
smuova le carte.

Piove
in assenza di Ermione
se Dio vuole,
piove perché l'assenza
è universale
e se la terra non trema
è perché Arcetri a lei
non l'ha ordinato.

Piove sui nuovi epistèmi
del primate a due piedi,
sull'uomo indiato, sul cielo
ominizzato, sul ceffo
dei teologi in tuta
paludati,

> piove sul progresso
> della contestazione,
> piove sui works in regress,
> piove
> sui cipressi malati
> del cimitero, sgocciola
> sulla pubblica opinione.
>
> Piove ma dove appari
> non è acqua né atmosfera,
> piove perché se non sei
> è solo la mancanza
> e può affogare.

1연에서는 시의 제목이 명시하듯 시작부터 비가 내린다. 적막한 가운데 아무 소음도 없이 그저 계속해서 비가 추적추적 내린다.

2연에서는 비가 구름도 없는데 내린다. 아무런 이유 없이 내린 비는 무상한 것 위로 내린다. 총파업기간에는 아무 것도 생산되지 못하듯 무기력한 세상에 비가 내리는 것이다.

3연에서는 피렌체 인근의 작은 마을 에마에 있는 산 펠리체 묘지에 묻힌 사랑했던 여인의 무덤위로 비가 내린다. 시인도 죽어서 그곳에 묻힌다. 세상은 아무런 변화가 없기에 대지는 움직이지 않는다. 지진도 전쟁도 없기 때문이다. 이것은 단눈치오의 시에서 느낄 수 있는 것과는 많이 다르다. 단눈치오의 시에서는 "아직도 움직이고, 불이 꺼졌다가 다시 일어난다. 그리고는 움직이고 또 사그러 든다"[5]고 하듯 역동적이며 변화가 계속된다.

4연에서는 '아름다운 이야기'가 의미하는 과거의 환상위에 비가 내리는 것이 아니라 구체적이고 일상적이며 통속적인 것들 위에 비가 내린다. 이

---

5) Nella *Pioggia nel pineto*, invece, compare 《Sola una nota che ancor trema, si spegne, / risorge, trema, si spegne》 (vv. 77-79) .

또한 단눈치오의 시와는 명백히 다른 입장이다.[6)]

5연에서는 한 국가의 민간인들의 삶에 공식적인 정보를 제공하는 관보에 비가내리고, 자신이 1967년 종신상원으로 추대되었던 국회에도 그리고 1948년부터 여생을 봉직했던 '코리에레 델라 세라'의 본사에도 비가 내린다.

6연에서는 신이 원한다면 단눈치오의 여인 에르미오네Ermione가 없이도 비가 내린다. 왜냐하면 부재는 총체적이며 온 세상이 텅 비었기 때문이다. 2연에서 까닭 없이 비가 내리듯 모든 것에 다 인과 관계가 존재하는 것은 아니라는 것이다. 만일 지진이 없다면 그것은 과학적으로 증명이 되지 않았기 때문이다.

7연에서는 20세기에 유행처럼 관심을 갖던 현상학, 인식론, 인류학과 같은 인간의 새로운 학문들 위에도 그리고 기민당과 공산당에도 비가 내린다. 1968년과 '69년에 뜨거웠던 학생운동과 노동자들의 운동에도 비가내리고 당대의 문예비평에서 유행했던 시간이 흐르면서 발전한다는 생각에도 비를 내린다. 또한 이 시가 창작되기 직전인 1969년 봄에 이탈리아에서는 많은 삼나무들이 병에 걸려 죽어갔는데 이러한 병든 삼나무[7)]에도 비가 내리고 일간지의 표현에도 비가 내린다.

마지막 연에서도 비는 내리는데 시적 대화자는 빗물 속에도 대기 중에도 나타나지 않으며 외로움만 가득하다.

이 시의 작시법적 관점에서 두드러진 부분 몇 가지를 살펴보면 다음과 같다.

자유 시행으로 이뤄졌으며 연의 길이 또한 다양하다. 전체는 여덟 개의 연으로 이뤄졌으며 짧은 것은 4행연부터 최다 13행으로 이뤄진 연의 양상까지 다양하다.

6연은 8행, 나머지 중심부의 연들은 모두 7행으로 되어있고 이들은 2음절 시어 *piove*로 수구 반복적으로 시작한다. 시는 전체적으로 짧은 시행들로

---

6) *su la favola bella / che ieri / t'illuse, che oggi m'illude*. (*La pioggia nel pineto*, vv. 29-31).

7) *i pini, / i mirti / divini, le ginestre, i ginepri folti* (*La pioggia nel pineto*, vv. 12-18).

구성된 특징을 보인다.

각 연안에서는 음성적으로 서로를 생각하고 떠올리게 하는 철자들로 가득하며 연과 연 사이에도 되풀이(Allitterazioni와 ripetizione)되는 소리들이 매우 풍부하다.[8)]

Ⅲ. 나오는 글

몬탈레의 *Piove*를 앞에서 살펴본 단눈치오의 *La pioggia nel pineto* 와 함께 비교하면서 읽어본다면 일종의 parodia라는 느낌을 갖게 한다.

단눈치오는 *Alcione*에서 그의 시문학의 가장 대표적인 특징 중 하나인 유미주의적 관점을 잘 보여주고 있다. 사랑하는 여인과 그리스를 여행한 뒤 신화에 대한 관심을 갖게 되었고 그로 인한 시적 영감은 자연신과의 관계로 이어질 수 있었다고 본다. 플레이아데스 성단은 일곱 개의 별들로 이뤄져있다. 그리스 신화의 거인 아틀라스와 플레이오네 사이에서 태어난 일곱 공주로 마이아Maia, 타이게타Taygeta, 케라에노Celaeno, 아스테로페Asterope, 알키오네Alcyone, 엘렉트라Electra 그리고 메로페Merope이다. *Alcione*는 바로 이 일곱 개의 별 중 하나로 시인은 일곱 권의 시집을 계획했던 것으로 짐작할 수 있다. 따라서 이 시집이 담아내고 있는 신비스럽고 현실을 초월한 시의 주제와 이미지 창조는 당연한 것이라 생각된다. 한편 몬탈레는 자신의 네 번째 시집 *Satura* 에서 매우 사실적이고 비판적인 시선으로 현실을 바라보며 비를 시의 소재로 보여주는 것과는 차이가 매우 크다. 이는 그 시집의 제목이 가진 원 뜻대로 그릇에 넘쳐나는 다양한 소재들을 소화해내고 있는 것이기도 하다. 이러한 소재들 사이에는 시집 전체를 하나의 방향

---

8) v. 13 /t/ (*sulla Tua Tomba*); vv. 22-25 /s/ (*Sulla cartella / eSattoriale, / piove Sugli oSSi di Seppia / e Sulla greppia*) e vv. 56-57 /s/ (*perché Se non Sei / è Solo*). Assonanza tonica: ai vv. 38-39 /e/: 《*e se la tErra non trEma / è perché ArcEtri a lEi*》, Mengaldo 1989, p. 112). Ripetizioni: *piove* (ripresa anaforica o inizio verso e/o a inizio strofa); *assenza* (vv. 34 e 36) ripresa alla fine da *mancanza* (v. 57); fino alla ripetizione di un intero verso: 《la terra non trema》 (vv. 16 e 38).

에서 해석해낼 수도 있는 주제를 찾을 수 있다. 그중 하나가 *Piove*이다.

자연과 인간의 아름다운 일치를 노래한 단눈치오를 향해 절망적인 현실을 날카롭게 표현해내는 몬탈레 시의 면모를 잘 느낄 수 있다.

몬탈레는 인간과 자연에 대한 비관적 개념을 강조하기 위해 비에 대한 이미지를 불러일으키고 또 작시법적 구조를 사용한다. 단눈치오의 시에서 비는 현실적이며, 무더위를 식혀주는 긍정적인 소재이다. 그러한 빗속에서 시인은 사랑하는 여인과 함께 자연의 아름다움에 동화되어가는 기쁨을 누리고 있다. 반면에 몬탈레의 시에서 비는 시원한 위로를 선사해주지는 않으며 여인은 죽어, 작은 공동묘지에 묻혀있다. 몬탈레의 비는 상징적이며 추적추적 끝없이 내리는 지겨운 비처럼 부정적이며, 일상생활 속에서 인간을 괴롭히는 고통을 강조하고 있다. 각각의 연에서는 이러한 면들을 담은 내용들이 열거되어 있다.

참고문헌

Redazione Garzanti, *Nuova Enciclopedia Universale*, Milano, Garzanti, 2001, p. 466.

Gabriele D'Annunzio, *Versi d'amore e di gloria*, v. ii, a cura di Annamaria Andreoli e Niva Lorenzini, Milano, Arnoldo Mondadori, 1993.

Gabriele d'Annunzio, *Alcione*, a cura di Pietro Gibellini, Torino, Einaudi, 1995.

Eugenio Montale, *L'opera in versi*. Edizione critica a cura di Rosanna Bettarini e Gianfranco Contini, Torino, Einaudi, 1980.

Variazioni [*CS* 29-11-'69] (*PR*, *PV*, pp. 1136-37)

CS 《Corriere della Sera》 (nell'indicazione degli scritti raccolti in *SM* e *SM* 2).

SM 2

Eugenio Montale, *Il secondo mestiere. II. Arte musica società*, a cura di Giorgio Zampa, Milano, Mondadori, 1996, pp. 1566-68.

Carteggio di Eugenio Montale e Gianfranco Contini (1933-1978), a cura di Dante Isella,

Milano, Adelphi, 1997. p. 222.

Giovanni Cillo, *Satura, o dell'ossimoro permanente*, in *AA.VV.*, *Contributi per Montale*, a cura di Giovanni Cillo, Lecce, Milella, 1979, pp. 171-98.

Lorenzo Greco, *Montale commenta Montale*, 2ª ediz. ampliata, Parma, Pratiche, 1990.

Mengaldo 1989

Quaderno montaliano, a cura di Pier Vincenzo Mengaldo, Padova, Liviana, che contiene Andrea Afribo, *Consistenza e testura delle strofe in* 《*Satura*》, pp. 41-65; Mara Barbierato, *Tradizione e rinnovazionamento nella versificazione di* 《*Satura*》, pp. 67-99; Simonetta Michelotto, *Rime, assonanze, iterazioni fonico-semantiche in* 《*Satura*》, pp. 101-17.

Silvio Ramat, *L'acacia ferita e altri saggi su Montale*, Venezia, Marsilio, 1986 , p. 173 e la nota n. 26.

11. Una osservazione su "Satura II" di E. Montale

I. La poetica e *Satura*

Montale spiega la sua poetica in una intervista:

"Io sono un poeta che ha scritto un'autobiografia poetica senza cessare di battere alle porte dell'impossibile. Non oserei parlare di mito nella mia poesia, ma c'é il desiderio d'interrogare la vita. Agli inizi ero scettico, influenzato da Schopenhauer. Ma nei miei versi della maturità, ho tentato di sperare, di battere al muro, di vedere ciò che poteva esserci dall'altra parte della parete, convinto che la vita ha un significato che ci sfugge. Ho bussato disperatamente come uno che attenda una risposta".[1)]

Sulla nascita di *Satura*(Prima edizione: Milano, Mondadori, 1971) Montale dichiara:

"Tra i primi tre libri miei e questo quarto sono passati alcuni anni, anni occupati da un mestiere preciso che prima non avevo, quello del giornalista naturalmente, e in questi anni di intervallo io pensavo che non avrei più scritto versi. Quando poi ho cominciato a fare qualche epigramma pubblicato in coda a corti elzeviri nel giornale, allora rispruzzato fuori il verso e ha preso una dimensione anche, diciamo, musicale diversa: la dimensione di una poesia che apparentemente tende alla prosa e nello stesso tempo la rifiuta"[2)].

Sul titolo:

"Il titolo *satura* sostituisce solo al momento della stampa il precedente *Rete a strascico*, come risulta dal dattiloscritto complessivo della raccolta conservato da

---

1) Sulla Gazette de Lausanne, 2 / 1965; *SP*, p. 158.

2) In *Satura di Eugenio Montale* [Intervista di Maria Corti, 1971]; *SM* 2, p. 1699.

Marco Forti e da una lettera inviata da Montale a Luciano Rebay l'8 febbraio 1970:

Il nuovo libro porterà il titolo Rete a strascico *(1962-1970) e conterrà oltre i 28 Xenia, una Satura I (12-13 poesie) e una Satura II (55-60 poesie). Della Satura già pubblicata da* [Giovanni] *Mardersteig*[3] *sopravviverà una sola poesia: Botta e risposta I, in limine. Nella parte Satura II figurano anche Botta e risposta II* e *Botta e risposta III*".[4]

Sul significato del titolo M. dichiara:

"Il titolo ha tre o quattro significati. Escluso quello di appetitosi *avantgouts*, desidero che li mantenga tutti".[5]

"Io ho giocato per il titolo un po' sull'equivoco, ma non escluderei che significasse anche satira, però le poesie satiriche in realtà sono poche, diciamo così. Invece come presentazione di poesie di tipo diverso, di intonazione e di argomento diverso, allora come, oserei dire, miscellanea, la parola poteva andare. Io ho usato questo titolo con molta modestia, come titolo possibile perchè avrei potuto trovare titoli più audaci, più presuntuosi. Invece questa è una raccolta di quadri un poco fatti all'acqua di rose, parliamo di quadri dove accanto allo schizzo c'è anche il quadro e le cose si completano e non si può ... soprattutto tengo a dire che sarebbe un errore leggere una sola poesia e cercare di anatomizzarla, perchè c'è sempre un richiamo da un suono all'altro non solo, ma anche da una poesia all'altra".[6]

Secondo i dizionari, *Satura* è un'antica forma drammatica, consistente in uno spettacolo misto di varie arti nel quale un testo cantato era accompagnato da musica di flauto, danza e mimo; Giacinto Spagnoletti aggiunge: "sotto questo

---

3) "Un libro tirato in poche decine di copie, dedicato a una giovane sposa veronese, Sandra Fagiuoli, e il comprendere due inediti giovanili del 1919 e del 1924 (*A galla* e *Nel vuoto*) e due inediti del 1961 e del 1962 (*Botta e risposta* e *Ventaglio per S. F.*)", cfr. Giulio Nascimbeni, *Eugenio Montale*, Milano, Longanesi, 1986, p. 161.

4) *TP*, p. 1119.

5) *Autointervista* [1971]; *SM* 2, p. 1501.

6) Intervista del 1971 di M. Corti; Forti 1986, p. 163; ora *SM* 2, p. 1701.

titolo-etichetta, riconoscimento anche l'abbreviazione del termine 'saturazione', la saturazione di tutto, lo sconfinamento di ogni idee nel nulla della storia, l'odierno stato della poesia giunta a mangiarsi la sua stessa coda".

"*Satura*, in uno dei suoi possibili sensi (richiamo alla *satura lanx* e alla nozione di mescolanza stilistica), rimanda quanto meno all'idea di una subordinazione dei singoli 'pezzi' a un principio di integrazione complessa dei vari registri e toni".[7]

II. Appunti su alcune tematiche di *Satura II*

Qualche rapido cenno sul contenuto di Satura:

96 poesie (2 introduttive, 28 *Xenia* [14+14], 14 *Satura I* e 52 [61 coi subtitoli] di *Satura II*). 41 si riferiscono alla Mosca, 9 ad altre donne, 9 a quelli che Macrì definisce *altri demoni* (tra cui quello animalesco della *cicala* e quello angelico dell'*angelo nero*, che, come si vedrà, sono riconducibili alla Poesia); in 13 M. è da solo; 24 sono di contenuto ideologico.

Temi significativi di *Satura II*:

1) la Mosca e M. sono presenti entrambi esplicitamente in 11 poesie;
2) ci sono dei ritorni di fiamma e reincarnazioni di Clizia, la messaggera o angelo della *Bufera*: la Mosca e Clizia, equipollenti, sono in 9 poesie, più 3 (cioè *Botta e risposta I*, *II* e *III* in cui è la donna a esprimersi nella *Botta*);
3) M. 'in assenza' della Mosca si trova in 10 poesie;
4) dèmoni animaleschi: 9 poesie;
5) c'è la novità di ben 15 poesie ideologiche di riflessione filosofica (il numero sale a 24 se si considera l'intera raccolta).

I titoli: se ne trovano alcuni con due termini in opposizione: *Tempo e tempi*, *Botta*

---

7) Pier Vincenzo Mengaldo, *La "Lettera a Malvolio"* in *AA. VV.*, Eugenio Montale: profilo di un autore, a cura di Annalisa Cima e Cesare Segre, Milano, Mondadori, 1977, pp. 149-50, la nota 2.

e risposta, *Qui e là*, *Cielo e terra*, *Luci e colori*; altri si potrebbero definire ossimorici, come *La belle dame sans merci*, *Pasqua senza week-end* o *L'angelo nero*.[8)]

2.1 La Mosca e la poesia

2.1.1 Tra le poesie di *Satura II* in cui compare la Mosca, alcune si riferiscono a degli episodi *in vita*, altre sono *post mortem*.

Al primo tipo appartengono quelle che rievocano alcuni ricordi legati alla moglie, sono immagini di lei viva (per esempio: *Lettera*, *Gli ultimi spari*, *Le revenant*, *A pianterreno*, *Pasqua senza week-end*, *Il repertorio* e *Nel silenzio*).

Al secondo tipo appartengono le sue apparizioni come fantasma (anche trasfigurato in una divinità con caratteristiche comuni a Clizia, e quindi ispiratrice di Poesia, per cui vedi qui I.2): il caso di *Piove*, *L'angelo nero*, *Gli uomini che si voltano* e *Luci e colori*.

La moglie, cui si riferisce sempre col *tu*, è chiamata qui di volta in volta: 'moscerino', 'moschina', 'hellish fly' (*Gli ultimi spari*, vv. 1 e 5).[9)]

In vita:

- è 'dolcemente tenace' (*Gli ultimi spari*, v. 3);
- i suoi appellativi implicano un'idea di fastidio: 'moscerino' e 'moschina' (*Gli ultimi spari*, v. 1), 'hellish fly' (*ibid.*, v. 5);
- è impacciata: 'catafratta', 'affumicata' (*Gli ultimi spari*, v. 6), 'preda' di chi non venne e ritardò l'agguato (*ibid.*, vv. 7-8);
- ci vede male: 'gli occhi un po' gonfi' (*Luci e colori*, v. 2);[10)]

8) Vedi in proposito il capitolo sulla Tecnica stilistica.

9) Si aggiunga: 'piccolo insetto' (*Xenia I*, 1, v. 1; *OV*, *Satura*, p. 281), 'mosca' (*ibid.*, v. 2); 'povero insetto' (*Xenia I*, 2, v. 2; ivi, p. 282); 'un insetto miope' (*Xenia I*, 5, v. 4; ivi, p. 285); 'pipistrello' (*ibid.*, v. 11; ne *Il pipistrello*, *PR*, p. 136).

10) Sulla vista scarsa della Mosca alcuni accenni si trovano anche altrove: porta 'occhiali' (*Xenia I*, 1, v. 6; e 2, v. 1), è 'miope' (*Xenia I*, 5, v. 4); 'Ascoltare era il solo tuo

- è stata corteggiata dal vecchio cavaliere (*Lettera*, v. 29) e da un pittore (*Le revenant*, v. 3);

Post-mortem:

- 'sta sotto una lapide' (*Nel silenzio*, v. 13),[11] ma è sempre 'desta' (*ibid.*, v. 14);
- si mostra, appare: 'ti mostri' (*Luci e colori*, v. 1); 'dove appari / non è acqua nè atmosfera' (*Piove*, vv. 54-55); M. riconosce l'angelo nero 'nel sonno, nella veglia, nel mattino' (*L'angelo nero*, vv.29-30); 'un lampeggio di lenti' (*Luci e colori*, v. 4), 'nella foschia' (*ibid.*, v. 5).
- nelle sue apparizioni è 'incomprensibile' la sua 'fabulazione' (*L'angelo nero*, v. 16); muta, incomprensibile e 'inesplicabile' (*Luci e colori*, v. 3);
- al *volare* (*Gli ultimi spari*, v. 5) sono connessi gli appellativi: 'moscerino' e 'moschina' (*ibid.*, v. 1); 'hellish fly' (*ibid.*, v. 5); mi pare importante rilevare che al *volo* si connette anche l'*Angelo nero*, che è una metafora della poesia ed è probabilmente la trasfigurazione della Mosca: 'ala' (*L'angelo nero*, vv. 3 e 27) è una metafora della poesia; 'penne' (*ibid.*, v. 9); 'errare' (*ibid.*, v. 26); 'piuma' (*ibid.*, v. 36).

2.1.2 La Poesia (donna Clizia: divinità ispiratrice)

In alcune poesie è chiaro che l'epifania della donna già morta ha a che fare con l'ispirazione poetica.

Mi pare che le *divinità in incognito* siano ispiratrici di Poesia (già visitatrici dei *savi antichi*; *Divinità in incognito*, v. 12), divinità viventi in mezzo agli uomini i quali, per contrasto, sono in realtà 'nati-morti' (*Niente di grave*, v. 13); di quelle si accorgono 'i pochi viventi' (*Tempo e tempi*, v. 9), la gente che si volta (*Gli uomini che si voltano*). La loro visita non è un contatto, ma uno sfioramento (*Divinità in

---

modo di vedere' (*Xenia I*, 9, v. 1; *OV*, *Satura*, p. 289).

11) Alla sua tomba fa riferimento *Piove*, v. 13.

incognito, v. 34), senza 'agnizione' (*ibid.*, v. 36) e di breve durata (*ibid.*, vv. 36-37); non resta che un *brivido*, in cui però c'è tutto (*ibid.*, v. 35).

Elenco qui alcune caratteristiche delle divinità ispiratrici di Poesia, ricavabili soprattutto da *Divinità in incognito* e da *L'angelo nero* (cioè da due poesie importantissime, come dimostra anche la loro posizione al centro di *Satura II*):

- sono inconsapevoli del proprio privilegio (*Divinità in incognito*, vv. 15-16, come la Mosca-Clizia in *Le revenant*, vv. 11-12);
- sono *in incognito* e non riconoscibili da tutti (*Divinità in incognito*, v. 15);
- appaiono: dove appare la Mosca 'non è acqua nè atmosfera' (*Piove*, v. 55); si manifesta 'nel sonno, nella veglia, nel mattino' (*L'angelo nero*, v. 30); 'traspare' (*ibid.*, v. 12);
- sfiorano: una divinità mi ha sfiorato (*Divinità in incognito*, v. 34); 'sorradere' (*L'angelo nero*, v. 4);
- sono 'divinità', ma anche 'terrestri' (*Divinità in incognito*, v. 2) o 'd'infimo grado' (*ibid.*, v. 33); sono 'deità', ma 'in fustagno e tascapane'; 'sacerdotesse', ma 'in gabardine e sandali' (*ibid.*, vv. 17-18); 'pizie' ma 'assorte nel fumo di un gran falò di pigne' (*ibid.*, v. 19); sono 'numinose fantasime', ma 'non irreali' (*ibid.*, v. 20); sono 'tangibili', ma non sono state 'toccate mai' (*ibid.*, vv. 20-21); si tratta di un 'non essente / essere' (*ibid.*, vv. 36-37);
- l'angelo nero è 'grande' (*L'angelo nero*, vv. 1, 24 e 36), ma anche 'piccolo' (*ibid.*, v. 10) e 'mini' (*ibid.*, v. 37); è 'nero' (*ibid.*, vv. 1 e 17), e inoltre 'buio', 'di carbone', 'd'ebano', 'fosco', 'di cenere e di fumo' (*ibid.*, vv. 10, 22, 24, 25 e 37) ma anche 'bianco' (*ibid.*, v. 26); non è 'celestiale' ma neanche 'umano' (*ibid.*, v. 11); angelo che 'traspari' (*ibid.*, v. 12), ma 'trascolorante' (*ibid.*, v. 13); angelo è 'difforme' (*ibid.*, v. 13), ma anche 'multiforme' (*ibid.*, v. 14); 'eguale' e 'ineguale' (*ibid.*, vv. 14-15);

- hanno caratteristiche contraddittorie anche in *Botta e risposta III*, ii: 'un nume' ma 'in abito turistico' (vv. 36-37; *OV*, *Satura*, p. 362).

2.2 La dimensione temporale

Sul tempo, che occupa una parte importante della riflessione di *Satura II*, M. chiarisce la sua posizione nel racconto *Nel nostro tempo*.[12] Per un verso nega la dimensione temporale come continuità e, per altro verso, afferma la totalità del *nulla* (vedi III.3).

Queste sono alcune delle poesie in cui chiarisce il suo pensiero:

Tempo e tempi: nega fortemente l'esistenza di un'unica dimensione temporale; soltanto quei pochi che vivono realmente si sono accorti della verità.

Nell'attesa: l'attesa, in quanto tale, implicherebbe la dimensione temporale ma la situazione ristagna senza evoluzione.

Auf Wiedersehen: dopo aver negato la continuità temporale in *Tempo e tempi*, qui dichiara l'assurdità del *ri-* (che implicherebbe appunto una continuità).

É *ridicolo credere*: dopo aver negato l'esistenza di un unico tempo in *Tempo e tempi* (e sulla scorta di quella negazione) M. ridicolizza sia la continuità che l'evoluzione: l'uomo di oggi non può pensare di 'continuare' a essere 'uomo' anche in futuro e, viceversa, nemmeno può sperare di 'evolversi'.

---

12) "Al tempo cronologico non mi sono mai del tutto rassegnato; ed è questa congenita diffidenza che mi ha sempre tenuto lontano da ogni integrale storicismo, materialista o dialettico che sia. Se non credo all'assolutezza del tempo ho invece una fede incrollabile nelle fasi che regolano la vita dell'umanità secondo un ritmo, un decorso che sfugge tanto ai filosofi metafisici quanto ai dogmatici di qualsiasi religione. [...] Accetto il tempo che mi è toccato, non ne vorrei uno diverso perchè oggi, come forse mai prima, non si può credere in un'assoluta continuità temporale. Non credo affatto che i giorni e i secoli abbiano occhi per prefigurare il futuro e per renderlo migliore. Se ci avverrà non sarà certo per merito o colpa nostra" (*NT*, pp. 8-9).

L'Arno a Rovezzano: 'I grandi fiumi', che sono 'l'immagine del tempo crudele e impersonale', dichiarano 'la loro nullità' (vv. 1-3). Il fiume, immagine del tempo (e quindi del nulla) è anche l'immagine della realtà e dell'uomo: quindi il fiume, il tempo, la realtà e l'uomo si identificano col nulla.

Laggiù: la dimensione temporale è annullata ('Dire nascita morte inizio fine / sarà tutt'uno // Dire ieri domani / un abuso,' vv. 9-12), e conseguentemente non avranno più senso nè i profeti nè le profezie, nè la speranza (ridotta a *flatus vocis* incomprendibile, vv. 13-14).

2.3 Barlumi nel nulla, nella desolazione e nell'assenza

Il nulla è ovunque, generalizzato anche dal nullificante magistero del creatore: se ne salvano solo le rare cicale (il cui canto è un tuffo nella vita), e le apparizioni epifaniche della donna (da identificarsi, le une e le altre, con la Poesia). Ma si salvano solo come rara apparizione, lampeggio, barlume, disguido, refuso sfuggito alla sistematicità del *nulla* e a chi controlla i *congegni* (*Tempo e tempi*, v. 7). Del nulla (così come dei barlumi) si accorge solo chi vive veramente (vedi III.4).

Tuttavia, come afferma M. stesso, 'La poesia non conta anche si crede di contare' (dichiarata da M. a proposito di *Niente di grave*) e '[Rebecca e M.] non saremo assolti' (*Rebecca*, v. 10): cioè anche il tuffo nella vita (ovvero la poesia: *Niente di grave*) non consente alcuna speranza.

Che mastice insieme: in realtà nulla esiste ('il punto fermo è un tutto nientificato', vv. 34-35).

Auf Wiedersehen: 'La verità è che nulla si era veduto' (v. 3).

Incespicare: 'il mondo / da allora è muto' (vv. 15-16).

Divinità in incognito: 'il fondatore non fonda perchè nessuno / l'ha mai fondato o fonduto / e noi siamo solo disguidi / del suo nullificante magistero' (vv. 28-31).

L'Eufrate: al v. 9 è implicitamente ma inequivocabilmente negata l'esistenza del mondo, una volta negato il quale anche il pensiero si ritrova senza un riferimento e 'si appiccica dove può', annaspando.

L'Arno a Rovezzano: i grandi fiumi (che sono l'immagine del tempo) dichiarano la loro 'nullità inesorabile (vv. 1-3) che anche la nullità del tempo. Nella desolazione ci sono solo barlumi ('riluca', v. 6 e 'lampo', v. 12).

Piove: è costante l'idea di *mancanza*: all'assenza di rumori (vv. 2-4) fanno seguito il 'nulla' (v. 9), la morte ('sulla tua tomba', v. 13), l''assenza di Ermione' (v. 34) e quella 'universale' (v. 37), il 'cimitero' (v. 52). Piove costantemente in connessione coll'assenza della Mosca. Le uniche costanti sono il "piovere" e 'l'assenza' della Mosca che diventa 'universale' (vv. 36-37). Nell'ultimo verso le due costanti, già strettamente legate, hanno lo stesso effetto: fanno *affogare*.

Pasqua senza week-end: anche qui, in assenza della Mosca il 'vuoto universale' (vv. 3-4).

Nel silenzio: come in *Piove*, nel silenzio totale, nel 'vuoto universale', si staglia la Mosca, già morta, ma 'sempre desta' (v. 14), anzi qui nel 'sonno universale' (vv. 14-15; cioè nel *nulla*) l'unica ad essere desta. Quello che era solo un arresto della produzione si dilata, nel silenzio, alla natura ('la primavera stessa tarda alquanto a prodursi', v. 6) e ai morti, e diventa un 'sonno universale' da cui solo la Mosca è desta: in questo *nulla*.

2.4 Vita vera (in connessione con la poesia e con l'accorgersi del nulla ovunque) e vita falsa

C'è una contrapposizione tra vita vera e vita falsa. La vita falsa quella dei 'nati-morti' (*Niente di grave*, v. 13) e di chi 'non si volta'. Mentre la vita vera è quella di quei pochi che sanno di essere morti e sono consapevoli del *nulla*, è quella di chi 'pensa alle cicale (cioè alla Poesia)' e vede apparire le *divinità in incognito*. Questa è la vita di cui ci si accorge nell'*attimo* (di *Tempo e tempi*).

Niente di grave: il poeta pensa alle cicale ed è un tuffo nel sangue nella vita vera. La cicala assume un suo valore di simbolo fisso, di allegoria cioè della poesia così come l'*angelo nero*.[13]

Tempo e tempi: ' i pochi viventi' (*Tempo e tempi*, v. 9) sono quegli 'uomini che si voltano', cioè che si sono accorti della verità (il *nulla*, il *vuoto*); in contrapposizione con i 'cadaveri in maschera' (*Gli uomini che si voltano*, v. 16).

Nell'attesa: M. attende di sapere il senso della sua nascita ed è fiducioso di essere vivo perchè chi non sa è veramente vivo, mentre chi sa è morto, dimentica, quindi, persino di essere stato in vita.

Gli uomini che si voltano: i 'cadaveri in maschera' (v. 16) sono gli uomini che non si voltano, i nati-morti.

2.5 La vita come una rappresentazione teatrale

L'immagine della vita come una *rappresentazione* teatrale (che è anche in *Gotterdammerung*,[14] in *Sono venuto al mondo...*[15] e ne *Le prove generali*[16]) torna in *Qui e là*: 'Da tempo stiamo provando la rappresentazione' (v. 1), 'Da anni prepariamo le parti, / la tirata di fondo' (vv. 5-6) e 'Da millenni attendiamo che qualcuno / ci saluti al proscenio con battimani / o anche con qualche fischio' (vv. 8-10).

---

13) Infatti *scricchia* come le ali dell'*angelo nero* (cfr. *L'angelo nero*: 'se ti prendessi un'ala e la sentissi / scricchiolare / non potrei riconoscerti come faccio / nel sonno', vv. 24-30).

14) "L'inferno che si ripete è appena l'anteprova / di una 'prima assoluta' da tempo rimandata / perchè il regista è occupato, malato, imbucato / chissà dove e nessuno può sostituirlo" (vv. 8-11).

15) "Le infinite chiusure e aperture / possono aver un senso per chi è dalla parte / che sola conta, del burattinaio" (vv. 13-15).

16) "Qualche poeta ha voluto / praticando le prove respiratorie / di sapienza indiana multimillenaria / procurarsi uno stato di vitamorte / che parrebbe la prova generale / di ciò che sarebbe di noi quando cadrà la tela. / Le prove generali sono parodia / dell'intero spettacolo se mai dovremo vederne alcuno prima di sparire nel pì profondo nulla" (vv. 1-10).

Ⅲ. Tecnica stilistica

3.1 Mi limiter qui a rilevare un'alta frequenza di "attese deluse".

Non è un semplice artificio retorico, ma una tecnica costitutiva e fondamentale nella raccolta: non è un caso che siano contraddittorie anche e soprattutto le caratteristiche delle divinità (*Divinità in incognito* e *L'angelo nero*) che sono proprio ispiratrici di Poesia.

Lettera: 'Il vecchio colonnello di cavalleria' non è occupato a far altro che offrire 'negroni bacardi e roederer brut', vv. 1-2; 'i grandi' sono 'dimenticati', v. 11; 'Il vecchio cavaliere' si trova 'tra un bourbon e un martini' ed è stroncato dai reumatismi vv. 21-24; pur essendo 'invitto' 'è morto', vv. 27-28; il maestro non altro che un 'maestro della liquirizia / al meconio', vv. 31-32.

La belle dame sans merci: tutta la poesia è costruita su una serie di attese deluse: la 'belle dame' è 'sans merci'; l'attendere è 'invano' (v. 1); 'reliquie' connota sacralità, ma si tratta solo di 'calendari, astucci, fiale e creme' (vv. 7-8); il volto della donna si staglia su inconsistenti 'fondali di calce' (vv. 9-10); la 'vita' è 'senz'ali' (v. 11); il fuoco è 'soffocato' (vv. 11-12); 'il bagliore' non è altro che la fiammella 'dell'accendìno' (v. 12; non del sole).

Divinità in incognito: 'il fondatore non fonda' (v. 28).

Pasqua senza week-end: il titolo stesso è contraddittorio ('Pasqua senza week-end' è come dire 'Pasqua senza domenica', cioè senza resurrezione). Un'analoga contraddizione è anche nella sentenza finale: 'farnetico-certezza' (v. 6).

Laggiù: 'Spariranno profeti e profezie', ma rettifica: 'se mai ne furono' (vv. 5-6); 'Il Creatore avrà poco da fare', ma 'se n'ebbe' (vv. 15-16); 'I santi' saranno 'tra i cani' (vv. 17-18); 'Gli angeli' rimarranno come 'refusi' (vv. 19-20).

Nel silenzio: l''ingranaggio non ingrana' (v. 10); 'i morti'(che presuppongono la quiete) sono in 'agitazione' (v. 11; cioè tutt'altro che quieti; ma l'agitazione corrisponde allo 'sciopero', v. 1).

3.2 A queste si aggiunge una serie di contrapposizioni:

Niente di grave: 'il peggio' è 'infinito', ma 'il meglio' 'dura poco' (vv. 9-11); 'la Moira' e 'vita' (vv. 12-13); 'nati-morti' (v. 13).

Tempo e tempi: 'unico tempo / molti nastri' (v. 1); 'paralleli / in senso contrario' (vv. 2-3); nastri 'slittano' (v. 2) e 's'intersecano' (v. 4); 'spesso / raramente' (v. 3); 'addio / arrivederci' (v. 10).

L'Eufrate: un 'niente' può contenere il 'tutto' (v. 8).

Inoltre cfr. le caratteristiche già notate dell'*Angelo nero*, delle *Divinità in incognito* e di alcuni titoli.

3.3 Posizioni tra virgolette o apici:

Particolarmente in *Satura*, le parti fra virgolette corispondono a "una colloquialità non direttamente assunta e fatta propria, ma sempre indiretta, di secondo grado, quasi 'citata' ", "o *clichés* comuni della lingua di scambio diviene quindi lo sfondo allusivo del discorso, sicché la referenza all'oggetto acquista natura mediata e obliqua".[17]

Cfr. *Xenia I*, 3 (una camera 'singola', v. 2); *Xenia I*, 7 ('Strana pietà ..., v. 4); *Xenia I*, 13 ('la bambina scarruffata che mi guarda / 'in posa' nell'ovale di un ritratto', vv. 2-3); *Xenia II*, 1 ('anche tua madre e la sua 'specialità' / di riso e rane, trionfo meneghino', vv. 4-5); *Le revenant* ('Ed ecco una rivista clandestina con volti / e pitture di artisti 'stroncati in boccio' / ai primi del 900', vv. 7-9); *Qui e là* ('il signore è servito', v. 7); *A tarda notte* ('Il colloquio con le ombre / non si fa per telefono. / Sui nostri dialoghi muti non s'affaccia / 'giraffa' o

---

17) Pier Vincenzo Mengaldo, *La tradizione del Novecento*, Torino, Bollati Boringhieri, 1996, pp. 377-78.

altoparlante', vv. 1-4); *Pasqua senza week-end* ('Se zufolo il segnale convenuto / sulle parole 'sabato domenica / e lunedì' dove potrò trovarti', vv. 1-3); *Il repertorio* ('ma con righe a puntini... quasi per suggerire, / se mai fosse possibile, 'continuà', vv. 11-12); *Senza salvacondotto*('È venuta a trovarmi qualche volta / nel sotterraneo dove vegetavo / e l'invitavo a cena in altre 'buche' / perchè mi parlava di te', vv. 3-6).

Ⅳ. Simmetrie strutturali

L'Altro (che è l'ultimo componimento della raccolta) si trova in posizione simmetrica rispetto a Il *tu* (che è *in limine*). Si può notare che per la prima volta nella poesia montaliana il prologo della raccolta è speculare all'epilogo. Sono infatti numerose le simmetrie formali e tematico-figurali, che legano *Il* tu a *L'Altro*: ambedue le poesie sono costituite da una sola strofa di nove versi e sono chiuse da un verso più breve (in forte *enjambement* col precedente). Nella parte iniziale delle due poesie s'individuano alcuni elementi che fanno supporre un rapporto fra i poeti e i critici: '*I critici* [...] / *da me depistati*' (*Il* tu, vv. 1-2) - 'i nostri commerci con l'Altro / furono un lungo inghippo' (*L'Altro*, vv. 2-3). Inoltre vi si trovano immagini dello stesso campo semantico (uccello - caccia): *l'uccello* e *il paretaio* (v. 7) in quella, *il flamengo* (v. 7) e *il cacciatore* (v. 8) in questa. Il *cacciatore* (v. 8) potrebbe dunque ricordare "il critico" della poesia inaugurale. In base a questi elementi emersi dal confronto con la poesia iniziale si potrebbe identificare nell'*Altro* la figura del critico.

Luci e colori è la terz'ultima poesia della raccolta, e la sua posizione non è casuale: infatti presenta molte analogie con la terza (*Xenia I*, 1), cioè con una poesia la cui posizione è simmetrica a questa.[18] Particolarmente vi trovano

18) Entrambe sono dedicate alla Mosca. Riporto il testo evidenziandone le analogie in corsivo: "Caro piccolo insetto / che chiamavano mosca non so perchè, / stasera

corrispondenza i vv. 1-5. Lì la Mosca compare di sera 'quasi al buio' senza occhiali e senza 'luccichìo', e M. non la riconosce 'nella foschia'. Qui riconosce probabilmente la sua apparizione tramite 'un lampeggio di lenti', quasi un riflesso di luce ('una gibigianna') nella foschia.

Divinità in incognito e *L'angelo nero* (che si riferiscono alle ispiratrici di Poesia) occupano la 25a e la 26a posizione su 52 poesie: cioè si trovano al centro della sezione insieme alle due successive (che sono la 26a e la 25a dalla fine): *L'Eufrate* e *L'Arno a Rovezzano*.

V. Qualche osservazione sul lessico

5.1 Alcuni termini sono degli *hapax* nella poesia italiana del Novecento:

Le revenant: capodopera (v. 10); *Niente di grave*: trimurtico (v. 11), Moira (v. 12); *Che mastice tiene insieme*: nientificato (v. 35); *Auf Wiedersehen*: accadimento (v. 4); *A pianterreno*: infruscati (v. 5), il guardia (v. 9); *Incespicare*: incespicare (il titolo e v. 1), parlante (v. 13: dall'uso sostantivato); *Divinità in incognito*: (parole ricercate): *savi*o (v. 9, l'uso sostantivato), pizie (v. 19), numinose, fantasime (v. 20), nullificante (v. 31), essente (v. 36: l'uso aggettivale), paracadute (v. 27: parola non letteraria); *L'angelo nero*: fuligginoso (v. 2), fabulazione (v. 16), caldarrostaia (v. 23), polpastrelli (v. 34), spolvero (v. 35), miniangelo (v. 37) e spazzacamino (v. 38); *L'Eufrate*: arborei (v. 4); *L'Arno a Rovezzano*: impersonale (v. 2), nullità (v. 3); *Annaspando*: un tangente (v. 4 un neologismo); *Gli uomini che si voltano*: geroglifico (v. 9); *Il repertorio*: tassista (v. 6); *Rebecca*: addendi, ineccepibili (v. 3), gamella (v. 7), uadi (v. 11), bipede, quadrupede (v. 14); *L'Altro*: inghippo (v. 3),

---

quasi al buio mentre leggevo il Deuteroisaia / *sei ricomparsa* accanto a me, / ma non avevi *occhiali*, / non potevi vedermi / nè potevo io senza quel *luccichìo* / riconoscere te nella *foschia*". (*OV*, *Satura*, p. 281).

clemenza (v. 4).

5.2 Alcuni sono *hapax* nella poesia montaliana:

Piove: Stillicidio (v. 1); *Gli ultimi spari*: moschina (v. 1), esorcizzare (v. 12); *La belle dame sans merci*: stupefacente, stagliato (v. 9); *Qui e là*: il là (v. 13); *Cielo e terra*: *scorie* (v. 10); *magistero* (v. 31), *infimo* (v. 33); *Divinità in incognito*: incognito (nel titolo e v. 12); *L'angelo nero*: pettini e luminarie (v. 5), trasparire (v. 12), fulgore (v. 18), fosco (v. 25); *L'Arno a Rovezzano*: paludoso (v. 4), rapina (v. 8), sconforto (v. 18); *Annaspando*: arraffa (v. 1); *Pasqua senza week-end*: zufolare (v. 1); *Gli uomini che si voltano*: rapide (13); *Il repertorio*: abrasione (v. 16); *Rebecca*: difettivo (v. 1), la somma (v. 4); *L'Altro*: astuto(v. 7).

5.3. Forestierismi:

Lettera: roederer brut, v. 2; habitues, v. 6; avant le déluge, v. 18; radoteur, v. 27; pot-pourri, v. 35 (francese); bourbon, steeplechase, v. 22 (inglese); *Piove*: epistèmi, v. 41 (grecismo); works in regress, 49 (inglese); *Gli ultimi spari*: hellish fly, v. 5 (inglese); *Le revenant*: Le revenant, il titolo (francese); *La belle dame sans merci*: La belle dame sans merci, il titolo (francese); breakfast, v. 6 (inglese); *Qui e là*: nous sommes là, v. 11 (francese); *Auf Wiedersehen*: Auf Wiedersehen, il titolo (tedesco); hasta la vista, bientàt, I'll be seeing you, v. 1 (rispettivamente spagnolo, francese e inglese); *Cielo e terra*: boomerang, v. 5 (inglese); *Divinità in incognito*: gabardine, v. 18 (francese); *L'Arno a Rovezzano*: comfort, v. 17 (inglese); *Pasqua senza week-end*: week-end, il titolo (inglese); *Laggiù*: flatus vocis, v. 13 (latino); *Luci e colori*: liseuse, v. 1 (francese).

5.4 Alcune parole o alcuni sintagmi non letterari:

Le revenant: rivista clandestina, capodopera, rocchetti, autentico, facsimile, 'stroncati in boccio'(gergo o termini specifici: critica); *A pianterreno*: infruscati, v. 5; il guardia, v. 9 (toscanismo); *ridicolo credere*: ridicolo (il titolo, vv. 3 e 7), scimmia (v. 4), camminare (v. 5), su due zampe (v. 6), ipotecare (v. 8), altrettanto (v. 9), suddiviso (v. 11), più che mai (v. 12); *Nel silenzio*: sciopero generale, v. 1; Nella strada non passa nessuno, v. 2; una radiolina, v. 3; Da qualche giorno deve abitarci qualcuno, v. 4; il termosifone, v. 7; il servizio postale, v. 8; funzioni normali, v. 9.

5.5 Alcuni regionalismi:

'infruscatti' è un toscanismo, come 'il guardia' (*A pianterreno*, vv. 5 e 9); 'gibigianna' (*Luci e colori*, v. 5) è un lombardo.

Bibliografia

1. Testi di Montale:

NT Eugenio Montale, *Nel nostro tempo*, Milano, Rizzoli, 1972.

OV Eugenio Montale, *L'opera in versi*. Edizione critica a cura di Rosanna Bettarini e Gianfranco Contini, Torino, Einaudi, 1980.

PR Eugenio Montale, *Prose e racconti*, a cura di Luisa Previtera, introduzione di Marco Forti, Milano, Mondadori, 1996.

SM2 Eugenio Montale, *Il secondo mestiere. II. Arte musica societ*, a cura di Giorgio Zampa, Milano, Mondadori, 1996.

SP Eugenio Montale, *Sulla poesia*, a cura e con una postfazione di Giorgio Zampa, Milano, Mondadori, 1976.

TP Eugenio Montale, *Tutte le poesie*, a cura di Giorgio Zampa, Milano, Mondadori, 1996.

2. Dizionari, manuali e altri strumenti di consultazione:

Beltrami Pietro G. Beltrami, *La metrica italiana*, 3ª ediz., Bologna, Il Mulino, 1994.

Concordanza Giuseppe Savoca, *Concordanza di tutte le poesie di Eugenio Montale, 2 voll., Firenze, Olschki, 1987.*

DELI Manilo Cortelazzo-Paolo Zolli, *Dizionario Etimologico della lingua italiana, 5 voll., Bologna, Zanichelli, 1979-1988.*

Devoto-Oli Giacomo Devoto-Gian Carlo Oli, *Vocabolario illustrato della lingua italiana, 2 voll., Milano, Selezione dal Reader's Digest,* 1984.

GDLI Salvatore Battaglia, *Grande dizionario della lingua italiana*, Torino, UTET, 1961-1998 (fino al vol., XIX: SIL-SQUE).

Menichetti Aldo Menichetti, *Metrica italiana: fondamenti metrici, prosodia, rima, Padova, Antenore, 1993.*

Savoca Giuseppe Savoca, *Per la lingua di Montale*, Atti dell'incontro 1989 di studio (Firenze, 26 novembre 1987), Firenze, Olschki. 995 Giuseppe Savoca, *Vocabolario della poesia italiana del novecento, Bologna, Zanichelli.*

Serianni Luca Serianni, *ITALIANO*, con la collaborazione di Alberto Castelvecchi, Torino, Garzanti, 1997.

Pier Vincenzo Mengaldo, *La "Lettera a Malvolio"* in AA. VV., *Eugenio Montale: profilo di un autore*, a cura di Annlisa Cima e Cesare Segre, Milano, Mondadori, 1977.

Giulio Nascimbeni, *Eugenio Montale*, Milano, Longanesi, 1986.

부 록

1. 몬탈레- 노벨상 추천 연설문
2. 몬탈레의 노벨상 수상 연설문
3. 수상 강연문(Nobel Lecture)
   - 아직도 시가 가능한가?

부 록

1. 몬탈레- 노벨상 추천 연설문

The Nobel Prize in Literature 1975
Presentation Speech by Anders Österling, of the Swedish Academy
Translation from the Swedish text

Your Majesties, Your Royal Highnesses, Ladies and Gentlemen,

As we all know, this year's Nobel Prize for Literature has been awarded to Eugenio Montale, from Italy. He comes from Eastern Liguria, a coastal landscape whose harsh character is reflected in his poetry. In this there echoes through the years a musical surge of waves which confronts his own destiny with the stern and beauteous majesty of the Mediterranean. Montale's famous first book from 1925 bears too the strange title Ossi di seppia, which means "Bones of the Cuttlefish" and clearly emphasizes his distinctive Ligurian character.

At the outset of his career he encountered the fascist dictatorship's atmosphere of suppression of free speech and enforced standardization. Montale refused to write to order and therefore came to belong to the picked troop of free authors who, in spite of everything, managed to hold their own under cover of the so-called hermeticism. His personality was hardened by bitter experience. He served in the first world war as an infantry officer in the Tyrolean Alps, and later became head of the famous Vieusseux Library in Florence. In 1939 he was abruptly dismissed; not having a fascist party membership card he could not be regarded as an Italian citizen. Not until 1948 was he appointed an editor of Corriere della sera, the big Milan newspaper, in which for many years he has made a name for himself as an outstanding writer on cultural matters and as a music critic.

Montale has slowly confirmed his key position in Italy's modern literature during this epoch, in many ways so tragic for his native land. To a great extent he can be said to represent this sombre awareness, which seeks individual expression of collective sorrows and troubles. As a poet he interprets this awareness with calm dignity and without any political publicity. He has also gained a seriously listening audience, a fact remarkable in that his lyrical writing is restricted to five books of poems at long intervals. The foremost work is undoubtedly La bufera e altro ("The Storm and Other Things"), which was published in 1956. Nor does his reserved and thoughtful temperament court popularity.

Montale himself once stated that as an Italian he wanted before anything else to "wring the neck of eloquence in the old rhetorical language, even at the risk of finding himself in an anti-eloquence". Actually he has gladly taken that risk, and his latest book of poems, Diario, a diary from the years 1971 to 1972 consists largely of ironic remarks and epigrams in which the ageing poet lets himself go and criticizes contemporary reality with an almost anti-poetic tendency. His winged horse is a fairly restless spirit, which refuses to stand still docilely in the stall of honour.

But at his best Montale, with strict discipline, has attained a refined artistry, at once personal and objective, in which every word fills its place as precisely as the glass cube in a coloured mosaic. The linguistic laconicism cannot be carried any further; every trace of embellishment and jingle has been cleared away. When, for instance, in the remarkable portrait-poem of the Jewes Dora Markus, he wants to indicate the current background of time, he does so in five words: Distilla veleno una fede feroce ("A fierce faith distils poison"). In such masterpieces both the fateful perspective and the ingeniously concentrated structure are reminiscent of T.S. Eliot and "The Waste Land", but Montale is unlikely to have received impulses from this quarter and his development has, if anything, followed a parallel path.

During the half-century in which he has worked, Montale's attitude can be summed up as a fundamental pessimism on the classical line from Leopardi. This pessimism is seldom purely emotional, but manifests itself as a deeply mature, rational insight retaining the critical right both to ask and defy. His conviction is that poor humanity is slipping downhill, that the lessons of history have little value, and that world destitution is going from bad to worse. When he surveys the present juncture he finds that the real evil lies in the fact that the scale of values of another age can be completely lost; in other words, the memory of the great spirits of the past in their striving to build up something which enables us to create another picture of our earthly existence and its conditions.

But his resignation does contain a spark of confidence in life's instinct to go on, to overcome the accumulated obstacles. Montale would not be the born poet he is, if he did not believe deep down that poetry - without being a mass medium - even in our time is still a gentle power which, unperceived, can act as one of the voices of human conscience, faintly heard admittedly, but indestructible and indispensable.

Dear Mr Montale! In the all too brief time at my disposal I have tried to present your poetry and to justify our award. It only remains for me now to express the heartfelt congratulations of the Swedish Academy and to ask you to receive this year's Nobel Prize for Literature from the hands of His Majesty the King.

From Nobel Lectures, Literature 1968-1980, Editor-in-Charge Tore Frängsmyr, Editor Sture Allén, World Scientific Publishing Co., Singapore, 1993

2. 몬탈레의 노벨상 수상 연설문

Banquet Speech

Eugenio Montale's speech at the Nobel Banquet, December 10, 1975 *(inItalian)*

Maestà, Altezze Reali, Signore, Signori,

Durante un periodo abbastanza lungo della mia vita oltre vent'anni la libertà di stampa era piuttosto ridotta in Italia. Ma i poeti non erano considerati pericolosi e ad essi era consigliata l'autocensura. Tutt'al più ai poeti si chiedeva di non scrivere nulla. Io profittai di questa libertà negativa. Quei vent anni mi permisero di complere una vera randonnée nei domini della poesia europea di ogni tempo. Il risultato fu che nacque in me un altro poeta non molto fecondo ma tale da suscitare corrispondenze in molte “anime gemelle”. Ho scritto circa cinquecento poesie in mezzo secolo oltre a migliaia di pagine di prosa perché carmina non dant panem o lo dànno solo col premio Nobel in un età in cui di pane non c'è più molto bisogno. Io sono forse un tardo seguace di Zoroastro e credo che a fondamento della vita si ponga la lotta tra le due opposte potenze del bene e del male. Credo che tutti i veri poeti abbiano sempre combattuto a favore del bene anche quando parevano esaltare Les Fleurs du Mal. Il più grande poeta di tutti i tempi, Dante, ha fin dal quattordicesimo secolo indicato questa via. Dopo di lui poteva sembrare quasi inutile scrivere in poesia e ciò malgrado con impari forze molti altri hanno proseguito. Io sono tra questi last and least. Ho sempre bussato alle porte di quel meraviglioso e terribile enigma che è la vita. Sono stato giudicato pessimista ma quale abisso di ignoranza e di basso egoismo si nasconde in chi pensa che l'uomo sia il Dio di se stesso e che il suo avvenire non può essere che trionfale?

Rendo omaggio alla Maestà Vostra, alla Fondazione Nobel, alla Reale Accademia svedese che ha voluto coronare un opera che è di buona fede e il mio pensiero va agli italiani che hanno trovato in Svezia lavoro, pace e libertà. A tutti coloro che hanno voluto assistere a questa cerimonia va il mio saluto riconoscente.

From Les Prix Nobel *en 1975*, Editor Wilhelm Odelberg, [Nobel Foundation], Stockholm, 1976.

(1975. 12. 12. Royal Swedish Academy of Sciences)

3. Nobel Lecture

È ancora possibile la poesia ?

II premio Nobel è giunto al suo settantacinquesimo turno, se non sono male informato. E se molti sono gli scienziati e gli scrittori che hanno meritato questo prestigioso riconoscimento, assai minore è il numero dei superstiti che vivono e lavorano ancora. Alcuni di essi sono presenti qui e ad essi va il mio saluto e il mio augurio. Secondo opinioni assai diffuse, opera di aruspici non sempre attendibili, in questo anno o negli anni che possono dirsi imminenti il mondo intero (o almeno quella parte del mondo che può dirsi civilizzata) conoscerebbe una svolta storica di proporzioni colossali. Non si tratta ovviamente di una svolta escatologica, della fine dell'uomo stesso, ma dell'avvento di una nuova armonia sociale di cui esistono presentimenti solo nei vasti domini dell'Utopia. Alla scadenza dell'evento il premio Nobel sarà centenario e solo allora potrà farsi un completo bilancio di quanto la Fondazione Nobel e il connesso Premio abbiano contribuito al formarsi di un nuovo sistema di vita communitaria, sia esso quello de Benessere o del Malessere universale, ma di tale portata da mettere fine, almeno per molti secoli, alla multisecolare diatriba sul significato della vita. Intendo riferirmi alla vita dell'uomo e non alla apparizione degli aminoacidi che risale a qualche miliardo d'anni, sostanze che hanno reso possibili l'apparizione dell'uomo e forse già ne contenevano il progetto. E in questo caso come è lungo il passo del deus absconditus! Ma non intendo divagare e mi chiedo se è giustificata la convinzione che lo statuto del premio Nobel sottende; e cioè che le scienze, non tutte sullo stesso piano, e le opere letterarie abbiano contribuito a diffondere o a difendere nuovi valori in senso ampio 《 umanistici 》. La risposta è certamente positiva.

Sarebbe lungo l'elenco dei nomi di coloro che avendo dato qualcosa all'umanità hanno ottenuto l'ambito riconoscimento del premio Nobel. Ma infinitamente più lungo e praticamente impossibile a identificarsi la legione, l'esercito di coloro che lavorano per l'umanità in infiniti modi anche senza rendersene conto e che non aspirano mai ad alcun possibile premio perché non hanno scritto opere, atti e comunicazioni accademiche e mai hanno pensato di 《 far gemere i torchi 》 come dice un diffuso luogo comune. Esiste certamente un exercito di anime pure, immacolate, e questo è l'ostacolo (certo insuffiente) al diffondersi di quello spirito utilitario che in varie gamme si spinge fino alla corruzione, al delitto e ad ogni forma di violenza e di intolleranza. Gli accademici di Stoccolma hanno detto più volte no all'intolleranza, al fanatismo crudele, e a quello spirito persecutorio che anima spesso i forti contro i deboli, gli oppressori contro gli oppressi. Ciò riguarda particolarmente la scelta delle opere letterarie, opere che talvolta possono essere micidiali, ma non mai come quella bomba atomica che è il frutto più maturo dell'eterno albero del male.

Non insisto su questo tasto perché non sono né filosofo, né sociologo, né moralista.

Ho scritto poesie e per queste sono stato premiato, ma sono stato anche bibliotecario, traduttore, critico letterario e musicale e persine disoccupato per riconosciuta insufficienza di fedeltà a un regime che non poteva amare. Pochi giorni fa è venuta a trovarmi una giornalista straniera e mi ha chiesto: come ha distribuito tante attività così diverse? Tante ore alla poesia, tante alle traduzioni, tante all'attività impiegatizia e tante alla vita? Ho cercato di spiegarle che non si può pianificare una vita come si fa con un progetto industriale. Nel mondo c'è un largo spazio per l'inutile, e anzi uno dei pericoli del nostro tempo è quella mercificazione dell'inutile alla quale sono sensibili particolarmente i giovannissimi.

In ogni modo io sono qui perché ho scritto poesie, un prodotto assolutamente inutile, ma quasi mai nocivo e questo è uno dei suoi titoli di nobiltà. Ma non è il solo, essendo la poesia una produzione o una malattia assolutamente endemica e incurabile.

Sono qui perché ho scritto poesie: sei volumi, oltre innumerevoli traduzioni e saggi critici. Hanno detto che è una produzione scarsa, forse supponendo che il poeta sia un produttore di mercanzie; le macchine debbono essere impiegate al massimo. Per fortuna la poesia non è una mercé. Essa è una entità di cui si sa assai poco, tanto che due filosofi tanto diversi come Croce storicista idealista e Gilson cattolico, sono d'accordo nel ritenere impossibile una storia della poesia. Per mio conto, se considero la poesia come un oggetto ritengo ch'essa sia nata dalla necessità di aggiungere un suono vocale (parola) ali martellamento delle prime musiche tribali. Solo molto più tardi parola e musica poterono scriversi in qualche modo e differenziarsi. Appare la poesia scritta, ma la comune parentela con la musica si fa sentire. La poesia tende a schiudersi in forme architettoniche sorgono i metri, le strofe, le così dette forme chiuse. Ancora nelle prime saghe nibelungiche e poi in quelle romanze, la vera materia della poesia è il suono. Ma non tarderà a sorgere con i poeti provenzali una poesia che si rivolge anche all'occhio. Lentamente la poesia si fa visiva perché dipinge immagini, ma è anche musicale: riunisce due arti in una. Naturalmente gli schemi formali erano larga parte della visibilità poetica. Dopo l'invenzione della stampa la poesia si fa verticale, non riempie del tutto lo spazio bianco, è ricca di 《 a capo 》 e di riprese. Anche certi vuoti hanno un valore. Ben diversa è la prosa che occupa tutto lo spazio e non da indicazioni sulla sua pronunziabilità. È a questo punto gli schemi metrici possono essere strumento ideale per l'arte del narrare, cioè per il romanzo.

E'il caso di quello strumento narrativo che è l'ottava, forma che è già un fossile nel primo Ottocento malgrado la riuscita del Don Giovanni di Byron (poema rimasto interrotto a mezza strada). Ma verso la fine dell'Ottocento le forme chiuse della poesia non soddisfano più né l'occhio né l'orecchio. Analoga osservazione può farsi per il Blank verse inglese e per l'endecasillabo sciolto italiano. E nel frattempo fa grandi passi la disgregazione del naturalismo ed è immediato il contraccolpo nell'arte pittorica. Così con un lungo processo, che sarebbe troppo lungo descrivere, si giunge alla conclusione che non si può riprodurre il vero, gli oggetti reali, creando così inutili dopponioni; ma si espongono in vitro, o anche al naturale, gli oggetti o le figure di cui Caravaggio o Rembrandt avrebbero presentato un facsimile, un capolavaro. Alla grande mostra di Venezia anni fa era esposto il ritratto di un mongoloide: era un argomento très dègoûtant, ma perché no? L'arte può giustificare tutto. Sennonché avvicinandosi ci si accorgeva che non di un ritratto si trattava, ma dell'infelice in carne ed ossa. L'esperimento fu poi interrotto manu militari, ma in sede strettamente teorica era pienamente giustificato. Già da anni critici che occupano cattedre universitarie predicavano la necessità assoluta della morte dell'arte, in attesa non si sa di quale palingenesi o resurrezione di cui non s'intravvedono i segni.

Quali conclusioni possono trarsi da fatti simili? Evidentemente le arti, tutte le arti visuali, stanno democraticizzandosi nel senso peggiore della parola. L'arte è produzione di oggetti di consumo, da usarsi e da buttarsi via in attesa di un nuovo mondo nel quale l'uomo sia riuscito a liberarsi di tutto, anche della propria coscienza. L'esempio che ho portato potrebbe estendersi alla musica esclusivamente rumoristica e indifferenziata che si ascolta nei luoghi dove milioni di giovani si radunano per esorcizzare l'orrore della loro solitudine. Ma perché oggi più che mai l'uomo civilizzato è giunto ad avere orrore di se stesso?

Ovviamente prevedo le obiezioni. Non bisogna confondere le malattie sociali, che forse sono sempre esistite ma erano poco note perché gli antichi mezzi di communicazione non permettevano di conoscere e diagnosticare la malattia. Ma fa impressione il fatto che una sorta di generale millenarismo si accompagni a un sempre più diffuso comfort, il fatto che il benessere (là dove esiste, cioè in limitati spazi della terra) abbia i lividi connotati della disperazione. Sotto lo sfondo così cupo dell'attuale civiltà del benessere anche le arti tendono a confondersi, a smarrire la loro identità. Le comunicazioni di massa, la radio e soprattutto la televisione, hanno tentato non senza successo di annientare ogni possibilità di solitudine e di riflessione. Il tempo si fa più veloce, opere di pochi anni fa sembrano 《 datate 》 e il bisogno che l'artista ha di farsi ascoltare prima o poi diventa bisogno spasmodico dell'attuale, dell'immediato. Di qui l'arte nuova del nostro tempo che è lo spettacolo, un'esibizione non necessariamente teatrale a cui concorrono i rudimenti di ogni arte e che opera sorta di massaggio psichico sullo spettatore o ascoltatore o lettore che sia. Il deus ex machina di questo nuovo coacervo è il regista. Il suo scopo non è solo quello di coordinare gli allestimenti scenici, ma di fornire intenzioni a opere che non ne hanno o ne hanno avute altre. C'è una grande sterilità in tutto questo, un'immensa sfiducia nella vita. In tale paesaggio di esibizionismo isterico quale può essere il posto della più discreta delle arti, la poesia? La poesia così detta lirica è opera, frutto di solitudine e di accumulazione. Lo è ancora oggi ma in casi piusosto limitati. Abbiamo però casi più numerosi in cui il sedicente poeta si inette al passo coi nuovi tempi. La poesia si fa allora acustica e visiva. Le parole schizzano in tutte le direzioni come l'esplosione di una granata, non esiste un vero significato, ma un terremoto verbale con molti epicentri. La decifrazione non è necessaria, in molti casi può soccorrere l'aiuto dello psicanalista. Prevalendo l'aspetto visivo la poesia è anche traducibile e questo è un fatto nuovo nella storia dell'estetica. Ciò non vuoi dire che i nuovi poeti siano schizoidi. Alcuni possono scrivere prose classicamente tradizionali e pseudo versi privi di ogni senso. C'è anche una poesia scritta per essere urlata in una piazza davanti a una folla entusiasta. Giò avviene soprattutto nei paesi dove vigono regimi autoritari. E simili atleti del vocalismo poetico non sempresono sprovveduti di talento. Citerò un caso e mi scuso se è anche un caso che ini riguarda personalmente. Ma il fatto, se è vero, dimostra che ormai esistono in coabitazione due poesie, una delle quali è di consumo immediato e muore appena è espressa, mentre l'altra può dormire i suoi sonni tranquilla. Un giorno si risveglierà, se avrà la forza di farlo.

La vera poesia è simile a certi quadri di cui si ignora il proprietario e che solo qualche iniziato conosce. Comunque la poesia non vive solo nei libri o nelle antologie scolastiche. Il poeta ignora e spesso ignorerà sempre il suo vero destinatario. Faccio un piccolo esempio personale. Negli archivi dei giornali italiani si trovano necrologi di uomini tuttora viventi e operanti. Si chiamano coccodrilli. Pochi anni fa al Corriere della Sera io scopersi il mio coccodrillo firmato da Taulero Zulberti, critico, traduttore e poliglotta. Egli affermava che il grande poeta Majakovskij avendo letto una o più mie poesie tradotte in lingua russa avrebbe detto: 《 Ecco un poeta che mi piace. Vorrei poterlo leggere in italiano 》. L'episodio non è inverosimile. I miei primi versi cominciarono a circolare nel 1925 e Majakovskij (che viaggiò anche in America e altrove) morì suicida nel 1930.

Majakovskij era un poeta al pantografo, al megafono. Se ha pronunziate tali parole posso dire che quelle mie poesie avevano trovato, per vie distorte e imprevedibili, il loro destinano.

Non si credo però che io abbia un'idea solipsistica della poesia. L'idea di scrivere per i così detti happy few non è mai stata la mia. In realtè l'arte è sempre per tutti e per nessuno. Ma quel che resta imprevedibile è il suo vero begetter, il suo destinano. L'arte-spettacolo, l'arte di massa, l'arte che vuole produrre una sorta di massaggio fisico-psichico su un ipotetico fruitore ha dinanzi a sé infinite strade perché la popolazione del mondo è in continuo aumento. Ma il suo limite è il vuoto assoluto. Si può incorniciare ed esporre un piao di pantafole (io stesso ho visto così ridotte le mie), ma non si può esporre sotto vetro un paesaggio, un lago o qualsiasi grande spettacolo naturale.

La poesia lirica ha certamente rotto le sue barriere. C'è poesia anche nella prosa, in tutta la grande prosa non meramente utilitaria o didascalica: esistono poeti che scrivono in prosa o almeno in più o meno apparente prosa; milioni di poeti scrivono versi che non hanno nessun rapporto con la poesia. Ma questo significa poco o nulla. Il mondo è in crescita, quale sarà il suo avvenire non può dirlo nessuno. Ma non è credible che la cultura di massa per il suo carattere effimero e fatiscente non produca, per necessario contraccolpo, una cultura che sia anche argine e riflessione. Possiamo tutti collaborare a questo futuro. Ma la vita dell'uomo è breve e la vita del mondo può essere quasi infinitamente lunga.

Avevo pensato di dare al mio breve discorso questo titolo: potrà sopravvivere la poesia nell'universo delle communicazioni di massa? E' ciò che molti si chiedono, ma a ben riflettere la risposta non può essere che affermativa. Se s'intende per la così detta belletristica è chiaro che la produzione mondiale andrà crescendo a dismisura. Se invece ci limitiamo a quella che rifiuta con orrore il termine di produzione, quella che sorge quasi per miracolo e sembra imbalsamare tutta un'epoca e tutta una situazione linguistica e culturale, allora bisogna dire che non c'è morte possibile per la poesia.

E' stato osservato più volte che il contraccolpo del linguaggio poetico su quello prosastico può essere considerato un colpo di sferza decisivo. Stranamente la Commedia di Dante non ha prodotto una prosa di quell'altezza creativa o lo ha fatto dopo secoli. Ma se studiate la prosa francese prima e dopo la scuola di Ronsard, la Plèiade, vi accorgerete che la prosa francese ha perduto quella mollezza per la quale era giudicata tanto inferiore alle lingue classiche ed ha compiuto un vero salto di maturità. L'effetto è stato curioso. La Plèiade non produce raccolte di poesie omogenee come quelle del Dolce stil nuovo italiano (che è certo una delle sue fonti), ma ci da di tanto in tanto veri 《 pezzi di antiquariato 》 che andranno a far parte di un possibile museo immaginario della poesia. Si tratta di un gusto che si direbbe neogreco e che secoli dopo il Parnasse tenterà invano di eguagliare. Ciò prova che la grande lirica può morire, rinascere, rimorire, ma resterà sempre una delle vette dell'anima umana. Vogliamo rileggere insieme un canto di Joachim Du Bellay. Questo poeta, nato nel 1522 e morto a soli trentacinque anni, era nipote di un cardinale presso il quale visse a Roma qualche anno riportando profondo disgusto per la corruzione della corte pontifica. Du Bellay ha scritto molto, imitando più o meno felicemente i poeti della tradizione petrarchista. Ma la poesia (forse scritta a Roma), ispirata da versi latini del Navagero, che raccomanda la sua fama, è frutto di una dolorosa nostalgia per le campagne della dolce Loira da lui abbandonate. Da Sainte-Beuve fino a Walter Pater, che dedicò a Joachim un profilo memorabile, la breve Odelette des vanneurs de blé è entrata nel repertorio della poesia mondiale. Proviamo a rileggerla se questo è possibile, perché si tratta di una poesia in cui l'occhio ha la sua parte.

> A vous troppe legere,
> qui d'aele passagere
> 3 par le monde volez,
> et d'un sifflant murmure l'ombrageuse verdure doulcement esbranlez,

j'offre ces violettes,
ces lis et ces fleurettes,
et ces roses icy,
ces vermeillettes roses,
tout freschement écloses,
et ces oeilletz aussi.

De vostre doulce halaine
eventez ceste plaine,
eventez ce sejour,
ce pendant que j'ahanne
a mon blé, que je vanne
a la chaleur du jour.

Non so se questa Odelette sia stata scritta a Roma come intermezzo nel disbrigo di noiose pratiche d'ufficio. Essa deve a Patter la sua attuale sopravvivenza. A distanza di secoli una poesia può trovare il suo interprete.

Ma ora per concludere debbo una risposta alla domanda che ha dato un titolo a questo breve discorso. Nella attuale civiltà consumistica che vede affacciarsi alla storia nuove nazioni e nuovi linguaggi, nella civiltà dell'uomo robot, quale può essere la sorte della poesia? Le risposte potrebbero essere molte. La poesia è l'arte tecnicamente alla portata di tutti: basta un foglio di carta e una matita e il gioco è fatto. Solo in un secondo momento sorgono i problemi della stampa e della diffusione. L'incendio della Biblioteca di Alessandria ha distrutto tre quarti della letteratura greca. Oggi nemmeno un incendio universale potrebbe far sparire la torrenziale produzione poetica dei nostri giorni. Ma si tratta appunto di produzione, cioè di manufatti soggetti alle leggi del gusto e della moda. Che l'orto delle Muse possa essere devastato da grandi tempeste è, più che probabile, certo.

Ma mi pare altrettanto certo che molta carta stampata e molti libri di poesia debbano resistere al tempo.

Diversa è la questione se ci si riferisce alla reviviscenza spirituale di un vecchio testo poetico, il suo rifarsi attuale, il suo dischiudersi a nuove interpreta-zioni. E infine testa sempre dubbioso in quali limiti e confini ci si muove parlando di poesia. Molta poesia d'oggi si esprime in prosa. Molti versi d'oggi sono prosa e cattiva prosa. L'arte narrativa, il romanzo, da Murasaki a Proust ha prodotto grandi opere di poesia. El il teatro? Molte storie letterarie non se ne occupano nemmeno, sia pure estrapolando alcuni geni che formano un capitolo a parte. Inoltre: come si spiega il fatto che l'antica poesia cinese resiste a tutte le traduzioni mentre la poesia europea è incatenata al suo linguaggio originale? Forse il fenomeno si spiega col fatto che noi crediamo di leggere Po Chü-i e leggiamo invece il meraviglioso contraffattore Arthur Waley? Si potrebbero moltiplicare le domande con l'unico risultato che non solo la poesia, ma tutto il mondo dell'espressione artistica o sedicente tale è entrato in una crisi che è strettamente legata alla condizione umana, al nostro esistere di esseri umani, alla nostra certezza o illusione di crederci esseri privilegiati, i soli che si credono padroni della loro sorte e depositari di un destino che nessun'altra creatura vivente può vantare. Inutile dunque chiedersi quale sarà il destino delle arti. E' come chiedersi se l'uomo di domani, di un domani magari lon-tanissimo, potrà risolvere le tragiche contraddizioni in cui si dibatte fin dal primo giorno della Creazione (e se di un tale giorno, che può essere un'epoca sterminata, possa ancora parlarsi).

(From Les Prix Nobel en 1975, Editor Wilhelm Odelberg, [Nobel Foundation], Stockholm, 1976)

찾아보기

ㅂ

ㅅ

ㅇ

ㅈ

ㅊ

ㅋ

ㅌ

E. 몬탈레의 삶과 문학

초판 인쇄 2011년 2월 10일
초판 발행 2011년 2월 20일

지은이 ▪ 이상엽

펴낸이 ▪ 박 철
펴낸곳 ▪ 한국외국어대학교 출판부
130-791 서울특별시 동대문구 이문동 270
전화 : (02)2173-2495~6
팩스 : (02)2173-3363
홈페이지 : http://press.hufs.ac.kr
전자우편 : press@hufs.ac.kr
출판등록 ▪ 제6-6호(1969. 4. 30)
편집 · 디자인 ▪ (주)이환디앤비 (02)2254-4301
인쇄 · 제본 ▪ 동화인쇄공사(주) (02)719-7181

ISBN 978-89-7464-639-4 93880 정가 14,000원

* 잘못된 책은 교환하여 드립니다.